COMMUNICAREA

CU

OAMENII

DIFICILI

Cum să ne purtăm cu clienții răuvoitori, șefi autotitari și colegii nesuferiți

EDIȚIER EVIZUITĂ

ROBERTA CAVA

Publicat de Cava Consulting

www.dealingwithdifficultpeople.info
cavaconsulting@ozemail.com.au

Cava, Roberta
Comunicareaea cu oamenii dificili

Cum să ne purtăm cu clienții răuvoitori, șefi autotitari și colegii nesuferiți

ISBN 9781688435964

DEDICAREA

Dedic această carte acelor participanți la seminarii care au avut de-a face cu oameni dificili și care și-au împărtășit ideile, astfel încât să poată beneficia și alții de experienta lor.

MULTUMIRI

Le sunt reconoscătoare miilor de participanți la seminariile mele, care mi-au dat idei valoroase despre cum să ne purtăm cu persoanele dificile.

Mulțumiri speciale societății Alberta Government Telephones, care mi-a permis să citez direct din broșurile sale, și redactorului meu, Margaret Allen.

Îi mulțumesc mamei mele, Mabel Hastie, care m-a învătat să fiu răbdătoare și perseverentă, și fiicei mele, Michele, care a acceptat numeroasele ore de singurătate cauzate de scrierea acestei cărți.

CARTI DE ROBERTA CAVA

NON-FICȚIUNE

Confruntarea cu oameni dificili
(22 editori - în 16 de limbi)

Gestionarea situațiilor dificile - la locul de muncă și la domiciliu
Confruntarea cu Soții dificile și copii
Confruntarea cu rudele dificile și In-Laws
Confruntarea cu violența în familie și Abuzului față de Copii
Confruntarea cu Scoala Intimidarea
Confruntarea cu locul de muncă Intimidarea
De pensionare Village Agresorii
De pensionare Village Agresorii
Ce am de gând să fac cu restul vieții mele?
Înainte de legarea nodul - cupluri întrebări trebuie să întreb
fiecare
alte Înainte de a se căsători!
Cum Femeile pot avansa în afaceri
Abilitati de supravietuire pentru supraveghetori și manageri
Resurse Umane de la cele mai bune!
Politici de resurse umane și Proceduri
Manualul angajatului
Vino Easy - Hard a merge - Arta de a angaja, Disciplinarea i
ardere de angajati
Ora și stres - criminali tăcuți zilei
Preia comanda-ti Viitorul - face lucrurile sa se intample
Râde burtă pentru toți! - Volum 1 la 4
Înțelepciunea din lume - fericit, trist și înțelept părți ale vieții!

FICTION

Acel ceva special
ceva lipsă
Viața devine complicat

COMMUNICAREA

CU OAMENII DIFICILI

Cuprins

Supraveghetorul agresiv
Sarcasmul
Ignorarea sau "tratamentul tăcut"
Istericale
Hărțuirea sexuală
Supraveghere cu competențe deficit de supraveghere
Arta blând de a fi supravegheate

Capitolul 6 - Confruntarea cu dificili Colegii

Comportament neprofesional
Shirkers
Dolar-trecători
Pütter-oferte
Comportament agresiv
Peste-un nivel și tipuri competitive
Tipuri critice
Intrerupătoare
Conflicte de personalitate
Efectuarea ședințe eficiente
Confruntarea cu participanții probleme la întâlniri

Capitolul 7 - Confruntarea cu subordonații dificile

Intelegerea rolului de supraveghere
Supravegherea foștii colegi
Delegarea
Motivarea angajaților
Instrumente standard de gestionare a motivaționale
Motivarea angajaților agresive
Motivarea angajaților, care sunt reticente să se schimbe
Depășirea obiecții să se schimbe
Corectarea sau disciplinarea angajaților
Intrebări exploratorii
Confruntarea cu comportament neproductiv
Buck-trece de angajați
Angajați Bottleneck
Angajați erori
Visătorii
Menajere Poor
Angajații necinstite

Wasters de timp
Apeluri telefonice personale
Cafea şi masa de prânz-break abuzuri
Absenteism
  Absenteism cronică
  Nating-off absenteism
  Absenteism naivă
  Absenteism abuziv
  Absenteism legitim
  Politicile absenteism
Confruntarea cu ciocniri de personalitate
Confruntarea cu oameni emotionale
Confruntarea cu insulte rasiale si etnice
Confruntarea cu prejudecăţi împotriva autorităţilor
  de supraveghere de sex feminin
  Subordonaţii vechi
  Subordonaţii de sex masculin
  Etichetarea de subordonaţi
Alte probleme de supraveghere

INTRODUCERE

Aveţi de-a face cu oameni furioşi, grosolani, nerăbdători, sensibili, insistenţi sau agresivi? Ajungeţi acasă stresat fiindcă toată ziua a trebuit să faceţi faţă unor asemenea persoane? Dacă răspunsul este afirmativ, lectura acestei cărţi vă vaajuta să vă controlaţi starea de spirit, pentru a nu le permite celorlalţi să vă transmită sentimentele lor negative. Veţi învăţa cum să vă stăpâniţi mânia şi stresul şi cum să dobândiţi un ascendent psihologic, îmbunatăţindu-vă aptitudinile interpersonale.

Firmele (în special cele din sectorul serviciilor) devin tot mai conştiente de importanţa faptului de a avea angajaţi capabili să gestioneze diferite tipuri de relaţii cu diverse persoane şi situaţii dificile. Angajaţii cu aptitudini în acest sens sunt foarte căutaţi.

Oamenii dificili sunt cei care încearcă:

să ne facă să ne pierdem cumpătul;
să ne oblige să facem lucruri pe care nu vrem să le facem;
să rie împiedice să facem ceea ce vrem sau avem nevoie să facem;
să folosească forţa, manipularea sau alte metode necinstite pentru a obţine ceea ce vor;
să ne facă să ne simţim vinovaţi dacă nu ne conformăm dorinţelor lor;
să ne facă să ne simţim neliniştiţi, supăraţi, frustraţi, furioşi, deprimaţi, geloşi, inferiori sau înfrânţi;
să ne determine să facem anumite lucruri în locul lor.

Cunoaşterea unor tehnici eficiente de abordare a persoanelor şi a situaţiilor dificile vă poate spori încrederea în sine, vă poate îmbunătăţi competenţa în muncă, poate reduce stresul şi anxietatea şi vă poate creşte entuziasmul pentru ceea ce faceţi.

Făcând faţă cu succes situaţiilor dificile, veţi trăi un sentiment de satisfacţie. Şeful, colegii şi personalul dvs. vor avea încredere şi se vor bizui pe dvs., vă vor admira, se vor gândi de două ori înainte de a vă da la o parte şi vor încerca să vă facă pe plac.

De unde ştiu că tehnicile schiţate în această carte *funcţionează*? Deoarece peste 55 000 de persoane din lumea întreagă au participat la seminarul meu şi mi-au transmis experienţele lor. Mulţi dintre ei şi-au făcut timp să-mi scrie despre felul în care s-au descurcat în situaţii deosebit de dificile. Experienţele lor sunt cuprinse în cartea de faţă. Personal apreciez toate tehnicile descrise aici şi le folosesc în mod regulat. Ca urmare, nu numai că mă descurc mai bine în situaţiile dificile, dar pot să-mi controlez reacţiile atunci când dau de greu. Şi dvs. puteţi să faceţi asta!

Capitolul 1
Să înţelegem comportamentul uman si efectele lui

Întrebare: Ce înţelegem prin accea că o persoană este dificilă? *Răspuns:* O persoană este dificilă atunci câ d este comportamentul său provoacă dificultăţi - dvs. şi celorlalţi. A avea de-a face cu oameni dificili înseamnă a avea de-a face cu *comportament* dificil. Sau acţiunile si comportamentul tău pot sa contribuie la comportamentul dificil al celeilalte persoane?

Această carte vorbeşte despre interacţiunea dintre dvs. şi ceilalţi. Interacţiunea este o stradă cu două sensuri. Dvs. reacţionaţi faţă de o persoană, iar persoana respectivă reacţionează faţă de dvs. Poate că nu suntem în măsură să controlăm direct comportamentul celorlalţi, dar dacă învăţăm să ne controlăm propriul comportament şi să dezvoltăm tehnici de comunicare eficiente, îi putem influenţa pe ceilalţi într-o manieră pozitivă. Putem transforma comportamentul lor dificil (şi pe al nostru) într-un comportament civilizat şi constructiv. Lucru care în mod cert ne aduce tuturor satisfacţie.

A învăţa să comunici cu oamenii dificili înseamnă a învăţa să abordezi partea care *îţi* revine dintr-o tranzacţie cu două sensuri. Astfel, celălalt are şansa să colaboreze cu dvs. la rezolvarea a ceea ce-1 determină să se poarte astfel.

Atunci când întâlnesc o persoană dificilă, mulţi dintre noi reacţionează în moduri care nu fac decât să înrăutăţeasă problema - de exemplu, ripostează cu o remarcă tăioasă, adoptă o atitudine defensivă în loc să abordeze problema reală ori tratează izbucnirea de furie a celuilalt ca pe un afront personal. Aceste reacţii fireşti, dar ineficiente, reduc şansa de a transforma o întâlnire negativă într-una constructivă.

De exemplu, atunci când aveţi de-a face cu oameni iritabili, grosolani, furioşi sau nerăbdători, în general nu este o idee bună să le ripostaţi. Acest lucru e valabil mai ales dacă ocupaţi o funcţie de relaţii publice în cadrul companiei şi intraţi în contact cu oameni dificili,la telefon sau personal. Vă puteţi controla reacțiile neproductive refuzând mental să acceptați toate chestiunile negative cu care vă inundă.

Să presupunem că un client începe să zbiere la dvs., gata să vă facă praf în legătură cu un lucru pentru care n-aveți nicio vină. Care ar fi reacția dvs. firească?

1. *Vă apărați pe dvs. înșivă sau firma pentru care lucrați.*
   Cei mai mulți dintre noi răspund tocmai în acest fel. Clientul v-a atacat verbal, fapt care v-a declanșat mecanismul de apărare. Este un răspuns instinctiv, la fel de natural ca și respirația. Credeți că rezolvați ceva dacă adoptați o atitudine defensivă? Puțin probabil. Va fi clientul mulțumit de răspuns? Slabe speranțe. E posibil ca totul să se transforme într-un concurs de urlete, care nu va aduce niciun sentiment pozitiv pentru părțile implicate. Este o situație în care ambii parteneri de discuție au numai de pierdut.

2. *Comportamentul clientului vă înfurie, dar strângeți din dinți și vă concentrați asupra soluției.*
   Chiar dacă nu o arătați, simțiți că fierbeți pe dinăuntru. Dacă îl lăsați pe celălalt să își verse furia pe dvs., mai târziu va trebui s-o dați afară. Pentru a scăpa defuria absorbită, unii dintre noi strigă la următoarea persoană pe care o întâlnesc, conduc mașina ca niște nebuni în drum spre casă sau își bat câinele. Rețineți, dvs. alegeți dacă acceptați sau nu furia celuilalt. Dacă o acceptați, înseamnă că v-ați lăsat controlat de situație.
   Aceasta este o reacție negativă - în cazul de față, pentru dvs. Opri ți-vă și întrebați-vă: *„Pe cine e nervos clientul - pe mine sau pe situație?"* În majoritatea cazurilor,este vorba de situație. Dar, cum s-a întâmplat să fiți de față, ați devenit ținta frustrării și a furiei clientului.

3. *Înainte de a răspunde, vă acordați un scurt răgaz pentru a înțelege că pe client îl deranjează situația, și nu dvs. Prin urmare, nu e nevoie să vă apărați.*

Această ultimă reacție e și cea mai bună. Ea vă permite să opriți din start mecanismul defensiv. A proceda în felul acesta este mai ușor decât credeți. E nevoie de exercițiu, dar dacă vă puneți în gând să o faceți, veți reuși! De îndată ce începeți să fiți tensionat și simțiți nevoia să vă apărați, opriți-vă și analizați situația. Clientul este supărat pe firmă sau pe situație - nu pe dvs. N-are absolut niciun sens să vă apăraţi. Mai bine gândiţi-vă la modul în care puteţi rezolva problema clientului. El va fi fericit şi dvs. la fel - va rezulta, aşadar, o situaţie de tipul câştig-câştig.

Concentrându-vă asupra problemei clientului, nu asupra propriilor sentimente, rezolvaţi situaţia înmodul corect. Iată câteva metode de a proceda astfel:

Luaţi notiţe când celălalt vorbeşte.
Parafrazaţi-1 în tot ce spune, pentru a vă asigura că aţi înţeles problema. Aceasta dovedeşte că aţi fost atent la tot.
Puneţi întrebări.

Soluţia nu este să pasaţi problema în curtea vecinului, să vă declinaţi orice răspundere sau să vă apăraţi compania. Clientului puţin îi pasă dacă dvs. sunteţi cel ce a greşit sau altcineva; el nu vrea decât să i se rezolve problema. Dacă nu intraţi în defensivă, veţi reuşi să vă păstraţi calmul. De obicei, după ce rezolvaţi problema,clientul vă va spune: *„Îmi cer scuze că am urlat la dvs.!"*

Sunteţi controlat de stările dvs. de spirit?

Aveţi schimbări bruşte de dispoziţie, care vă afectează întreaga zi? Vi se întâmplă ca într-o zi să simţiţi că plutiţi şi a doua zi să fiţi la pământ - sau ca dispoziţia să vi se schimbe radical de la o oră la alta? De multe ori,starea noastră de spirit depinde de ceea ce se întâmplă în jur. Cineva se răsteşte la dvs. sau vă încredinţează o sarcină copleşitoare. Vă gândiţi: *„O, Doamne, dă-miputere!"* Acestea sunt micile neplăceri care vă pot strica întreaga zi; însă dacă le abordaţi într-o manieră constructivă, veţi avea numai de câştigat.

Înainte de a-i aborda eficient pe oamenii dificili, este foarte important să lucraţi cu dvs. înşivă. Amintiţi-vă care a fost ultima situaţie dificilă în care lucrurile v-au scăpat de sub control. Ce s-a întâmplat cu stima dvs. De sine? Majoritatea oamenilor descoperă că după acest gen de confruntări nivelul stimei lor de sine scade dramatic; prin urmare, stăpânirea de sine în situaţii dificile este esenţială pentru o bună sănătate mentală.

Prin conştientizarea propriilor reacţii fizice, adică a ceea ce se întâmplă cu corpul dvs., puteţi identifica aceste situaţii. Ori de câte ori ne confruntăm cu situaţii dificile, se declanşează sindromul „*luptă sau fugi*". Simptomele fizice ale acestui sindrom sunt următoarele: muşchi tensionaţi, dinţi încleştaţi, stare de tensiune în maxilar, puls rapid, bătăi de inimă puternice,transpiraţie abundentă, respiraţie întretăiată, creşterea tensiunii arteriale, piele umedă şi rece, mâini şi picioare reci şi/sau respiraţie rapidă. Ori de câte ori observaţi că aveţi aceste reacţii, opriţi-vă şi întrebaţi-vă: „*Oare reacţionez corect sau am o reacţie exagerată în raport cu situaţia dată?*" Veţi descoperi că în opt situaţii din zece aţi avut o reacţie exagerată - adică i-aţi permis celuilalt să controleze situaţia.

De foarte multe ori, le permitem celorlalţi să ne controleze sentimentele. Le permitem să ne facă nefericiţi sau fericiţi. Putem încerca să schimbăm comportamentul celorlalţi, dar nu putem să reuşim de fiecare dată. Însă ne putem controla propriile reacţii la comportamentul lor. Viaţa mea s-a schimbat atunci când am înţeles că pot alege cum să reacţionez în situaţii dificile. Am descoperit că puteam fie să accept sentimentele negative transmise mie de ceilalţi, fie să le refuz. Când am deprins această tehnică banală, am realizat că îmi puteam controla mult mai bine stările de spirit. S-a terminat cu schimbările bruşte de dispoziţie din trecut. Nu ceilalţi aveau să mă facă fericită sau nefericită, ci eu însămi. Şi dvs. vă puteţi controla în acest fel. Evident, sunt şi excepţii, dar există multe stări de spirit şi reacţii pe care le puteţi controla. Atunci când controlaţi micile probleme, sunteţi mai bine pregătit pentru a le aborda pe cele mari.

Imaginaţi-vă scena următoare: conduceţi către serviciu şi sunteţi bine dispus. Dintr-odată, în faţa dvs. ţâşneşte o maşină, gata-gata să provoace o coliziune. Apăsaţi puternic pe frâne (şi toate lucrurile de pe scaunul din faţă îşi iau zborul), sperând că nu se va întâmpla nimic. Maşina voastră se opreşte la doar câţiva centimetri de cealaltă; vă aplecaţi să culegeţi lucrurile împrăştiate, apoi vă uitaţi după maşina care v-a tăiat calea. A şi dispărut.

Care este prima dvs. reacţie: începeţi să tunaţi şi să fulgeraţi împotriva şoferilor nepricepuţi? Cât timp durează supărarea pe şoferul din acel automobil? Şi la ce vă serveşte? Am văzut oameni care la câteva ore după incident încă erau furioşi şi-şi povesteau experienţa oricui era dispus să-i asculte.

Atunci când mașina aceea v-a tăiat drumul, aveați două opțiuni. Puteați să rămâneți supărat sau puteați să recunoașteți că v-ați aflat într-o situație gravă, pe care ați rezolvat-o cu succes, continuându-vă cu calm drumul către serviciu.

Dacă *alegeți* să rămâneți supărat, nu puteți da vina pentru asta pe șoferul celuilalt automobil. Decizia legată de ceea ce faceți ca urmare a unei întâmplări negative este a dvs., nu a celuilalt. Dacă îi permiteți altcuiva să vă supere, faceți o alegere greșită.

Cum reacționați atunci când un coleg sau un prieten apropiat spune ceva ce vă rănește sentimentele? Vă retrageți în sine și rumegați situația timp de două săptămâni, fără să faceți nimic? Probabil că gheața dintre voi se va sparge doar atunci când prietenul vă observă reacția și spune: *„Ce s-a întâmplat? Ești atât de tăcut!"* S-ar putea ca dvs. să răspundeți sincer sau să mințiți în legătură cu comentariul care v-a lezat sentimentele - sau nu. În loc să petreceți atâta timp în nefericire, mai bine învățați:

1. Să identificați numaidecât ceea ce v-a provocat disconfortul.
2. Să vorbiți imediat cu persoana care v-a supărat. Depinzând de personalitatea dvs, puteți spune ceva de genul: *„Comentariul acesta a fost o lovi tură sub centură. Poți să-mi spui de ce l-ai făcut?"* Sau: *„Comentariul tău m-a jignit - chiar asta ai vrut să spui?"*

Sau să presupunem că vi se întâmplă următorul lucru. Cineva s-a purtat într-un mod absolut îngrozitor, iar dvs. aveți de gând să-i plătiți cu aceeași monedă, indiferent cât timp v-ar lua. Știți despre ce e vorba - *răzbunare*. Ne simțim bine atunci când ne luăm revanșa, dar dacă nu puteți face asta într-un interval de timp rezonabil, lăsați-o baltă. Analizând situația, veți înțelege că atâta vreme cât planificați o răzbunare, celălalt vă controlează viața. În acest timp, nu vă puteți ocupa de propria viață și nu puteți face lucruri constructive. Am cunoscut oameni care la zece ani după divorț încă își mai plănuiau răzbunarea. Ce risipă de energie! De asemenea, mi-am dat seama că dacă pur și simplu renunțați la răzbunare și urmăriți normal mersul lucrurilor, veți descoperi că întotdeauna *„culegem ceea ce am semănat"* - persoana cealaltă își va primi răsplata pentru fapta sa, fără ca dvs. să pierdeți atâta energie prețioasă.

Vă petreceţi vremea cu văicăreli de genul „*Dacă aş fi putut să...*" sau „*Ar fi trebuit să...*"? Ce pierdere de timp! Concentraţi-vă asupra prezentului şi a viitorului - nu asupra trecutului.

Trăim într-o societate condusă de vinovăţie. Oamenilor le face mare plăcere să-i arate pe ceilalţi cu degetul. Filozofia mea este următoarea: dacă ai făcut tot ceea ce ţi-a stat în putinţă, nu poţi aştepta mai mult de la tine însuţi. Dacă n-ai reuşit să faci ceva, nu înseamnă că ai dat greş, ci că ai învăţat ceva.

Vă simţiţi vinovat atunci când faceţi o greşeală? Aţi făcut tot ceea ce aţi putut? În acest caz, cea mai bună metodă de a vă repara propriile greşeli (mai ales dacă altcineva vi le arată) este să spuneţi: „*Ai dreptate - am făcut o greşeală. Nu se va mai întâmpla.*" Prin urmare, nu vă simţiţi vinovat în cazul în care aţi greşit; mai bine învăţaţi din acea greşeală şi vă asiguraţi că nu o veţi repeta.

Iată un alt exemplu. Aţi muncit foarte mult ca să vă achitaţi de o sarcină şi sunteţi foarte mândru de realizare. Aşteptaţi şi tot aşteptaţi un semn de apreciere din partea şefilor. Există şanse să-1 primiţi? În general, nu. Există mult mai multe şanse să auziţi că n-aţi rezolvat cum trebuie un mic detaliu.

În plus, sunteţi criticul cel mai acerb al propriei persoane. În fiecare dintre noi există un spiriduş care veşnic ne critică, spunând: „*Iar ai dat-o în bară! Chiar nu eşti în stare să faci nimic ca lumea?*"

Învăţaţi să nu vă mai criticaţi şi să vă apreciaţi pozitiv. Dacă aţi făcut treabă bună, trebuie să vă autoapreciaţi, spunându-vă: „*Sunt foarte mândru de felul în care am rezolvat treaba asta.*" Nu contaţi pe alţii. Dacă vă vor lăuda, aceasta va fi doar glazura de pe prăjitură - dar cred că nu aveţi nevoie de ea întotdeauna. Prea multe laude strică. Persoana căreia trebuie să-i faceţi plăcere sunteţi dvs. înşivă. Nu vă comparaţi niciodată cu altcineva. Mulţumiţi-vă să vă îmbunătăţiţi propriul record de realizări.

Data viitoare când vi se va întâmpla aşa ceva, nu acceptaţi sentimentele negative pe care vi le produce. Blocarea acestor sentimente solicită un efort important din partea dvs. Exersaţi până când veţi reacţiona în mod automat în felul în care vă doriţi.

S-ar putea ca, din când în când, să reveniți la vechiul mod defensiv de a reacționa, dar perseverați. Astfel veți reuși să vă păstrați cumpătul în situații dificile.

Ori de câte ori aveți un sentiment negativ puternic, încercați să vă dați seama dacă acesta are sau nu vreo bază reală.

Suntem bombardați cu situații negative în fiecare zi. Examinați lista următoare și vedeți dacă există vreun sentiment pe care NU l-ați trăit în ultima lună:

Sentimente negative

furie, rănire, vinovăție, anxietate, deprimare, frustrare, a fi ignorat, dezamăgire, rușine, gelozie. Inferioritate, nesiguranță, jenă, intimidare, nervozitate, a fi respins, suferință, îngrijorare, tulburare, umilință, nemulțumire, limitare, prostie, tristețe, disconfort, suspiciune, enervare, stinghereală, tensiune, supărare, a fi emotiv, îngrijorare, agitație, remușcări, a fi ofensat, stânjeneală.

E oare de mirare că atâția oameni ajung să gândească negativ? Observați reacțiile fizice (pe care probabil le veți încerca atunci când întâlniți oameni care încearcă să vă inducă un sentiment menționat în lista de mai sus) și întrebați-vă dacă reacția dvs. nu este cumva exagerată. Dacă ajungeți la concluzia că sentimentul dvs. nu are o bază reală, înseamnă că ați avut o reacție exagerată. Reacția poate dura minute bune după producerea incidentului negativ. Așadar, dezamorsați reacția negativă. Dacă mintea dvs. continuă să dea târcoale incidentelor neplăcute, amintiți-vă că astfel îi permiteți altcuiva să vă controleze viața; ar fi bine să nu mai faceți asta!

Întrebați-vă dacă reacția dvs. este exagerată sau este pe măsura situației. Această evaluare vă va permite să rămâneți stăpân pe sentimentele dvs. și, ca urmare, pe situație.

Abordarea pozitivă

Sunt convinsă că ați avut zile în care totul v-a mers de-a-ndoaselea. Ați fi vrut să vă întoarceți înapoi în pat și să vă culcați (deși era abia ora 10 dimineața). Deseori, modul în care reacționați în asemenea zile determin ăceea ce va urma.

Majoritatea oamenilor îşi spun: *„Doamne, iar e una din zilele acelea!"* Şi se aşteaptă ca tot restul zilei să le meargă la fel de prost - ceea ce, fireşte, chiar se întâmplă!

După ce, într-o zi, vi s-au întâmplat trei sau patru lucruri neplăcute, staţi puţin de vorbă cu dvs. înşivă. În loc să vă spuneţi: *„Iar este una din zilele acelea"*, spu-neţi-vă: *„Slavă Domnului, am trecut peste asta."* În felul acesta, vă confirmaţi dvs. înşivă că în restul zilei o să vă meargă mai bine. Când aveţi o zi proastă, încercaţi să adoptaţi o atitudine pozitivă şi observaţi dacă nu cumva aceasta schimbă lucrurile.

Cum se descurcă oamenii cu sentimentele negative

Mulţi oameni au convingerea (greşită) că emoţiile negative sunt întotdeauna periculoase şi puternice. Ei consideră că, dacă îşi exprimă deschis acest gen de sentimente, vor pierde dragostea cuiva sau vor trezi în ceilalţi un sentiment de furie, de plictiseală sau de dez-aprobare. De asemenea, ei nu acceptă că a-ţi dori să fii plăcut de toată lumea tot timpul este un scop nerealist.

Pe de altă parte, alţii au convingerea (de asemenea, greşită) că este *„nesănătos"* sau *„necinstit"* să încerci să controlezi modul în care îţi exprimi sentimentele. Ei consideră că au dreptul să lase frâu liber emoţiilor după dorinţă, indiferent de împrejurări - sau de consecinţe.

Pe scurt, majoritatea oamenilor cred că există doar două feluri în care pot proceda cu emoţiile lor negative: (a) să le reprime sau; (b) să le exprime exact aşa cum le simt - adică într-un mod negativ. De asemenea, cei mai mulţi dintre noi sunt conştienţi că ambele metode pot avea efecte distructive.

Crizele de nervi. Acestea sunt izbucniri de furie copilăreşti şi necontrolate, ce pot fi declanşate de orice - un eveniment recent, nesemnificativ sau ceva ce s-a întâmplat cu multă vreme în urmă şi pe care persoana respectivă l-a ţinut *„să se coacă"* ani întregi. Oamenii predispuşi la izbucniri tempera-mentale nu reacţionează pe loc la micile necazuri din viaţa de zi cu zi, pentru ca mai apoi o remarcă întâmplătoare să declanşeze o adevărată erupţie vulcanică, ce se revarsă asupra oricui se întâmplă să fie prin preajmă. Această izbucnire de furie are consecinţe triste; persoana în cauză se simte îngrozitor, iar ceilalţi se simt înstrăinaţi.

Atitudinea îmbufnată. Oamenii îmbufnaţi sunt gata să arate că sunt prost dispuşi, dar refuză să explice motivul. „*A tăcea cu încăpăţânare*" şi „a te preface jignit"reprezintă două variante ale acestei atitudini.

Sarcasmul. Oamenii care recurg la sarcasm pentru a-şi exprima emoţiile negative de obicei refuză să înfrunte direct cauza proastei lor dispoziţii.

Raţiune versus emoţii: abordarea analitică

Dacă apar emoţii negative, ele trebuie cumva să şi dispară. Am trecut în revistă câteva dintre metodele la care oamenii recurg în mod instinctiv. Majoritatea acestor reacţii instinctive şi/sau impulsive au consecinţe negative. Provocarea constă în a găsi metode de abordare constructivă a emoţiilor negative.

Viaţa noastră este ghidată de două forţe: raţiunea şi emoţiile. De multe ori, ele ne trag în direcţii opuse. Aceea care se dovedeşte mai puternică la un moment dat va determina felul în care ne înţelegem cu ceilalţi şi ne poate afecta nivelul realizărilor personale. Cu toţii ştim că e uşor să reacţionezi în virtutea emoţiilor mai degrabă decât a raţiunii, dar răspunsul raţional ne ajută să abordăm situaţiile dificile într-un mod constructiv.

Dacă nu vă stă în fire să vă comportaţi raţional în condiţii de stres, nu vă lăsaţi descurajat. Vă puteţi dezvolta capacitatea de a vă folosi raţiunea pentru a rezolva conflictele şi problemele. Primul pas este să înţelegeţi care este natura problemei. Puteţi face aceasta analizând situaţia, propriile sentimente şi propriul comportament. Înarmat cu cunoştinţele oferite de această analiză, puteţi învăţa să vă controlaţi reacţiile,în loc să vă lăsaţi controlat de ele.

Iată două exemple care arată de ce este utilă abordarea analitică.

1. Să presupunem că vă simţiţi deprimat din simplul motiv că este luni dimineaţa. Sunaţi la birou ca să spuneţi că sunteţi bolnav sau încercaţi să realizaţi ce anume nu merge? Analizându-vă reacţiile, vă daţi seama că, de obicei, sunteţi

binedispus vineri după-amiaza și prost dispus luni dimineața. Atunci s-ar putea să faceți parte dintre acei peste 80 % angajați care lucrează într-un post nepotrivit. Veți fi deprimat în continuare sau veți face ceea ce este logic, gândrndu-vă serios să vă căutați un loc mai potrivit de muncă?

Când vă gândiți că majoritatea oamenilor petrec zece ore pe zi, cinci zile pe săptămână mergând la lucru și desfășurând o activitate la locul de muncă, este regretabil faptul că nu investim mai multă energie pentru a decide ce anume vrem să facem cu viața noastră. Dacă nu sunteți mulțumit de locul de muncă sau de ocupația dvs. și vă hotărâți să căutați ceva care să vă placă mai mult, puteți începe prin a contacta un centru de plasare a forței de muncă (le găsiți în cărțile de telefon).

2. Să presupunem că vă grăbiți să terminați o treabă până la ora 2 după-amiază, iar șefa dvs. vă mai dă încă ceva de făcut până la aceeași oră. Cum aceasta se întâmplă deseori, vă dați seama că tot timpul aveți probleme cu îndeplinirea sarcinilor la timp. Această situație vă face să vă simțiți prost. Dar nici nu vreți să refuzați sarcina ca să nu o supărați pe șefă. Cum procedați? Încercați să nu o refuzați, iar la ora 2 vă simțiți obligat să spuneți: *„Îmi pare rău, n-am terminat încă"*? Sau spuneți: *„N-o să am timp să termin până la 2 și ceea ce am deja de făcut, și raportul lui Jones. Pe care să o termin mai întăi? "*

În primul caz, șefa se va supăra oricum pe dvs., pentru că n-ați spus nimic și, ca urmare, ea n-a putut aranja cu altcineva să termine raportul. Apoi dvs. vă plângeți: *„Mă simt tot timpul stresat la serviciu."*

În al doilea caz, analizând situația, v-ați dat seama că este responsabilitatea șefului să vă ajute să vă stabiliți prioritățile. Pentru a o ajuta să îndeplinească sarcina în mod eficient, asigurați-vă că știți foarte bine ce anume aveți de făcut. Poate ați urmat un curs de gestionare a timpului, care vă ajută să vă stabiliți prioritățile. Alcătuiți liste cu *„lucrurile care trebuie rezolvate"* ca să știți exact cât puteți face într-o zi și aveți grijă ca șeful să fie la curent cu îndatoririle dvs.

Analiza stresului

Stresul este însoțit de anumite simptome fizice și comportamentale. În afară de semnele enumerate mai sus, putem enumera următoarele: sensibilitate sporită la zgomote, *„avalanșe de gânduri"*, lipsă de răbdare, stare de agitație, accese bruște de furie, crize de râs sau de plâns.

În unele cazuri, depresia și apatia pot constitui reacții la stres.

Nu toate tipurile de stres sunt negative. Simptomele emoționale și fizice asociate cu stresul se pot manifesta și ca reacție la evenimente plăcute sau incitante – de exemplu, promovarea la locul de muncă sau îndrăgostirea. Nu stresul în sine este problema, ci stresul negativ care produce epuizare.

De exemplu, majoritatea oamenilor presupun că *„indivizii obsedați de muncă"* sunt nefericiți, dar acest lucru nu este întotdeauna adevărat. Aceste persoane se pot împărți în două categorii fundamentale. Există aceia care-și iubesc profesia și muncesc din greu pentru că asta le face plăcere. Ei sunt supuși stresului, dar nu se simt epuizați aproape niciodată.

Indivizii din cealaltă categorie nu sunt motivați de entuziasm, ci de lucruri precum:

sentimentul că sunt în concurență cu alții;
presiuni legate de slujbă;
probleme cu bugetul;
probleme familiale sau relaționale;
probleme financiare.

Ei sunt afectați de un stres negativ și suferă din cauza aceasta. Cunoaștem cu toții asemenea oameni, care:

lucrează tot timpul, de multe ori își iau cu ei de lucru acasă, seara și în weekend - dar sunt su părați din cauza asta;
suferă de tulburări nervoase;
nu mănâncă bine și nu fac corect exerciții fizice;
nu-și iau niciodată liber când sunt bolnavi (ei sunt cei care dau răceala la toți ceilalți, fiindcă vin la birou atunci când n-ar trebui);
rareori petrec timp cu familia;

nu știu cum să se relaxeze, să se distreze sau pur și simplu să nu facă nimic. (De multe ori, recurg la sporturi competitive ca mijloc de „relaxare".)

Dacă bănuiți că faceți parte din această categorie a „obsedaților de muncă", următorul chestionar vă poate ajuta să evaluați mai bine dacă profesia dvs. este o sursă de stres pozitiv sau negativ.

Sunteți obsedat de muncă?

Secțiunea A

Răspundeți la următoarele întrebări, cu un da sau un nu:

1. Sunteți întotdeauna punctual la întâlniri?
2. Vă simțiți mai bine atunci când faceți ceva decât atunci când stați degeaba?
3. Vă organizați cu atenție hobby-urile?
4. Când vă implicați în activități recreative, faceți aceasta împreună cu colegii de serviciu?
5. Chiar și atunci când sunteți presat, aveți grijă să vă asigurați că sunteți în posesia tuturor datelor necesare înainte de a lua o decizie?
6. Majoritatea prietenilor dvs. lucrează în același domeniu?
7. Majoritatea lecturilor dvs. sunt legate de profesie?
8. Stați să lucrați până târziu mai des decât colegii dvs.?
9. Când serviți o cafea sau un cocktail la o petrecere, discutați despre chestiuni profesionale?
10. În visele dvs. apar mai des conflicte legate de muncă decât de familie?
11. Atunci când vă recreați depuneți la fel de mult efort ca și când munciți?
12. Sunteți cuprins de neliniște în vacanțe?
13. Soțul sau soția și prietenii vă consideră o persoană cu care te poți înțelege ușor?

Dacă ați răspuns afirmativ la primele 12 întrebări și negativ la întrebarea numărul 13, înseamnă că sunteți obsedat de muncă; dar rețineți că acesta nu e un lucru rău atâta vreme cât nu vă stresează prea tare. Pentru a descoperi dacă „patima" dvs. este o sursă de stres negativ, răspundeți la întrebările din secțiunea B. Secțiunea B.

Răspundeți la următoarele întrebări, cu un da sau un nu:

14. Comunicați mai bine cu colegii decât cu soțul/soția (ori prietenul/prietena cea mai bun(ă))?
15. Vă relaxați mai bine sâmbăta decât duminica după-amiază?
16. Lucrați în pat când sunteți bolnav și stați acasă?
17. De obicei, vă supără foarte tare când ceilalți vă fac să așteptați?
18. Vă treziți noaptea îngrijorat din cauza unor probleme profesionale sau familiale?
19. În practicarea unor sporturi de competiție, vi se întâmplă să vedeți pe minge chipul șefului dvs.?
20. Vi se întâmplă să considerați munca o metodă de a evita întreținerea unor relații apropiate?
21. Aveți obiceiul să planificați dinainte fiecare etapă a unei excursii și vă simțiți prost dacă planurile dvs. se duc de râpă?
22. Vă place să faceți conversație despre banalități la o petrecere sau la o recepție?

Dacă ați răspuns afirmativ la întrebările 14-21 și negativ la întrebarea 22, probabil că orele îndelungate de muncă nu vă oferă nicio bucurie.

În cazul unui stres îndelungat, rezultatul aproape inevitabil este epuizarea. Pentru a vedea dacă dați semne de epuizare, puneți-vă următoarele întrebări:

Mă simt aproape tot timpul fără chef sau deprimat?
Mă simt aproape tot timpul obosit?
Nu mănânc și nu mă odihnesc bine?
Simt că în condițiile date nu e nicio speranță de mai bine?
Mă plâng tot timpul?
Mi se pare că nimănui nu-i pasă de mine?
Mă simt aproape tot timpul supărat, frustrat sau furios?
La serviciu, mă simt supus presiunii și concu renței?
Orice fac nu e suficient?
Mi-e teamă că pot ceda în orice clipă?

Stresul se transformă în epuizare atunci când starea de tensiune durează multă vreme sau atunci când devine copleșitoare. Primul pas în rezolvarea problemei este să analizați toate sursele de stres din viața dvs., pentru a determina care dintre ele sunt pozitive și care sunt negative; apoi trebuie să vedeți ce puteți face și ce nu puteți schimba. Pentru aceasta, parcurgeți următorul exercițiu, străduindu-vă să dați răspunsuri cât mai exacte. Notați răspunsurile, nu parcurgeți mental exercițiul.

1. Pe o foaie de hârtie, scrieți toate lucrurile care vă provoacă stres. (Lăsați spațiu între ele.) Încercați să identificați cel puțin cinci factori de stres.
2. Pe o scară de la 1 la 10 (10 fiind valoarea cea mai înaltă), determinați nivelul fiecărui factor de stres.
3. Determinați dacă factorul de stres este pozitiv (o nuntă, o promovare, nașterea unui copil, o slujbă nouă) sau negativ (o purtare grosolană, condusul prin oraș la orele de vârf).
4. Alături de fiecare factor de stres, notați sentimentele pe care vi le trezește situația stresantă respectivă (furie, frustrare, fericire, frică).
5. Identificați care latură din viața dvs. este cea mai afectată de fiecare dintre factorii de stres negativ (familială, socială, afaceri/profesie).
6. Apoi, pentru fiecare factor de stres, determinați dacă:
   a. stă în puterea dvs. să rezolvați problema. Notați cuvântul *„da"* lângă factorul respectiv; sau
   b. nu stă în puterea dvs. să schimbați situația. Este în afara controlului dvs. - nu puteți face nimic ca s-o schimbați. Notați cuvântul *„nu"* lângă factorul respectiv.

Tehnici de reducere a stresului negativ

Odată ce ați identificat sursele negative de stres din viața dvs. și ați determinat pe care dintre ele le puteți controla, sunteți pe cale să vă eliberați de tensiunile cele mai copleșitoare.

Trebuie să mai faceți încă doi pași pentru a continua analiza dvs:

7. Dacă NU aveți posibilitatea să faceți ceva în legătură cu o sursă de stres negativ, uitați de ea. Mental, aruncați problema la gunoi și nu mai pierdeți energie prețioasă gândindu-vă la ea.
8. Dacă AVEȚI posibilitatea să schimbați situația, gândiți-vă ce veți face în legătură cu aceasta. Alcă tuiți un plan de acțiune.

Prin parcurgerea acestor pași, de fapt veți pune înaplicare Rugăciunea seninătății (scrisă de ReinholdNiebuhr):

„Doamne, dă-mi seninătatea să accept lucrurile pe care nu le pot schimba, curajul să schimb lucrurile pe care le pot schimba şi înţelepciunea de a discerne între ele."

Unul dintre participanţii la seminarul meu a identificat următoarea problemă referitoare la furia din trafic:

„Problema mea este traficul de la orele de vârf. Aproape în fiecare zi mă indispune să văd ce tâmpenii fac ceilalţi şoferi."
Acesta este probabil unul dintre lucrurile asupra cărora n-aveţi niciun control. Dar vă puteţi controla reacţia faţă de el. Conduceţi cu atenţie. Amintiţi-vă să nu vă enervaţi. Folosiţi-vă energia în mod constructiv: ascultaţi postul de radio preferat sau puneţi o casetă cu muzica favorită. O altă posibilitate este să plecaţi la drum mai devreme sau mai târziu, pentru a evita aglomeraţia.

Şase stiluri de comportament

Iată şase stiluri comportamentale fundamentale şi comportamentele corespunzătoare:

Comportament Pozitiv

Respect de sine - exprimarea nevoilor şi apărarea drepturilor proprii
Respect faţă de nevoile şi drepturile celorlalţi

Comportament Pasiv

Lipsa respectului de sine
Neexprimarea nevoilor şi neafirmarea drepturilor

Comportament Agresiv

Lipsă de respect faţă de nevoile şi drepturile ce lorlalţi

Rezistentă Pasivă

Acest comportament este adoptat de oamenii pasivi care încearcă să se impună prin comportamentul lor. Tot timpul bombăne şi se plâng; îi manipulează pe ceilalţi ca să-şi atingă scopurile. Nu au învăţat să spună deschis ceea ce vor.

Joey: Mami, poţi să mă duci azi la şcoală cu maşina?

Mama lui îşi făcuse deja planuri pentru dimineaţă. Era o zi frumoasă, iar Joey, ca de obicei, pierdea vremea cu nimicuri şi deja se făcuse târziu.

Mama: Joey, te-am dus de două ori săptămâna asta...

Joey: Mami, te rog...

Mama (*cu un suspin adânc*): Bine, haide!

Limbajul trupului şi felul ei de a vorbi spun: „Uite ce sacrificii fac pentru tine. Dacă m-ai iubi mai mult, m-ai respecta mai mult!"

Aggressivate Indirectă

Aceşti oameni afişează un comportament situat între cel categoric şi cel explicit agresiv. Folosesc metode subtile pentru a-şi atinge scopurile, cum ar fi sabotajul, sarcasmul, tăcerea încăpăţânată şi bârfa. De exemplu:

Don: *„Soţia mea vrea să fac curat în pivniţă săptămâna asta. Am să fac treaba, dar nu aşa cum îi place ei. În felul acesta, poate că altă dată n-o să mai aibă pretenţii de la mine."* (Sabotaj)

Jane: *„Văd că până la urmă te-ai hotărât să-ţi faci o coafură care-ţi vine bine."* (Sarcasm)

După o ceartă, Uncia n-a mai vorbit patru zile cu soţul ei, Bill. N-au rezolvat problema, iar Bill a încercat de mai multe ori să-i vorbească - însă ea a refuzat.(Tăcere încăpăţânată)

Jill: *„Ai auzit de soţul lui Carmen? L-a săltat poliţia fiindcă a condus beat ieri seară."* (Bârfă)

Comportament Pasiv-Agresiv

Oamenii care se comportă în acest fel au o reacţie patologică la autoritate sau faţă de cei care par să se afle într-o poziţie de autoritate. Au tendinţa să explodeze pe neaşteptate, debusolându-i pe ceilalţi, fiindcă purtarea lor iese din orice tipare. În mod normal, o persoană dă semne de frustrare înainte de a-şi pierde cumpătul - dar pe ei *„îi apucă din senin"*, complet pe neaşteptate. Câştigă încrederea celorlalţi, apoi îi lovesc pe la spate. Asta îi face pe cei care au de-a face cu astfel de oameni să fie vigilenţi în relaţiile cu ei, însă pasiv-agresivii pot fi atât de fermecători, încât reuşesc să recâştige bunăvoinţa şi încrederea altora. Apoi repetă tiparul. În cazul acestora, trebuie să ne aşteptăm la orice şi să fim pe fază ca să anticipăm o nouă demonstraţie de comportament distructiv. În capitolul 2 veţi găsi mai multe detalii despre comportamentul lor.

Cum abordăm rezolvarea conflictelor

Am văzut că multe conflicte şi resentimente se nasc din faptul că oamenii au impresia fie că trebuie să se apere împotriva unui agresor, fie că au profitat fără să vrea de o persoană mult prea pasivă. Capacitatea de a vă comporta pozitiv, nu agresiv sau pasiv, poate reduce semnificativ nivelul stresului şi al conflictelor în viaţa dvs.; conflictele nu pot fi însă evitate în întregime.

Principalele metode de abordare a conflictelor sunt următoarele:

1. *Competiţia.* O persoană sau un grup câştigă, celălalt pierde.
2. *Adaptarea.* O persoană refuză să-şi afirme propriile dorinţe şi se declară de acord cu afirmaţiile sau cu revendicările celuilalt.
3. *Compromisul/Colaborarea.* Fiecare parte recunoaşte drepturile celeilalte. Fiecare poate fi nevoită să renunţe la unele lucruri, dar se înţelege faptul că soluţia trebuie să ia în considerare nevoile şi dorinţele ambelor părţi.

Ultima abordare nu dă naştere la sentimente de concurenţă. Dimpotrivă, între participanţi există un sentiment de cooperare sau de camaraderie. Fiecare îşi foloseşte capacităţile şi sunt recunoscute drepturile ambelor părţi.

Metoda de a câştiga într-un conflict

Nimănui nu-i place să piardă atunci când este implicat într-un conflict. Iată câteva indicii privind felul în care puteţi ieşi învingător:

1. Cereţi timp de gândire. Amândoi puteţi să profitaţi de această ocazie.
2. Acordaţi atenţie reacţiilor trupului dvs. S-a declanşat cumva sindromul „luptă sau fugi"?
   Respiraţi adânc, astfel încât să sporiţi aportul de oxigen către creier şi să puteţi analiza situaţia mai clar.

3. Nu vă răstiți la celălalt. S-ar putea să regretați o remarcă aruncată în grabă, ce poate avea consecințe de durată.
4. Ce anume vă doriți, dar nu obțineți? N-ar trebui oare să negociați mai mult - să lăsați puțin de la dvs. - astfel încât să câștigați amândoi?
5. Dacă celălalt și-a pierdut cumpătul, nu mai negociați până când nu își revine. Întotdeauna în asemenea împrejurări, cea mai bună abordare este una tăcută.
6. Așteptați până când celălalt/cealaltă este dispus/dispusă să asculte versiunea dvs. Ascultați și dvs. cu atenție versiunea lui/ei.
7. Verificați dacă persoana cealaltă este conștientă de faptul că o ascultați. Folosiți în mod regulat parafrazarea pentru a-i confirma celuilalt că ați înțeles exact ceea ce a spus.
8. Celălalt/cealaltă pare să nu asculte ceea ce aveți de spus. Insistați să vă faceți ascultat. Spuneți: *„Eu am ascultat cu atenție ce-ai avut de spus. Pot conta pe tine să faci același lucru pentru mine?"*
9. Întrebați: *„Ce vrei să fac?"* Asigurați-vă că știți ce anume vrea celălalt. Ascultați răspunsul și confirmați-l sau corectați-l.
10. Afirmați ceea ce vreți dvs., clar și răspicat. Fiți dispus să negociați.
11. Odată ce s-a ajuns la o înțelegere, rezumați totul și revedeți chestiunile semnificative, ca să fiți sigur că ați înțeles bine.

Îngăduiți-vă să nu fiți de acord

Uneori, în conversațiile cu ceilalți, vă dați seama că aveți păreri total opuse privind tema de discuție (de exemplu, avorturile, regimul armelor, politica, religia, eutanasia). Niciunul dintre dvs. nu este dispus să cedeze și fiecare devine tot mai tensionat, pentru că fie dvs., fie partenerul de discuție nu sunteți capabili să priviți lucrurile dintr-o altă perspectivă.

Aceasta este o încercare grea, mai ales în cazul oamenilor care au mult respect și admirație unul pentru celălalt. Este important să admiteți că nu există doi oameni (indiferent cât ar fi de apropiați) care să aibă aceeași părere în absolut toate chestiunile. Faptul că prietenii dvs. au alte puncte de vedere nu înseamnă că sunt niște trădători (așa cum dvs. sau ei ar putea aveaimpresia).

Ori de câte ori vă aflaţi într-o situaţie de acest gen,spuneţi: *„Ai dreptul la părerea ta şi eu la a mea. Este evident că n-o să cădem la învoială niciodată în această privinţă, aşa că hai să acceptăm pur şi simplu că nu suntem de acord şi să nu mai vorbim despre asta pe viitor."* Dacă partenerul de discuţie insistă să continuaţi disputa, refuzaţi să mai participaţi. Dacă subiectul revine mai târziu în discuţie, amin-tiţi-i celuilalt că nu veţi renunţa la părerea dvs., aşa că n-ar fi înţelept să vă ambalaţi din nou pe aceeaşi temă.

A fi constructiv

Fireşte, uneori este necesar să aduceţi în discuţie greşelile altora - cu alte cuvinte, să-i criticaţi. Critica poate fi *distructivă* - dacă îl faceţi pe celălalt să se simtă prost - sau *constructivă* - atunci când îi oferiţi anumite sugestii pentru a-şi îmbunătăţi acea latură. Când îi criticaţi pe alţii, sugeraţi-le întotdeauna moduri de a-şi îmbunătăţi comportamentul. Nu îi numiţi: *„prost"... „tâmpit"* ... *„leneş"* ... *„bleg"* ... *„ignorant"* ... *„distant".* Oamenii nu ştiu cum să-şi corecteze asemenea cusururi, iar folosirea unor termeni de acest gen nu face decât să suscite proteste din partea persoanei căreia îi este destinat comentariul.

Gândiţi-vă la ultima ceartă serioasă pe care aţi avut-o cu cineva. Aţi etichetat *persoana* sau aţi jucat cinstit şi aţi adus în discuţie *comportamentul* acesteia?

De exemplu, puteţi spune: *„John, nu prea te-ai ostenit cu raportul, aşa-i? N-a fost de niciun folos şi a trebuit să-1 refac."* Asta înseamnă să discutaţi despre comportamentul lui şi să-i oferiţi informaţii specifice despre cum şi-1 poate modifica.

Într-o discuţie, dacă vă surprindeţi etichetând pe cineva, vă rog să vă cereţi scuze. Spuneţi: *„Îmi pare rău.Nu meriţi asta. Voiam să spun c ă..."* Apoi puteţi aduce în discuţie comportamentul care v-a ofensat, folosind tehnica feedbackului.

Dacă, la rândul dvs., sunteţi etichetat de cineva, întrebaţi acea persoană care sunt motivele pentru care v-a aplicat acea etichetă. Amintiţi-vă că puteţi alege să acceptaţi sau nu critica sa.

Putem decide să nu le permitem oamenilor să ne rănească. E posibil ca un coleg să ne trădeze, să ne bâr-fească sau să ne facă să ne simţim vinovaţi. Nu e uşor să ierţi un asemenea comportament. Pute ceilalţi. Putem avea impresia că ar trebui să aşteptăm din partea lor un gest care să restabilească relaţia.Putem fi tentaţi să zăbovim la nesfârşit cu mintea asupra jignirii pe care ne-au adus-o.

În multe cazuri, iertarea este singurul lucru capabil să repare şi să vindece. Iertarea poate însemna chiar reînnoirea relaţiei.

Poate că veţi spune: *„Uşor de zis! Colegul tău nu te vorbeşte pe la spate şi nu răspândeşte despre tine zvonuri false!"*

Iată cum puteţi acţiona pentru a reface relaţia. Nu vă mai prefaceţi că nu s-a întâmplat nimic. Recunoaşteţi faţă de dvs. înşivă că sunteţi supărat şi examinaţi motivul. Apoi fiţi sincer cu celălalt şi spuneţi-i deschis ce anume v-a ofensat. Însă nu uitaţi că şi celălalt este doar un om şi că toţi facem greşeli. Apoi luaţi decizia conştientă de a ierta şi a uita. (Trebuie să o faceţi cu sinceritate.) Odată ce aţi iertat persoana în cauză, puteţi merge mai departe.

Mulţi oameni nu sunt de acord cu această abordare. Ei consideră că a-i ierta pe cei ce au greşit înseamnă a-i elibera fără a-i pedepsi - cu alte cuvinte, că aceştia scapă prea uşor. În realitate, ranchiuna creează o legătură între persoana ofensată şi ofensator. Furia şi ura consumă o energie care ar putea fi folosită în mod pozitiv pentru a reînnoda relaţia.

Am descoperit că, iertându-i pe ceilalţi pentru răul pe care mi l-au făcut, pot să-mi văd mai departe de viaţa mea. Ironia este că, în cazul meu, toate aceste persoane au avut mai târziu probleme din cauza comportamentului lor nepotrivit. De exemplu, am avut odată un şef căruia îi era teamă că o să-i iau postul. Timp de mai multe luni, a făcut din viaţa mea un adevărat infern, ceea ce mi-a provocat foarte mult stres şi probleme de sănătate. În cele din urmă, a trebuit să mă recunosc învinsă şi să-mi caut de lucru în altă parte. Acum, individul respectiv trece dintr-o slujbă în alta - fiecare mai proastă decât cea dinainte. Iar în urma lui rămâne un şir de foşti colegi care îl dispreţuiesc.

Acceptaţi complimentele

Mulţi dintre noi nu ştiu să accepte complimentele cu eleganţă. Le primim cu neîncredere sau chiar nu le acceptăm, răspunzându-le cu comentarii de genul: *„Oh,aş fi putut să fac asta şi mai bine"* sau *„Zdreanţă asta?"*

Dacă nu acceptaţi complimentul cu eleganţă, ce-ispuneţi de fapt persoanei care vi-l face? Sugeraţi că este nesinceră, că nu judecă bine lucrurile sau chiar că e mincinoasă. Răsplătiţi o îmbrăţişare caldă (un sentiment neplăcut) cu o înţepătură rece (un sentiment neplăcut). Amintiţi-vă acest lucru data următoare când refuzaţi un compliment.

Cum să depăşim barierele de limbaj

Înainte de a ajunge să vorbească fluent engleza, persoanele care au o altă limbă maternă parcurg de obicei următorul proces:

Etapa 1. Aud ceea ce spuneţi dvs. în engleză.
Etapa 2. Traduc în limba lor ceea ce aţi spus.
Etapa 3. Îşi construiesc răspunsul în limba lor.
Etapa 4. Traduc mental răspunsul în engleză.
Etapa 5. Vă răspund în engleză.

Observaţi că acest proces necesită timp; aşadar, dacă discutaţi cu asemenea persoane, încercaţi:

1. Să folosiţi un limbaj simplu, obişnuit. Nu vă puteţi aştepta să înveţe imediat jargonul sau limbajul tehnic.
2. Urmăriţi-le limbajul trupului. Dacă se încruntă, e posibil să nu fi înţeles tot ce aţi spus. Repetaţi cele spuse, folosind un limbaj mai simplu.
3. Daţi-le timp să interpreteze ceea ce aţi spus. Perioada dintre momentul în care dvs. aţi încetat să vorbiţi şi momentul în care ei vă răspund poate fi necesară pentru ca ei să înţeleagă pe deplin ceea ce le-aţi transmis.

Uneori, indiferent ce-aţi face, vă este pur şi simplu imposibil să înţelegeţi ce vă spune altcineva. In măsura posibilului, încercaţi să găsiţi pe cineva care vorbeşte limba persoanei respective. Dacă nu se poate, cereţi-i persoanei să aducă pe cineva (eventual, un copil sau orudă) care să joace rolul translatorului.

Dacă vă confruntați frecvent cu această problemă, încercați să apelați la sprijinul autorităților, ca să vedeți dacă nu cumva vă pot oferi un translator. Apoi puneți-l în legătură cu persoana în cauză.

Observați dacă aveți sentimente de vinovăție. Dacă ați făcut tot ceea ce v-a stat în putință ca să înțelegeți ce spune persoana respectivă, nu aveți niciun motiv să văsimțiți vinovat.

În trecut, am avut ghinionul să intru în legătură cu o secretară care avea un accent străin extrem de puternic. Nu reușeam să înțeleg ce spune și cred că nici ea nu mă înțelegea pe mine. Problema s-a prelungit circa două săptămâni. Nu reușeam să-mi rezolv treburile cu firma respectivă. În cele din urmă, am decis să fac ceva și am cerut să vorbesc cu șeful de birou. I-am explicat dilema mea în felul următor:

„Am o problemă și am nevoie de ajutorul dvs. ca s-o rezolv. În ultimele două săptămâni, am sunat de mai multe ori la firma dvs. și mi-a fost greu să înțeleg cespune noua dvs. secretară. S-au mai plâns și alții în egătură cu asta? S-ar putea să pierdeți clienți din această cauză."

A recunoscut că auzise bombăneli de la colegii din birou, dar mi-a spus că eram prima persoană din afara firmei care se plângea. M-a asigurat că va rezolva problema. Data următoare când am sunat la firmă, mi-a răspuns altcineva. Dacă nu m-aș fi plâns, poate că situația s-ar fi prelungit și firma ar fi ajuns să piardă clienți.

Ce fel de persoană sunteți?

Pe baza informațiilor ce urmează, alegeți acel tipar comportamental care vă reprezintă cel mai bine. Apoi analizați informațiile pentru a determina ce tip corespunde persoanei care vă creează dificultăți.

Tipula A

Puncte Tari	Puncte Slabe
Direct	Încruntat
Deschis	Dominator
Activ	Neliniștit
Stimulativ	Nerăbdător
Se pricepe să lucreze	Face presiuni

24

cu oamenii	Îi manipulează pe ceilalţi
Persuasiv	Dur
Îsi asumă riscuri	Are reactii puternice
Îi place competiţia	Îi controlează pe ceilalţi
Sigur pe sine	

Oamenii de acest tip sunt de obicei spontani, de multe ori lucrează în vânzări şi le place să relaţioneze cu ceilalţi. Vor să fie respectaţi de cei din jur. Alţii pot avea impresia că îşi urmăresc scopurile într-un mod foarte agresiv. Nu le plac cei lipsiţi de entuziasm, cei care-i fac să aştepte, cei nehotărâţi, rigizi sau care vor „să facă totul ca la carte". Le place să li se acorde atenţie, să realizeze diverse lucruri şi tânjesc după recunoaştere, aventură si entuziasm.

Tipula B

Puncte Tari	*Puncte Slabe*
Practic	Insensibil
Ambiţios	Critic
Eficient	Cumpâtat
Metodic	Neproductiv
Direct	Rezervat
Urmăreşte rezultatele	Nu acceptâ compromisuri
Convenţional	Distant
Hotârât	Insistent
Motivat	Încâpâţânat
Organizat	Inflexibil
Demn de încredere	Inaccessibil

Aceşti oameni sunt buni afacerişti şi directori. Le place să dirijeze şi să-şi asume responsabilităţi. Îşi urmăresc sarcinile şi trebuie să câştige întotdeauna. Le displac oamenii sensibili, ambiguitatea, lipsa de respect şi lenea. Le plac oamenii stăpâni pe sine şi loiali, le place să avanseze în ritm rapid şi le plac responsabilităţile.

Tipula C

Puncte Tari	*Puncte Slabe*
Spirit de echipă	Prea empatic

Cald	Nehotărât
Fidel	Nerezonabil
Entuziast	Lipsit de espărare
Cooperant	Face lucrurile de mântuială
Uşor de abordat	Subiectiv
Demn de încredere	Ezitant
Sensibil	Iraţional
Bun ascultător	Vulnerabil
Bun prieten	Uşor de învins
Îi place schimbarea	Pasiv
Deschis	Vrea să le facă plăcere celoralţi
Îi reprezintă pe ceilalţi	Uşor de dat la o parte

Aceşti oameni lucrează de multe ori în sectorul serviciilor (turism, sănătate, transport, servicii sociale), deoarece au o dorinţă puternică de a-i ajuta pe ceilalţi. Închid în sine stresul şi rareori se pun pe primul plan. Îi protejează pe cei mai slabi, vor ca toată lumea să-i iubească şi deseori au un comportament pasiv. Le displac oamenii insensibili, certăreţi, nesinceri sau egoişti. Le plac oamenii calzi, buni şi afectuoşi.

Tipula D

Puncte Tari	*Puncte Slabe*
Rigid	Amănă lucrurile
Meticulos	Perfecţionist
Corect	Nesociabil
Inhibat	Neinteresant
Sărguincios	Se gândeşte prea mult
Sensibil	Ruşinos
Senin	Pasiv
Are standarde înalte	Nu-i place schimbarea
Evită riscurle	Monoton

Aceşti oameni urmăresc detaliile mai mult decât cei de tip A. Le place să lucreze singuri, de multe ori în contabilitate, în domeniul tehnic sau inginerie. Le displac oamenii nesinceri sau peste măsură de impunători, neglijenţi sau aroganţi. Le plac oamenii perfecţionişti, consecvenţi, bine informaţi, cu simţ practic, care fac treabă bună şi cu care te poţi înţelege uşor.

Cum să colaboraţicu un alt tip de personalitate

În funcţie de tipul de personalitate cărula îi apartine o anumită persoană, cu care aveţi o relaţie profesională sau personală, iată câteva lucruri utile de reţinut.

Tipula A

Lăudaţi-i şi apreciaţi-i în mod constant.
Fiţi sociabil cu ei.
Trataţi-i ca şi cum ceea ce fac este important.
Încurajaţi-i să-şi folosească aptitudinile creative.
Dacă sunt hiperactivi, reorientaţi-le energia - ajutaţi-i să-şi aleagă priorităţile.

Tipula B

Oferiţi-le cât mai mult posibilitatea să dirijeze.
Supravegheaţi-i cât mai puţin - daţi-le multă libertate.
Faceţi-i să se simtă importanţi.
Folosiţi-vă de firea lor eficientă, practică, ambiţioasă.
Folosiţi-vă de aptitudinile lor de organizare.
Respectaţi-le valorile şi metodele convenţionale.
Fiţi flexibil şi acceptaţi-le modul de a rezolva lucrurile.

Tipula C

- Nu vă lăsaţi de dorinţa lor de a fi plăcuţi de toată lumea.
Trataţi-i pe alţii cât se poate de corect când vă aflaţi în prezenţa lor.
Adoptaţi o atitudine activă în negocierile cu ei.
Daţi-le ocazia să fie aproape de ceilalţi.
Manifestaţi răbdare faţă de nehotărârea lor.

Tipula D

Ascultaţi-le ideile.
Ajutaţi-i să stabilească termene.
Lăsaţi-i să-şi facă treaba aşa cum vor.
Folosiţi, în discuţii, logica şi faptele.
Arătaţi-le respect.

În funcţie de tipul de personalitate căruia îi aparţine şeful sau managerul dvs., aveţi în vedere sugestiile de mai jos:

Tipula A

Fiți sociabil cu ei.
Oferiți-le încrederea dvs.
Ajutați-i să interacționeze cu alții.
Ajutați-i să vadă lucrurile într-o manieră realistă.
Manifestați entuziasm și interes.
Fiți activ în comunicare.
Hrăniți-le eul.
Fiți deschis și prietenos.
Nu fiți timid în prezența lor.

Tipula B

Însoțiți totul de documentație.
Urmăriți rezultatele.
Respectați-le autoritatea.
Oferiți-le provocări.
Respectați regulile.
Fiți punctual.
Jucați rolul unui tampon între ei și ceilalți angajați.
Ajutați-i să descopere și alte moduri de a face lucrurile.

Tipula C

Arătați-le că vă interesează persoana și activitățile lor.
Oferiți-le sprijin.
Exprimați-vă liber gândurile și ideile.
Fiți un jucător de echipă, dispus la compromisuri.
Ajutați-i să comunice cu ceilalți.
Stabiliți-vă propriile obiective și îndepliniți-le.

Tipula D

Oferiți-le fapte și date detaliate.
Apreciați-le eficiența.
Fiți consecvent.
Documentați-vă ideile și oferiți-le fapte.
Oferiți-le noi dei și abordări.

Acum faceți o listă cu oamenii care vă creează dificultăati:

Nume	Tip de Personalitate
1. _____	
2. _____	
3. _____	
4. _____	

    a) În ce fel aţi putea schimba modul în care-i abordaţi, astfel încât să îmbunătăţiţi situaţia?

    b) Când am de-a face cu această persoană, îmi voi aminti următoarele:

1. _____

2. _____

3. _____

4. _____

Introvertit, extravertit, tipuri de personalitate

Este important să analizaţi unde se încadrează persoana dificilă cu care vreţi să comunicaţi, în ceea ce priveşte scopurile, nevoile şi dorinţele sale. Studiaţi persoana care vă face probleme pentru a vedea cum le puteţi aborda mai eficient, observând categoria dincare face parte.

Tipul introvertit extrem: Această persoană este extrem de grijulie, meditativă şi analitică, are o înclinaţie spre perfecţionism şi se poate concentra cu insistenţă asupra detaliilor. Persoanele introvertite tind să fie cerebrale şi se preocupă mai curând de chestiunile mentale, decât de activităţile fizice.

Tipul extravertit extrem: Această persoană urmăreşte acţiunea, preferă să se apuce repede de treabă şi să se ocupe mai târziu de detalii (sau să le treacă cu vederea, considerând că se va ocupa altcineva de ele). Persoanele extravertite pun lucrurile în mişcare, dar lasă nerezolvate unele detalii.

Tipul combinat extravertit/introvertit: Această persoană are atribute aparţinând ambelor tipuri şi reprezintă un echilibru al celor două extreme. Acţiunile salevă pot comunica în ce fază se află la momentul respectiv.

***Cum gândeşte şi simte un tip de personalitate extrem
introvertită:***

1. Nu-i place să împrumute lucruri altora. O poate face, dar cu
   multe ezitări şi precauţii.
2. Preferă să alcătuiască o prezentare scrisă, decât să susţină
   oral.
3. Poate să vorbească foarte direct, fără ocolişuri.
4. Îşi exprimă emoţiile şi sentimentele într-un mod mai rezervat.
5. Ajunge uşor să se simte simtă jenat.
6. Este foarte atent cu posesiunile sale materiale - îmbrăcăminte,
   unelte, maşină, casă şi curte. Păstrează ordinea şi o ambianţă
   plăcută.
7. Se simte jenat să vorbească în public şi evită pe cât posibil
   acest îucru.
8. Este lent în acţiune şi în luarea deciziilor.
9. Mulţi îl consideră perfecţionist. Scrie şi rescrie totul până
   când iese perfect.
10. Abordează cu prudenţă noile relaţii.
11. Deşi în general nu este vorbăreţ, îi face plăcere o dezbatere
    sau o discuţie interesantă.
12. Îşi face griji tot timpul.
13. Majoritatea deciziilor de rutină îi ridică probleme.
14. Este foarte sensibil la comentariile care se fac despre el.
15. Nu-i plac comenzile autoritare.
16. Poate avea vederi extreme în ceea ce priveşte religia, politica
    şi alte alte chestiuni sociale.
17. Are tendinţa să se lupte singur cu problemele.
18. Preferă să lucreze mai degrabă singur decât în echipă.
19. Îi plac laudele şi aprecierile şi are nevoie de ele, dar nu le
    solicită.
20. Tinde să fie suspicios.
21. Îşi schimbă dispoziţia mai des decât o persoană extravertită.
22. Îi plac activităţile care necesită precizie şi atenţie la detalii.
23. Preferă activităţile intelectuale.
24. Visează foarte mult şi se gândeşte la ce ar fi putut să fie sau la
    ce va fi.
25. Este extrem de conştiincios şi caută să facă totul perfect.

Cum gândeşte şi simte un tip de personalitate extrem de extravertită:

1. Împrumută fără ezitări bani şi bunuri materiale.
2. Vorbeşte cursiv; preferă să susţină o prezentare orală decât să alcătuiască una scrisă.
3. De obicei are grijă să nu fie prea direct sau să rănească sentimentele celorlalţi şi doreşte să se facă plăcut în compania altora.
4. Râde uşor.
5. În general nu se simte jenat.
6. Nu-i pasă de posesiunile materiale.
7. Este un orator înnăscut, care se simte în largul lui în faţa unei mulţimi.
8. Ia decizii rapid.
9. Acţionează rapid. Rareori rescrie scrisori sau acordă atenţie detaliilor.
10. Îşi face uşor noi prieteni.
11. Nu-i place să stea la discuţii.
12. Nu-şi face griji.
13. Nu-1 preocupă detaliile referitoare la îmbrăcăminte, hrană, unde se duce etc.
14. Nu-i prea pasă despre ce spun alţii despre el.
15. Acceptă comenzile ca pe un lucru de la sine înţeles.
16. De obicei are păreri moderate în ceea ce priveşte religia, politica şi alte chestiuni sociale.
17. Nu ezită să ceară ajutor pentru a-şi rezolva problemele.
18. Preferă să lucreze împreună cu alţii decât singur.
19. Îşi creează singur ocazii de a fi lăudat.
20. Nu pune la îndoială motivele celorlalţi.
21. Are o dispoziţie relativ constantă.
22. Preferă o muncă în care detaliile nu au importanţă.
23. Preferă activităţile fizice în locul cărţilor şi al activităţilor intelectuale.
24. Nu se prea omoară să facă planuri - ia lucrurile aşa cum sunt.
25. Îşi asumă riscuri şi nu-şi face griji cu privire la consecinţe.

Stilurile de comportament şi efectele lor

În mare măsură, capacitatea dvs. de a aborda în mod *constructiv* stresul, furia şi situaţiile dificile depinde de *stilul de comportament* la care sunteţi predispus.

Ce simt oamenii pasivi

Oamenii care adoptă de obicei un comportamentpasiv se simt:

Furioşi - *Ştiu* că ceilalţi profită de ei.

Frustraţi - Nu prea reuşesc să facă ceea ce vor.

Retraşi - Cred că nimeni nu-i ascultă.

Nesiguri şi inferiori - Le lipsesc respectul de sine şi încrederea în sine, nu sunt conştienţi de capacităţile lor şi nu vor să încerce lucruri noi din teama de a nu da greş.

Anxioşi - Li se pare că n-au niciun control asupra propriei vieţi.

Învinşi - Cred că n-are niciun rost să încerce; ori cum, n-ar obţine ceea ce vor.

Incapabili să-şi recunoască sentimentele - Îşi ascund sentimentele de frică şi jenă, prefăcându-se că totul este în regulă.

Predispuşi la autoumilire - Le este greu să accepte până şi cel mai simplu compliment şi au tendinţa să subestimeze valoarea a ceea ce fac.

Lipsiţi de energie - Le lipseşte entuziasmul de a trăi. De obicei, fac ceea ce vor ceilalţi, nu ceea ce vor ei.

Aceşti oameni cred că e ceva în neregulă cu ei, dar că cei cu care intră în contact sunt în regulă.

Ce simt oamenii agresivi

Oamenii care, în general, adoptă un comportament agresiv se simt:

Puternici (pe termen scurt) - Le place ca oamenii din jur să se grăbească să facă ceea ce le spun ei.

Vinovaţi (în cele din urmă) - Ştiu că profită de alţii.

Ameninţaţi - Tot timpul se laudă cât sunt de buni, de inteligenţi, de puternici etc. Fac aceasta deoarece s-ar putea ca alții să afle că, în realitate, nu sunt chiar atât de grozavi. Încearcă să se simtă importanți înjosindu-i pe alții.

Îndreptățiți - Sunt convinși că singurele idei care merită atenție le aparțin.

Critici - Dau vina pe alții atunci când lucrurile merg prost.

Singuratici - Agresivitatea lor îi izolează de cei din jur.

Excesiv de energici - Își canalizează energia într-o direcție greșită, făcând lucruri distructive, și nu constructive.

Acești oameni cred că ei sunt în regulă, în vreme ce cu ceilalți e ceva în neregulă. Cei care ajung la limita extremă a comportamentului agresiv (criminalii) consideră că atât ei, cât și ceilalți nu sunt în regulă.

Ce simt oamenii pozitivi

Oamenii care, în general, adoptă un comportament pozitiv se simt:

Optimiști - Abordează orice îndatorire sau idee nouă cu o atitudine pozitivă, și nu negativă.

Calmi - Sunt împăcați cu sine și cu ceilalți.

Entuziaști - Își îndeplinesc sarcinile cu entuziasm și consideră că vor reuși.

Mândri - Fac ceea ce au de făcut fără a fura idei de la alții sau fără a se folosi de ceilalți. Își asumă pe deplin răspunderea pentru ceea ce realizează.

Cinstiți - Atunci când promit că vor face ceva, se țin de cuvânt, așadar, ceilalți au încredere în ei.

Direcți - Nu-i manipulează pe ceilalți ca să obțină ceea ce vor. Negociază deschis și de obicei reușesc în ceea ce întreprind.

Încrezători - Își asumă riscuri, dar își cunosc limitele. Știu că greșeala este omenească și sunt pregătiți să învețe din propriile greșeli.

Satisfăcuți - Știu încotro se îndreaptă și cum pot ajunge acolo, așa că de obicei își ating scopurile.

Stăpâni pe situație - Rareori au schimbări de dispoziție, care să le afecteze comunicarea cu ceilalți.

Capabili să-și recunoască sentimentele - Sunt în măsură să le spună celorlalți cum îi poate afecta un comportament nepotrivit.

Respectuoşi - Recunosc faptul că ceilalţi au drep turile şi nevoile lor, la fel ca şi ei.

Energici - Energia lor este dirijată către îndeplinirea propriilor scopuri.

Aceşti oameni simt că ei sunt în regulă, precum şiceilalţi oameni cu care intră în legătură.

Consecinţele acestor stiluri comportamentale

Este util de ştiut cum vor reacţiona ceilalţi atuncicând adoptaţi diverse stiluri comportamentale.

Comportamentul pasiv

Comportamentul pasiv îi poate face pe alţii să se simtă agresivi. Oamenii au tendinţa să evite pe cineva care se conformează tot timpul dorinţelor lor. Nu le place sentimentul de vinovăţie pe care-1 trezesc în ei persoanele pasive, lipsite de voinţă proprie.

De exemplu, Sarah avea sarcina să se asigure că recepţionera de la birou (Judy) avea pe cineva care să-i preia îndatoririle în pauzele de cafea şi de prânz. Pe listă erau patru angajaţi la care Sarah putea apela în acest scop. Într-o săptămână, câţiva dintre ei au fost bolnavi sau nu au fost disponibili, aşa că Mary a fost nevoită să-i ţină locul lui Judy toată săptămâna. Asta a făcut-o să rămână în urmă cu propriile-i îndatoriri de muncă şi de două ori a fost nevoită să stea peste program.

În următoarele două săptămâni, situaţia s-a repetat, aşa că Sarah a trebuit să apeleze din nou la Mary. Aceasta a acceptat fără probleme să lucreze şi în a doua săptămână. În săptămâna a treia, Sarah s-a simţit îngrozitor când i-a cerut din nou lui Mary să preia această sarcină, dar Mary a acceptat din nou, de parcă n-ar fi avut încotro.

De atunci, de fiecare dată când o vedea pe Mary, Sarah se simţea vinovată. Şi-a dat seama că, deşi de regulă adopta un comportament pozitiv, avea impresia că profitase de Mary (se purtase agresiv) şi, ca urmare, se simţea vinovată. Pentru a scăpa de acest sentiment de vinovăţie, o evita pe Mary şi nu prea avea niciun contact cu ea.

Mary a ajutat-o pe Sarah pentru că voia să se facă plăcută, dar în cele din urmă a trezit o reacţie negativă (exact ceea ce încercase să evite). Mulţi oameni pasivi stârnesc asemenea reacţii neaşteptate în urma „faptelorlor bune" şi se întreabă cu ce au greşit sau cum i-au ofensat pe ceilalţi.

Dacă aveţi un comportament pasiv, oamenii se pot simţi:

Iritaţi - Ar dori să vă susţineţi părerile şi să luaţi propriile decizii.

Retraşi - Vă evită deoarece atitudinea dvs. negativă le îngreunează menţinerea atitudinii lor pozitive.

Superiori - Îşi pierd respectul faţă de dvs. ca persoană, deoarece nu sunteţi dispus să vă susţineţi cauzele.

Obosiţi - Pierd o energie preţioasă luptându-se cu reacţiile negative faţă de dvs.

Comportamentul agresiv

Comportamentul agresiv îi poate face pe ceilalţi săse simtă:

Furioşi şi ameninţaţi - Îi supără tacticile dvs. necinstite.

Frustraţi - Pierd o energie preţioasă apărându-se de abuzurile dvs.

Retraşi - Vă evită deoarece atunci când sunteţi prin preajmă trebuie să fie mereu gata să se apere.

Neliniştiţi şi defensivi - Nu se pot relaxa fiindcă se pregătesc pentru următorul atac.

Supăraţi - Nu le place puterea pe care o aveţi asupra lor.

Lezaţi - Se simt înjosiţi de comentariile dvs., chiar dacă ştiu că nu sunt adevărate.

Umiliţi - Nu le place să li se facă observaţii sau să fie făcuţi de râs în public.

Obosiţi - Pierd o energie preţioasă pregătindu-se permanent pentru viitoarele dvs. atacuri.

Comportamentul pozitiv

Comportamentul pozitiv îi poate face pe ceilalţi săse simtă:

Încrezători - Simt că reuşita lor vă va face plăcere.

În siguranţă - Au încredere în dvs., deoarece aveţi grijă să le comunicaţi pe ce poziţie vă aflaţi.

Cooperanţi - Răspund la comportamentul dvs. direct şi pozitiv, încercând să vă ajute.

Respectuoşi - Vă răspund cu acelaşi respect pe care-1 arătaţi faţă de nevoile şi drepturile lor.

Plini de energie - Sunt capabili să-şi folosească energia într-un mod constructiv, deoarece pot să joace cu cărţile pe faţă.

Cine câştigă?

Credeţi că, de obicei, oamenii pozitivi îşi ating scopurile? Desigur, pentru că intenţia lor este ca ambele părţi să câştige. Ei cred în egalitate şi sunt dispuşi să negocieze.

Credeţi că, de obicei, oamenii pasivi îşi ating scopurile? Nu, pentru că rareori au un scop precis. Ei se aşteaptă ca alţii să aibă grijă de ei.

Credeţi că, de obicei, oamenii agresivi îşi ating scopurile? Se întâmplă uneori, pe termen scurt, dar mai târziu se confruntă cu adversităţi şi răzbunare.

Acum sunteţi înarmat cu o serie de concepte fundamentale despre comportamentul uman - al dvs. şi al celorlalţi. Veţi fi capabil să opriţi mecanismul defensiv atunci când vă confruntaţi cu comentarii şi fapte negative din partea altora. Instrumentul care vă va permite să folosiţi în mod eficient aceste concepte este capacitatea dvs. de a stabili o bună comunicare cu oamenii pe care-i întâlniţi. În următoarele două capitole, veţi învăţa cum să-i abordaţi pe cei care încearcă să vă manipuleze prin procedeele descrise mai sus şi vă veţi însuşi anumite aptitudini necesare pentru comunicarea cu oamenii dificili.

Capitolul 2

Cum să ne purtăm cu cei care ne manipulează

Există două tipuri de manipulare - pozitivă și negativă. Situația în care încurajezi pe cineva să facă ceva, pentru a-i da încredere că poate face un lucru de care el nu se crede în stare, este un exemplu de manipulare pozitivă. Însă multe dintre aceste „jocuri", așa cum le spunem noi, se bazează pe manipularea negativă. Ele folosesc o comunicare indirectă și ambiguă. De multe ori, persoana care inițiază „jocul" nici măcar nu este conștientă de ceea ce face. Iată 115 moduri în care oamenii îi manipulează pe ceilalți și metodele necesare pentru a face față acestor manifestări comportamentale.

Manipularea pasivă

Oamenii pasivi nu se respectă pe ei înșiși, nu-și exprimă nevoile și nu-și apără drepturile. Iată câteva dintre metodele prin care încearcă să-i manipuleze peceilalți.

Victimele Fricii

Viața acestor persoane este dominată de frică; anxietatea și teama sunt atât de puternice, încât ele evită situațiile care le stârnesc aceste emoții și astfel evită să se afirme pe sine. De exemplu: agorafobia. Persoanele care suferă de agorafobie au atacuri de panică atunci când vor să iasă din casă. Un studiu universitar a arătat că, dintre lucrurile de care se tem acești oameni, 40 % nu se întâmplă niciodată, 30 % s-au întâmplat deja, 22 % sunt griji nesemnificative, iar 8% sunt temeri reale, dar care se împart în două categorii: rezolvabile și nere zolvabile. Soluția:

1. Fiți răbdători cu ei.
2. Ajutați-2 să identifice cel mai rău lucru care li se poate întâmpla.
3. Ajutați-i să identifice ce șanse există să se întâmple lucrul de care se tem.
4. Dacă frica lor are rădăcini profunde, sugerați-le să recurgă la ajutorul unui psiholog pentru a-și depăși temerile.

„Toată Lumea Trebuie Să Mă Iubească"

Scopul acestor oameni este ca toată lumea - soţul sau soţia, iubitul sau iubita, copiii, şeful, prietenii, chiar şi vânzătorul de ziare - să creadă că ei sunt cei mai grozavi. Dacă nu reuşesc să se facă plăcuţi de toată lumea (o sarcină imposibilă!), atunci se consideră rataţi. Soluţia:

1. *Ajutaţi-i să-şi dea seama când ceilalţi profită de ei.*
2. *Ajutaţi-i să găsească moduri de a rezolva situaţiile în care ceilalţi profită de ei.*
3. *Lăudaţi-i atunci când se afirmă.*
4. *Reamintiţi-le în mod constant că nu se pot face plăcuţi de toată lumea tot timpul.*

Persoanele Excesiv De Agreabile

Întotdeauna zâmbesc şi sunt gata să vă spună o vorbă bună. Oamenii îi plac imediat. Vă promit că vă vor da tot ceea ce doriţi de la ei. Însă vă lasă baltă şi nu vă oferă ceea ce v-au promis. Vă acordă foarte multă atenţie ca persoană, dar nu sunt atenţi la ceea ce spuneţi - se mulţumesc să dea din cap în semn de aprobare. Soluţia (pentru şefi):

1. *Daţi-le de ştire că vă bizuiţi să facă ceea ce au promis.*
2. *Lăudaţi-i pentru o treabă bine făcută.*

Persoanele Care Se Blochează

Atunci când li se declanşează reacţia de tipul *„luptă sau fugi"*, ei pur şi simplu îngheaţă. Nici nu se luptă, nici nu o iau la fugă, ci rămân blocaţi - incapabili să mai gândească sau să facă ceva. Atunci când trebuie luată o decizie importantă, se dau bătuţi sau se ţin deoparte, sperând că între timp se va ocupa altcineva de ea. Aceşti oameni sunt foarte predispuşi la trac, care-i poate lăsa fără grai. Soluţia:

1. *Sugeraţi-le să participe la un curs de autoafirmare.*
2. *Simulaţi împreună cu ei situaţii care-i fac să se blocheze.*
3. *Daţi-le termene-limită pentru a vă da răspunsuri în chestiuni care pe moment îi fac să se blocheze.*

Manipulatorii Ruşinoşi

Sunt atât de timizi, încât e de-a dreptul dureros să-i vezi cum interacţionează cu ceilalţi. Lucrul cel mai mărunt îi face să se înroşească la faţă, să transpire masiv, să se bâlbâie şi să arate, prin comportamentul lor nonverbal, că se confruntă cu o jenă cumplită. Au coşmaruri legate de situaţiile cu care urmează să se confrunte a doua zi şi, la *„momentul adevărului",* sunt deja atât de îngroziţi, încât nu mai sunt în stare să facă nimic. Oamenii sunt extrem de grijulii în preajma lor, iar unii îi evită cu totul din cauza sentimentului de vinovăţie care-i cuprinde atunci când, fără să vrea, le provoacă un *„acces de timiditate".* Persoanele mai puternice îi tachinează deseori, ceea ce-i face să sufere nespus. Soluţia: *urmaţi aceiaşi paşi ca şi în cazul precedent.*

Cei Nehotărâţi

Le este foarte greu să ia decizii şi se simt obligaţi să ceară ajutor în a lua decizii tuturor celor pe care-i întâlnesc. Sunt bine cunoscuţi pentru tendinţa lor de a pendula între mai multe alegeri sau de a se răzgândi de trei-patru ori înainte de a încerca să ia o decizie. Caută soluţia perfectă, iar dacă n-o găsesc, se simt pe muchie de cuţit. Însă odată ce au luat o decizie, descoperă că există o problemă şi se răzgândesc. Sunt superficiali şi inconsecvenţi, oscilează mereu între decizii. Soluţia (dacă eşti şeful lor):

1. *Atunci când vin să vă ceară îndrumare, întrebaţi-i: „Ce crezi că ar trebui să faci?" În cele din urmă, vor înţelege că sunt capabili să ia singuri decizii.*
2. *Întrebaţi-vă dacă persoana respectivă ar trebui să fie în poziţia de a lua decizii. Mulţi oameni se simt mai bine atunci când alţii ian hotărâri în locul lor.*
3. *Dacă trebuie să ia decizii, puneţi-i să indice mai multe soluţii, apoi încurajaţi-i să ia o hotărâre.*
4. *Daţi-le termene-limită pentru deciziile pe care trebuie să le adopte.*

Persoanele Care Tărăgănează Lucrurile

Aceştia îşi îngroapă capul în nisip, sperând că, dacă pot amâna suficient de mult luarea unei decizii, problema va dispărea sau altcineva va lua o decizie în locul lor. Sunt foarte consecvenți în incapacitatea lor de a lua o decizie și cred că nu sunt în stare să facă alegerea corectă. Chiar și cea mai simplă greșeală le scade respectul de sine. Pot folosi tactici de amânare pentru a fi în rând cu ceilalți. Soluția:

1. *Puneți-i să-și noteze pe hârtie toate alegerile.*
2. *Dați-le argumente pro și contra fiecărei alegeri.*
3. *Decideți care este alegerea cea mai bună.*
4. *Scrieți etapele necesare pentru îndeplinirea ei.*

„Numai Eu Sunt De Vină"

Oamenii de acest gen se înjosesc întotdeauna și simt nevoia să fie lăudați în mod constant de ceilalți - indiferent dacă o merită sau nu. Orice greșeală e din vina lor. Doresc să fie apreciați de cei din jur, dar își pun singuri bețe-n roate, desconsiderându-și propriile acțiuni. Sunt cei mai înverșunați critici ai propriilor eforturi și acțiuni. Majoritatea au realizări de nivel mediu, dar aproape că îi imploră pe ceilalți să le găsească greșeli. Pentru a nu fi răniți, își identifică propriile greșeli înaintea celorlalți. Soluția:

1. *Încurajați-i să-și îndeplinească bine îndatoririle.*
2. *Faceți-i să vorbească despre propriile lor preocupări.*
3. *Explicați-le care este prețul nevoii lor de apreciere: oa menii își pierd încrederea în capacitățile lor.*

Cei Care Nu Pot Spune „Nu"

Acești oameni pot fi forțați să facă practic orice. Le este greu să spună „nu" cuiva, pentru că se simt vinovați. Soluția este să:

1. *Alegeți o relație sau o situație în care au spus „da" de mai multe ori în cursul ultimelor trei sau patru luni, deși n-ar fi trebuit.*
2. *Determinați ce anume îi motivează să spună „da". Își fac griji că un refuz ar putea afecta relația? Îi îngrijorează sentimentele celeilalte persoane?*
3. *Alcătuiți împreună un plan de acțiune pentru a evita ca data viitoare să se mai întâmple la fel. Pe de o parte, aceasta presupune să se pregătească pentru ocazie, iar pe de alta, să evite asemenea ocazii pe viitor.*

4. Este indicat să-şi pună în aplicare noul mod de a reacţiona în relaţia cu o persoană care are o judecată sănătoasă şi nu este implicată în situaţia respectivă.

Manipularea pasiv-rezistentă

Este vorba despre acei oameni pasivi care încearcă să se afirme mai mult pe sine. Tot timpul bombăne şi se plâng; îi manipulează pe ceilalţi ca să-şi atingă scopurile. Nu au învăţat să spună în faţă ceea ce vor.

Persoanele „Suferinde"

Acest gen de oameni dobândesc ceea ce vor transmiţând mesaje indirecte, în general, prin limbajul trupului. Pot să joace rolul de martir: se poartă de parcă ar fi suprasolicitaţi, persecutaţi sau total dependenţi de ceilalţi. Suspină tot timpul şi se plâng, dar nu pe faţă. Ei încearcă să spună: *„Dacă m-ai aprecia sau dacă ai observa toate lucrurile pe care le fac pentru tine, ai face mai multe pentru mine."* Soluţia:

1. Nu uitaţi că aveţi posibilitatea să acceptaţi sau nu sen timentul de vinovăţie pe care încearcă să vi-l insufle.
2. Spuneţi-le ce anume credeţi că încearcă să facă. „Comentariile tale îmi arată că încerci să mă faci să mă simt vinovat în legătură cu... Aşa el"
3. Dacă există vreo umbră de adevăr în afirmaţiile lor, în cercaţi să corectaţi situaţia.
4. Vorbiţi despre ce le dezvăluie celorlalţi limbajul trupu lui lor.

„Eu Nu Mă Amestec"

Persoana care nu se implică în mod deliberat nu greşeşte niciodată — dar nici nu are vreodată dreptate. Aceşti oameni afirmă că nu le pasă ce decizie se va lua - dar limbajul trupului lor spune altceva. Soluţia:

1. Insistaţi să spună exact ceea ce vor.
2. Dacă nu vor să-şi spună părerea, întrebaţi: „Deci, nu-ţi pasă la ce film mergem?"
3. Explicaţi-le că modul lor de comunicare nonverbal dez văluie altceva decât cuvintele lor.

„Nu Voi Lupta Cu Manipulatorii"

Aceşti oameni dau impresia că sunt de acord cu ceilalţi, dar nu suportă ideile nimănui decât dacă se întâmplă să fie aceleaşi cu ale lor. Soluţia: *folosiţi aceleaşi tactici ca în cazul „Eu nu mă amestec".*

Persoanele Prefăcute

Cei din această categorie nu sunt capabili să întreţină decât relaţii foarte superficiale. Pot să pară deschişi, sinceri, afectuoşi şi chiar extravertiţi, dar asta ascunde o lipsă de onestitate. O astfel de persoană spune lucruri de genul: *„Ce bine-mi pare că te aud - tocmai mă gândeam la tine."* (Complet fals - ştiţi că persoana vă detestă.) Soluţia:

1. *Spuneţi: „Ştiu că nu eşti cel mai mare admirator al meu, aşa că îţi apreciez eforturile de a fi prietenos."*
2. *Dacă este o persoană cu care aveţi de-a face în mod regulat, fiţi amabil şi politicos, dar nu lăsaţi garda jos.*

Persoanele Plângăcioase

Există persoane care se vaită în legătură cu orice - în public şi în intimitate. Sunt ca nişte copii plângăcioşi, care mereu au de protestat în legătură cu nişte fleacuri. Mânaţi de o nesiguranţă copilărească, ei se plâng, deşi în realitate totul merge bine. Le place foarte mult să exagereze în legătură cu sarcinile lor copleşitoare, cu rapoartele întârziate, cu nerespectarea regulilor – în legătură cu toate acele lucruri în cazul cărora pot da vina pe altcineva. Deşi îşi fac bine treaba, de obicei nu vociferează în probleme legitime. Atunci când se plâng de problemele care îi aşteaptă, intenţia lor este să-şi găsească dinainte o scuză, în eventualitatea eşecului de care se tem. Soluţia:

1. *Atunci când încep să se plângă, cereţi-le permisiunea de a-i ajuta să găsească soluţii la problemele lor. Dacă nu vă lasă să-i ajutaţi, treceţi la pasul 7. Dacă acceptă ajutorul, treceţi la pasul 2.*
2. *Puneţi-i să noteze pe hârtie problema exactă. (Le poate lua ceva timp până să o determine.)*
3. *Cereţi-le să noteze toate soluţiile posibile la problema lor. Le puteţi sugera şi altele.*

4. *Cereţi-le să identifice beneficiile / dezavantajele fiecărei soluţii. Poate fi de ajutor folosirea unui sistem bazat pe puncte. De exemplu, costul rezolvării problemei poate fi crucial.*
5. *Cereţi-LE să găsească soluţia ideală. (Ei s-ar putea să spună: „Ce crezi că ar trebui să fac?" Nu muşcaţi din momeală - dacă le sugeraţi o soluţie şi aceasta nu se dovedeşte eficientă, ei vor fi primii care vor spune: „Ţi-am spus eu că n-o să meargă!")*
6. *Puneţi-i să noteze etapele necesare pentru a pune în practică soluţia (cu termene).*
7. *Refuzaţi să mai abordaţi subiectul pe viitor.*

(Aceasta este o tactică ideală dacă dvs. înşivă aţi devenit un plângăcios sau trebuie să luaţi decizii elaborate.)

Persoanele Negativiste

Aceste persoane au o atitudine mentală negativă, care afectează moralul tuturor celor din jur. Totodată, se plâng şi se vaită în mod permanent. Sunt experţi în a oferi motive pentru care nu e bine să te bucuri de viaţă. Este ca şi cum ar vrea să răpească orice fărâmă de bucurie, atât din viaţa lor, cât şi a dvs. îi desconsideră pe cei ce se bucură de viaţă şi îi încurajează pe ceilalţi să ia viaţa „*mai în serios"*. Celor din jurul lor le este foarte greu să lucreze cu plăcere într-un asemenea mediu rigid. Soluţia:

1. *Folosiţi tehnica feedbackului (vedeţi capitolul 3) pentru a le arăta ce influenţă are comportamentid lor asupra celor din jur.*
2. *Încurajaţi-i să se concentreze asupra lucrurilor bune din viaţă şi nu asupra celor rele.*
3. *Sugeraţi-le să participe la un curs de autoafirmare, pentru a-şi schimba modul în care abordează viaţa.*

Persoanele Linguşitoare

Se gudură pe lângă şefii lor, le dăruiesc invitaţii la meciuri şi le fac favoruri speciale (care n-au nimic de-a face cu munca propriu-zisă). Se aranjează întotdeauna înainte să intre în biroul şefului: îşi potrivesc haina de la costum, se piaptănă şi îşi corectează ţinuta. Unii dintre ei devin bârfitorii firmei. Sunt înclinaţi spre manipulare şi vor să iasă în evidenţă folosind mijloacele nepotrivite. Soluţia (dacă sunteţi şef):

l. Luaţi-i deoparte şi explicaţi-le cât de mult detestaţi acest tip de comportament.
2. Aveţi grijă să nu le faceţi favoruri angajaţilor de acest gen.
3. Atunci când îşi fac bine munca, aveţi grijă să-i lăudaţi şi încurajaţi-i şi pe ei să-i laude pe alţii.

Aprobatorii

Aceşti oameni vă copleşesc cu laude exagerate ca să se poată folosi de dvs. Au convingerea că dacă spun tot timpul lucruri destinate să vă facă plăcere (deşi în realitate exagerează enorm), le veţi face pe voie. Le este teamă că planul, procedura, politica sau îndatorirea lor nu se poate baza pe meritele proprii şi, ca urmare, folosesc laude nejustificate ca să fie acceptaţi. Soluţia: *folosiţi aceleaşi tehnici ca în cazul persoanelor linguşitoare.*

Dezertorii

Fac promisiuni pe care nu au de gând să le respecte. Vă induc în eroare prin faptul că îşi încalcă angajamentele, pe care nici măcar nu şi-au propus să le respecte. Soluţia:

1. Puneţi-i să-şi ia un angajament oral (în public, dacă e posibil) sau în scris faţă de dvs.
2. Aveţi grijă să ştie care vor fi consecinţele dacă vă lasă baltă pe viitor.

Persoanele Îngăduitoare

Sunt oameni drăguţi, care nu pot să refuze rugăminţile celorlalţi. Însă de multe ori descoperă că nu au timp să facă ceea ce au promis. Iubesc armonia şi detestă certurile, aşa că acceptă cerinţele celorlalţi. Evită confruntările, nevrând să rănească sentimentele altora. Promit prea mult sau spun că vor face un lucru pe care de fapt nu vor să-l facă. Incapabili să se ocupe de tot, amână acţiunile sau deciziile şi îşi încalcă promisiunile. Nu-i rănesc pe ceilalţi în mod intenţionat, dar deseori le provoacă dificultăţi celor care se bizuie pe ei. Soluţia:

1. Puneţi-i să-şi ia un angajament faţă de dvs. că VOR FACE ceea ce au promis.

2. Atunci când e nevoie, luați dvs. decizia.
3. Dacă se angajează față de dvs., explicați-le că vă bazați pe ei.

Lăudăroșii

Aceștia trebuie neapărat să se afle în centrul atenției. Pentru aceasta, exagerează importanța a tot ceea ce-i privește: ce fac, unde au fost și pe cine cunosc. Își dau importanță pentru a câștiga admirația și atenția celorlalți și au obiceiul să-i ia peste picior pe oamenii pe care-i consideră mai puțin importanți. Afișează îngâmfare și o superioritate plină de snobism. Realizând multe lucruri, propria lor persoană ocupă primul loc pe lista lor de priorități. Soluția:

1. Aveți grijă să nu-și asume pe nedrept merite pentru lucruri pe care le-au făcut împreună cu alții.
2. Lăudați-i atunci când merită și corectați-i atunci când încearcă să-și exagereze contribuția.
3. Folosiți tehnica feedbackului pentru a le arăta cum îi afectează pe ceilalți comportamentul lor.

Persoanele Care Exagerează

Acești oameni fac din țânțar armăsar: pentru ei, totul este un dezastru. Exagerează sarcinile minore care li se dau, astfel încât să pară mai importanți. Pot fi persoane foarte negativiste, care aruncă apă rece peste orice idee nouă. Exagerează importanța a tot ceea ce fac. Au o dorință copilărească de a-i impresiona pe ceilalți cu lucruri neînsemnate. Deseori se plâng căn-au avut timp să se ocupe de îndatoririle importante, încearcă tot timpul să se facă remarcați investindu-și întreaga energie în orice banalitate, indiferent dacă merită sau nu efortul. Majoritatea sunt perfecționiști. Soluția (dacă sunteți superiorul lor):

1. Ajutați-i să-și evalueze prioritățile și timpul necesar pentru îndeplinirea sarcinilor.
2. Alcătuiți un cod al culorilor care să indice termenele de realizare a sarcinilor (roșu înseamnă urgent, treaba trebuie făcută imediat; portocaliu înseamnă că trebuie terminată astăzi, iar verde indică data realizării).

Persoanele Care Se Eschivează

Aceşti oameni detestă certurile, drept urmare rămân tăcuţi. Urăsc controversele şi confruntările. Sunt persoane agreabile, dar îşi păstrează ideile pentru sine, evitând astfel riscul de a fi discreditaţi de alţii. Chiar şi atunci când sunt supăraţi sau furioşi, refuză să critice. Au impresia că nu pot controla situaţiile ce implică o confruntare şi, prin urmare, nu spun ceea ce gândesc. Soluţia:

1. *Puneţi-i să-şi noteze ideile referitoare la o anume problemă, apoi stabiliţi o întâlnire pentru a discuta despre acea temă controversată. Explicaţi-le că vă aşteptaţi să fie sinceri şi promiteţi-le că veţi fi atenţi la ideile lor.*
2. *La întâlnire, treceţi direct la subiect - cereţi-le să vă arate ce au pregătit. Nu-i lăsaţi să plece până ce nu şi-au exprimat ideile sau părerile.*

Persoanele Zâmbăreţe

Preferă să tacă decât să-şi exprime dezaprobarea. Atunci când situaţia se agravează, în loc să arate că sunt agitaţi, afişează un zâmbet care e mai curând o grimasă. Gesturile lor nervoase dezvăluie adevăratele lor sentimente. Chiar dacă se simt furioşi sau lezaţi, îşi păstrează emoţiile pentru sine. Indiferent ce se întâmplă, ei zâmbesc. Această asociaţie ambiguă de semnale îi derutează pe ceilalţi, care simt instinctiv că ceva nu este în regulă. Soluţia:

1. *Folosiţi tehnica feedbackului pentru a le arăta că sunteţi conştient de neplăcerea lor.*
2. *Puneţi întrebări cu final deschis: „Văd că nu eşti de acord şi aş vrea să ştiu ce ne sugerezi. Cum crezi că ar trebui să rezolvăm problema?"*
3. *Aşteptaţi răspunsul. Nu vă mulţumiţi cu o ridicare din umeri.*

Persoanele Veşnic Îngrijorate

Îşi exagerează sentimentele negative şi văd întotdeauna doar partea goală a paharului. Suferă de o anxietate cronică: se aşteaptă mereu la tot ce poate fi mai rău. Se grăbesc să tragă concluzii şi să facă presupuneri, în loc să ceară lămuriri privind situaţia reală. „Clocesc" situaţia până când se conving că totul va merge prost.

Unii devin atât de stresați, încât situația ajunge să-i copleșească. Soluția (dacă sunteți șeful lor):

1. *Gândiți-vă că retragerea lor indică suferințe neexprimate.*
2. *Oferiți-le tot timpul aprecieri legate de acțiunile lor. Aveți grijă să știe exact ce vreți de la ei.*
3. *Acești oameni au nevoie de descrieri foarte exacte a ceea ce au de făcut, cu standarde de performanță (calitate, cantitate și timp) care descriu cu precizie ce vreți de la ei.*

„Martirii"

Se plâng tot timpul cum s-au sacrificat ei pentru dvs. Tânjesc tot timpul ca munca lor să fie apreciată. Mulți dintre ei sunt obsedați de muncă și se plâng în legătură cu tot ceea ce au de făcut, dar nu cer ajutor. Astfel, ei speră să-i facă pe ceilalți dependenți de ei și să le aprecieze eforturile. Dorința lor de a munci fără încetare poate ascunde anumite probleme în viața personală sau socială. Ori de câte ori lucrurile merg prost, nu sunt ei de vină; se pricep de minune să arunce pisica în curtea vecinului. Se plâng că au foarte mult de lucru, dar impun un ritm de muncă frenetic, aproape imposibil de urmat de către ceilalți. Soluția:

1. *Învățați să spuneți „nu" atunci când ei se oferă să facă prea multe.*
2. *Sugerați-le să alcătuiască liste cu lucrurile care trebuie rezolvate.*
3. *Aveți grijă să aibă descrieri exacte ale sarcinilor, cu standarde de performanță, și aveți grijă să se ocupe doar de propriile lor îndatoriri.*

Manipulatorii Bolnavi Închipuiți

Acești oameni se folosesc de boală (reală sau imaginară) ca să atragă atenția celor din jur. Mulți au învățat această tactică în copilărie, pentru că mamele lor le acordau mult mai multă atenție atunci când erau bolnavi. Tânjesc după atenția celorlalți, dar, dintr-un motiv sau altul, nu obțin atât cât vor. Unii pot chiar să devină ipohondri, crezând că orice suferință le poate fi fatală. Soluția:

1. *Dați-le atenția după care tânjesc.*

2. Aveţi grijă să aibă tot timpul de făcut lucruri care le plac şi la care se pricep.

Copilăroşii

Fac glume pe seama celorlalţi - le distrag atenţia cu bufonerii copilăreşti. Unii dintre ei au mentalitatea clovnului, care se prosteşte pentru a atrage atenţia celor din jur. Poate fi foarte greu să-i determinaţi să-şi ducă îndatoririle la bun sfârşit. Soluţia:

1. Aranjaţi o întâlnire cu o astfel de persoană pentru a discuta despre nemulţumirea dvs.
2. Încurajaţi-i atunci când fac progrese.
3. Dacă se dau în spectacol la întâlniri, luaţi-i deoparte.
4. Poate fi de ajutor o descriere clară a sarcinilor pe care le au de îndeplinit, cu standarde de performanţă privind realizarea lor.
5. Dacă se comportă în continuare în acelaşi fel, treceţi la măsuri disciplinare, începând cu avertismentele scrise.

Manipularea indirect agresivă

Oamenii care practică acest tip de manipulare afişează un comportament aflat undeva la mijloc între comportamentul afirmativ şi cel de o agresivitate evidentă. Ei folosesc mijloace subtile, ascunse pentru a-şi atinge scopurile: sabotajul, sarcasmul, tăcerea încăpăţânată şi bârfa.

Sabotorii

Aceşti oameni îşi exprimă pe ascuns obiecţiile faţă de o cerere, recurgând la sabotaj. De exemplu: secretara care crede că n-ar trebui să prepare cafeaua - aşa că o dată foloseşte o jumătate de pachet la preparatul cafelei, iar data viitoare un pachet şi jumătate. Soluţia (dacă sunteţi şeful lor):

1. Faceţi rost de o dovadă că practică sabotajul.
2. Întrebaţi-i de ce au procedat aşa.
3. Explicaţi care sunt aşteptările dvs.
4. Spuneţi-le care vor fi consecinţele dacă pe viitor se mai întâmplă aşa ceva.
5. Dacă vreţi să faceţi treabă serioasă - şi aveţi dovezi temeinice - alcătuiţi un document referitor la comportamentul manifestat şi treceţi la „lichidarea" angajatului.

Persoanele Sarcastice

Acestea recurg la un sarcasm nemilos, bazat pe remarci înjositoare la adresa cusururilor dvs. Mai multe informații despre acest subiect găsiți în capitolul 5.

Cei Ce Tac Cu Încăpățânare

Acești oameni nu se manifestă și nu vor să vă spună de ce tac. își exprimă furia pe tăcute, prin priviri fixe și ostile, retrăgându-se în sine. Uneori, tăcerea lor vă intimidează, deoarece nu știți ce înseamnă, cum să reacționați sau ce ați făcut ca să meritați un asemenea tratament. Această problemă va fi discutată tot în capitolul 5.

„Miere Și Venin"

Oamenii din această categorie încep prin a vă lăuda și încheie cu o remarcă înjositoare. Prima oară, aceste complimente stângace vă iau pe nepregătite. Vorbele de apreciere vă fac să vă simțiți atât de bine, încât abia mai târziu vă dați seama că ele ascundeau o implicație negativă. Apoi vă întrebați dacă lovitura a fost intenționată sau a existat doar în imaginația dvs. Remarca cu două tăișuri se voia o înțepătură. Încercând să nu arătați că ați fost înțepat, zâmbiți și murmurați o vorbă de mulțumire, știind însă că nu așa ar trebui să răspundeți. Apoi vă necăjiți pentru că i-ați mulțumit cuiva care tocmai a reușit să vă jignească.

Exemple:

„Poți să ridici o greutate foarte mare pentru cineva așa de mic."
„Ești într-o formă foarte bună pentru vârsta ta."
„Ești aproape la fel de deșteaptă ca sora ta."
„Câștigi foarte mulți bani pentru o femeie."
„Ești foarte agil pentru un om de talia ta."

Soluția:
1. Împărțiți remarca în două - lauda și jignirea,
2. Răspundeți: „Nu știu cum te aștepți să reacționez la ultimul tău
   comentariu. Pe de o parte, mi-ai făcut un compliment, pe de
   altă parte, mi-ai tăiat creanga de sub picioare cu o vorbă
   jignitoare. Care a fost, de fapt, intenția ta?" (Acest răspuns
   informează persoana res pectivă că v-ați prins de joad ei.)

Cei Ce Bârfesc

Aceşti oameni sunt purtători de zvonuri, care răspândesc poveşti neverificate sau exagerate. Intenţia lor este să se facă remarcaţi, răspândind informaţii false sau doar parţial adevărate. De multe ori, înfloresc povestea ca să pară mai importantă, mai credibilă sau s-o facă aşa cum cred ei că „ar trebui să fie". Uită detaliile, îşi aduc aminte doar părţile picante şi distorsionează faptele, omiţând informaţii esenţiale. Soluţia:

1. *Puneţi imediat capăt discuţiilor care nu constau decât în bârfe răutăcioase.*
2. *Puneţi mai multe întrebări în legătură cu chestiunea în discuţie. (Probabil că nu vor şti să răspundă sau se vor simţi puşi la colţ.)*
3. *Verificaţi faptele înainte de a reacţiona.*

Cei Ce Pălăvrăgesc

Aceşti oameni vorbesc vrute şi nevrute despre colegii lor şi răspândesc bârfe. O fac din gelozie, ca să-şi ia revanşa pentru un rău imaginar sau ca să-şi dea importanţă în ochii superiorilor. Ei încearcă să-i discrediteze pe ceilalţi. Soluţia:

1. *Folosiţi tehnica feedbackului pentru a le explica de ce vă nemulţumeşte un asemenea comportament.*
2. *Aveţi grijă să-i lăudaţi pentru realizările lor.*
3. *Vedeţi dacă nu cumva prin faptele dvs. încurajaţi acest tip de comportament.*

Persoanele Perfide

Aceste persoane vă iau prin surprindere cu înţepături şi aluzii transparente. Atacurile lor pot fi subtile sau ascunse sub comentarii sarcastice ori glume răutăcioase. Cele mai periculoase atacuri sunt cele care au loc în public, de exemplu, la o întrunire. Deseori, fac pe „clovnul clasei", iar împunsăturile lor sunt luate drept umor. Unii s-ar putea să râdă, dar pe cei mai mulţi îi deranjează cruzimea afişată; ei simt că dincolo de vorbele atacatorului s-ar putea să existe un plan ascuns. Chiar dacă victima îşi ia revanşa, atacatorul şi-a atins scopul - acela de a-şi înjosi victima în public. Soluţia (dacă sunteţi şeful lor):

1. *Înfruntați-l - între patru ochi, dacă se poate, sau în public, dacă e nevoie.*
2. *În capitolul 5 găsiți informații despre cum să înfruntați sarcasmul.*
3. *Informați-l care vor fi consecințele dacă acel lucru se mai întâmplă pe viitor - și aveți grijă să vă țineți de cuvânt.*

Persoanele Invidioase/Geloase

Acești oameni suferă de gelozie și resentimente; ei nu pot accepta faptul că ați câștigat o anumită recunoaștere sau un anumit statut. Impresia lor este că ați avut „noroc" și că, în ceea ce-i privește, viața n-a fost la fel de darnică. Ca să vă înjosească (și să se simtă mai importanți), încearcă să vă discrediteze realizările. Ei vor răzbunare și, chiar dacă vă atacă în mod neintenționat, aceasta este o cale de a-și da frâu liber frustrărilor. Soluția:

1. *Folosiți tehnica feedbackului pentru a identifica exact ceea ce fac, și cereți-le socoteală. Apoi încercați să păs trați convorbirile viitoare la un nivel prietenesc.*
2. *Încurajați-i și lăudați-i pentru faptele sincere.*
3. *Arătați-vă interesat de persoana lor - de scopurile, ambițiile și succesele lor - dar nu vorbiți despre nereușite.*

Hoții De Glorie

Poate că dvs. sunteți cel ce face toată treaba, dar ei vor găsi o cale de a-și adjudeca toate meritele. Pot fi foarte vicleni și e greu să-i descoperiți sau să vă apărați de ei. Soluția:

1. *Înfruntați-i între patru ochi și cereți-le o explicație pen tru faptele lor. „Este aceeași chestiune pe care am ridi cat-o eu la ședința trecută. De ce încerci să dai impre sia că este ideea ta?"*
2. *Nu discutați cu ei idei noi decât dacă altcineva este deja la curent cu ele sau dacă sunt notate într-un document scris (în special dacă e vorba despre idei noi).*
3. *Aduceți în discuție acele chestiuni importante pentru care există posibilitatea să-și adjudece meritele la ședințe sau în compania unor martori credibili.*

Impostorii

Se dau drept ceea ce nu sunt, exagerând importanţaa tot ceea ce fac şi pretinzând că sunt mai buni decâtoricine. Soluţia:

1. Cereţi-le fapte care să le susţină afirmaţiile.

Oamenii Cu Două Feţe

„ Vorbesc cu ambele părţi ale gurii." Sunt persoane ipocrite, care îi trag pe sfoară pe ceilalţi prin afirmaţii false sau înşelătorii. Pretind că vă sunt prieteni, dar s-ar putea să descoperiţi că nu-i chiar aşa -şi încă în modul cel mai neplăcut. De exemplu, vă pot face să credeţi că datele pe care vi le furnizează pentru un raport sunt corecte, deşi nu-i adevărat. Prin urmare, întregul raport se dovedeşte nefolositor, fapt care vă pune într-o lumină foarte proastă (pe dvs., nu pe ei). Soluţia:

1. Puneţi întrebări care impun răspunsuri directe.
2. Puneţi-i să transmită informaţiile în scris, ca să nu mai poată fi puse la îndoială.
3. Luaţi-vă măsuri de protecţie pe viitor, verificând fiecare informaţie, astfel încât să vă asiguraţi că este adevărată.

Maeştrii Ambiguităţilor

Vă transmit în mod intenţionat mesaje ambigue, contradictorii. Relaţiile cu ei sunt extrem de frustrânte, pentru că vă ţin în nesiguranţă. Nu reacţionează aşa cum s-ar aştepta ceilalţi; prin urmare, pot ajunge să controleze situaţia pur şi simplu pentru că partenerii lor de discuţie nu le pricep intenţiile. Până când îşi dau seama, este deja prea târziu. Soluţia:

1. Daţi frâu liber mâniei. Apoi explicaţi-le, prin tehnica feeăbackului, cum vă afectează comportamentul lor, pe dvs. şi pe ceilalţi. Încercaţi să le vorbiţi pe un ton prietenesc şi impersonal, fără să-i atacaţi personal.
2. Urmaţi etapele recomandate pentru „Oamenii cu două feţe".

Cei Care Vă Trag Pe Sfoară

Se pretind atotcunoscători atunci când se discută despre un anumit subiect şi au un fel de a vorbi atât de convingător, încât ceilalţi le cred toate minciunile. Presupunerile sunt prezentate drept fapte. Dau impresia că aproape au terminat o treabă, când de fapt încă nici n-au început-o, fiindcă nu sunt siguri de ceea ce e de făcut şi se îndoiesc că pot duce sarcina la bun sfârşit. De obicei, când sunt prinşi până peste cap, amână lucrurile. Sunt experţi în tărăgănare şi cred că, dacă aşteaptă suficient, toată treaba va fi făcută de altcineva. Soluţia:

1. *Comunicaţi-le foarte clar ce vreţi de la ei şi când anume, dacă se poate, în scris.*
2. *Verificaţi în mod regulat cum îndeplinesc sarcina.*
3. *Aduceţi-le la cunoştinţă că vă bazaţi pe ei.*

Experţii În Camuflaj

Aceşti oameni fac schimb de favoruri unii cu ceilalţi. *„Fac asta pentru tine dacă faci cutare lucru pentru mine"*, dar nu sunt cinstiţi în ceea ce priveşte partea lor din înţelegere. Datorită atitudinii lor prietenoase, dvs. credeţi că aţi încheiat o înţelegere cinstită. Însă ei au planuri ascunse şi sunt înclinaţi să vă spună adevărul pe jumătate sau să lase pe dinafară detalii esenţiale. Nu sunt sinceri cu dvs.; adevăratele lor motive rămân întotdeauna în umbră. Vă manevrează şi vă manipulează tot timpul. Schimbul de favoruri îi preocupă într-atât, încât abia reuşesc să facă ceea ce au de făcut. Dvs. faceţi ceea ce v-au cerut, apoi vă simţiţi dezamăgit şi frustrat, pentru că ei nu-şi respectă partea lor de înţelegere. Soluţia pentru a preveni tentativele de camuflaj:

1. *Încheiaţi înţelegerea în scris, eventual sub forma unui e-mail. Fiind sub formă scrisă, nu-şi vor putea nega angajamentele.*
2. *Faceţi-i să recunoască adevărul, cerându-le să dezvăluie pe ce se bazează spusele lor.*
3. *Nu faceţi schimb de favoruri cu asemenea indivizi decât dacă puteţi încheia înţelegerea în scris.*
4. *Dacă sunteţi şeful unor asemenea persoane, nu-i lăsaţi să perpetueze acest comportament. Ţineţi-i în mod con stant sub supraveghere, ca să vă asiguraţi că fac ceea ce trebuie făcut.*

Cei Ce Dau Vina Pe Alţii

Trăim într-o societate copleşită de vinovăţie. Nu numai că ne învinovăţim pe noi înşine, dar acceptăm chiar şi criticile nejustificate de la cei din jur. Unii oameni sunt experţi în a-i învinovăţi pe ceilalţi şi le place la nebunie autocompătimirea. Un client vrea să încălcați regulile firmei pentru el, iar atunci când nu o faceți, încearcă să vă facă să vă simțiți vinovat. Părintele dvs. se plânge: *„Dacă m-ai iubi mai mult, ai veni să mă vezi mai des."* Indivizii din această categorie se simt de multe ori vinovați din cauza a ceea ce au făcut, dar refuză să accepte responsabilitatea și încearcă să dea vina pe alții. Soluția:

1. *Refuzați să vă recunoașteți vinovat. Întrebați-i: „Încerci să mă faci să mă simt vinovat -pentru că...?"*
2. *Recunoașteți că este problema lor, nu a dvs.*

Persoanele Ce Se Consideră „Unice"

Acești oameni seamănă cu persoanele lăudăroase, dar sunt mai agresivi. Indiferent cât ați ști dvs., ei știu mai mult. Sunt pomposi, pretențioși, seducători și vorbesc cu o asemenea siguranță, încât sunteți absolut convins că spun adevărul. Mulți află în modul cel mai neplăcut că sunt complet pe dinafară. își repetă atât de des propriile minciuni despre extraordinara lor competență, încât pe lângă faptul că pe tine te-au convins, ajung și ei să se creadă mari experți. înfloresc și amplifică toate informațiile. Soluția:

1. *Cereți-le cu tărie fapte și detalii referitoare la afirmațiile lor.*
2. *Puneți-i să noteze lucrurile pe hârtie ca să aveți la îndemână ceva concret.*
3. *Dacă se poartă la fel în continuare, folosiți tehnica feed-backului pentru a-i confrunta cu descoperirile dvs.*

Scepticii

Sunt suspicioși și nu au încredere în ceilalți. Probabil că au fost dezamăgiți în repetate rânduri de cei cu care au avut de-a face și au ajuns foarte sceptici în ceea ce privește mobilurile noilor cunoștințe. Fac cercetări până când află toate detaliile, apoi caută să descopere ce știu ceilalți pe acea temă. Datorită acestei înclinații către detalii, pot fi oameni foarte valoroși pentru o firmă, însă pot și să-i înnebunească pe ceilalți cu obsesia lor pentru detalii. Analizează amănunțit toate informațiile și nu sunt mulțumiți până când nu cunosc toate chichițele. Pentru omul obișnuit, care nu are nici dorința, nici timpul să analizeze totul în profunzime, relațiile cu ei pot fi foarte iritante. Soluția:

1. Țineți întotdeauna la îndemână toate datele. Dacă dvs. sunteți cel care cere informații, aveți grijă să le spuneți exact ce vreți de la ei, ca să nu fiți copleșit cu informații inutile.
2. Dați-le sarcini care le permit să-și folosească talentele de analiză și cercetare.
3. Înțelegeți că e nevoie de timp pentru a le câștiga încre derea.

Cei Ce „Aruncă Pisica În Curtea Vecinului"

Aceştia nu au nicio vină, pentru nicio problemă; întotdeauna este vina altcuiva. Dau vina pe ceilalți pentru propriile lor greșeli. Folosesc expresii cum ar fi *„Întotdeauna faci..."* sau *„Niciodată nu faci..."* Când se gândesc că s-ar putea să greșească, devin extrem de stresați. Dacă descoperă că s-ar putea să aibă probleme cu îndeplinirea unei sarcini, fac tot ceea ce pot pentru a o plasa altcuiva. Le este greu să accepte vinovăția și criticile; ca urmare, fac tot ce le stă în putință ca să evite situațiile în care ar putea fi învinovățiți pentru o încurcătură. Deseori spun: *„Nu știam că eram răspunzător pentr uasta!"* sau *„Nu mi-ai spus că aveai nevoie de el astăzi!"* Soluția (dacă le sunteți șef):

1. Atunci când dați sarcini unor asemenea oameni, aveți grijă să știe că sunt complet răspunzători pentru îndeplinirea lor.
2. Încurajați-i să ceară ajutor în cazul în care se con fruntă cu dificultăți. Ajutați-i să găsească o soluție - dar nu vă asumați problemele lor.
3. Încurajați-i să-și asume responsabilitatea pentru faptele lor. Spuneți-le că nu-i nicio problemă dacă fac o greșeală - dar nu trebuie să dea vina pe alții pentru greșelile lor.

Manipularea agresivă

Oamenii agresivi nu respectă nevoile și drepturile celorlalți. Vor ca totul să fie așa cum doresc ei – dacă nu, să nu fie deloc. Îi copleșesc pe ceilalți cu ideile și dorințele lor, prin insistență, putere de convingere sau chiar amenințări. Sunt altfel decât oamenii din categoriile anterioare, fiindcă vă manipulează pe față. Știți că au de gând să vă prindă.

Persoanele Ostile

Aceste persoane cu înclinații războinice își revarsă furia asupra dvs. În cazul lor, gelozia, furia sau resentimentele sunt atât de puternice, încât nu pot găsi alinare decât dacă aruncă cu pietre în ceilalți. Ca urmare, victimele se apără sau trec la represalii. Soluția:

1. *Așteptați până când se calmează. Nu-i lăsați să vă facă să spuneți lucruri pe care n-ați vrea să le spuneți (ten tația de a contraataca va fi foarte puternică).*
2. *Discutați cu ei despre problemă, cu mult calm.*
3. *Ajungeți la o înțelegere.*
4. *Încurajați-i să obțină ajutorul necesar pentru a se calma.*

Persoanele Amenințătoare

Acești oameni se folosesc de frică, cruzime și amenințări pentru a-i controla pe ceilalți. Deși deseori dau impresia că au foarte multă stimă de sine, nu e nici pe departe adevărat. Iată motivul pentru care îi atacă pe cei ce par slabi și pasivi. Când o persoană de acest gen intră în încăpere, simțiți cum vi se face părul măciucă. În loc să vă supuneți, păstrați-vă poziția. Soluția:

1. *Lăsați-i să-și exprime furia fără să contraatacați; este alegerea dvs. să le acceptați răbufnirile de mânie sau să vă păstrați calmul.*
2. *Confirmați că înțelegeți punctul lor de vedere (folosind parafrazarea - vezi capitolul 3).*
3. *Dacă se năpustesc asupra dvs. în public, încercați să rezolvați problema pe loc. Nu așteptați până când veți putea vorbi între patru ochi, ca în cazul persoanelor mai puțin agresive.*
4. *Încurajați-i să învețe să-și controleze furia.*

„Știe-Tot"

Persoanele din această categorie sunt „*deștepții deștepților*", care susțin cu nerușinare că știu mult mai multe decât în realitate. Sunt oameni bine informați, dar majoritatea informațiilor pe care le dețin se bazează pe presupuneri, nu pe fapte. Sunt extravertiți, încrezători și experți în a-și face singuri reclamă. Atunci cân dîncearcă să-i convingă pe alții să le accepte ideile, nu se lasă până când nu reușesc. Nu sunt dispuși să încerce ceva nou dacă este ideea altcuiva, așa că nu ascultă ce au de spus ceilalți. Dacă ideea este a lor, îi cicălesc și îi bat la cap pe ceilalți până când aceștia cedează. Nu-i ascultă pe ceilalți și au tendința să-i întrerupă la mijlocul frazei, deschizând un cu totul alt subiect. Soluția:

1. *Insistați să vă relateze faptele pe care își bazează ideile.*
2. *Aveți grijă ca individul „Ştie-tot" să vă dea o şansă să spuneți ceea ce aveți de spus. Întrebați: „Mai trebuie să ascult şi altceva înainte să-ți spun ce gândesc?" Asta îl va obliga să vă asculte părerea.*
3. *Dacă vă întrerupe, spuneți: „Încă n-am terminat. Ţi-am dat toate ocaziile să-ți exprimi ideile, acum aş vrea să le asculți şi tu pe ale mele."*

Cei Ce Au Întotdeauna Dreptate

Aceşti oameni atrag atenţia asupra lor apărându-şi poziţia într-o manieră furioasă şi zgomotoasă, care deseori îi face pe ceilalţi să se simtă jenaţi. Se aşteaptă ca toţi ceilalţi să fie de acord cu ei şi acţionează cu convingerea fermă că au dreptate. Dacă nu sunteţi de acord cu ei, vă vor cicăli până când vă daţi bătut. Sunt foarte înguşti la minte şi absolut convinşi că ei cunosc singura cale de rezolvare a problemei; nu se lasă până când nu vă conving să faceţi aşa cum vor ei. Nici nu se gândesc să pună în aplicare ideile altora. Aceşti indivizi au calităţile lor: îi conving pe membrii unui grup nu doar să se asigure că ideile lor funcţionează, ci şi să persevereze până când acestea sunt acceptate. Soluţia pentru a te comporta cu un asemenea tip de manipulatori:

1. *Atunci când sunt prezentate două sau mai multe idei, aveți grijă să se identifice în mod clar avantajele şi dezavantajele fiecăreia. Puteți folosi un sistem de eva luare bazat pe puncte pentru a stabili relevanța fiecărei idei.*
2. *Ideile trebuie să se bazeze pe fapte, nu pe presupuneri.*
3. *Dacă dvs. sunteți cel care prezintă o idee, folosiți tehnica înregistrării (descrisă în finalul acestui capitol) pentru a vă asigura că aceasta va fi auzită.*

Persoanele Critice/„Teroriştii"

Folosesc observaţii înţepătoare ca să vă provoace şi să vă întărâte, încercând să controleze situaţia fără a fi consideraţi răspunzători. Au nevoie de un public, cum ar fi restul personalului sau un client. Când ceilalți protestează împotriva bufoneriilor lor, ei pretind că nu doreau decât să-i distreze pe cei din jur. Soluția:

1. *Cereți-le lămuriri în mod repetat.*
2. *Faceți-i să se concentreze asupra produc-tivității.*
3. *Dacă nu încetează, vorbiți cu ei între patru ochi.*

Mofturoșii

Găsesc nod în papură la orice - sunt oameni cu o gândire extrem de negativă, care pot folosi un sarcasm răzbunător pentru a-i pune pe ceilalți într-o poziție defensivă. Găsesc nod în papură în orice și insistă ca până și lucrurile neimportante să fie făcute perfect. Nu vă lasă să dați uitării greșelile din trecut și vorbesc despre ele cu orice ocazie. Dacă apar probleme, niciodată nu sunt din vina lor. Pot fi persoane obsedate de muncă, puțin dispuse să delege altora din sarcini. Dacă totuși fac acest lucru, verifică tot timpul dacă sarcinile sunt îndeplinite. Soluția (dacă le sunteți șef):

1. *Evidențiați faptul că vă deranjează atitudinea lor negativă și cereți-le să lucreze împreună cu dvs. pentru a-și corecta comportamentul distructiv.*
2. *Încurajați-i să aibă o gândire pozitivă: puneți-i să fie atenți la situațiile în care îi dezaprobă pe ceilalți și încep propozițiile cu cuvântul „dar".*
3. *Redirijați-le energia către activități productive.*
4. *Ajutați-i să identifice situațiile în care este necesară perfecțiunea și când nu.*

Persoanele Dominatoare/Tiranice

Orice conflict este o luptă pentru putere. Supraviețuiesc numai cei puternici, așa că trebuie să te lupți ca să rămâi în vârf. Sunt indivizi duri, luptători și agresivi, care se folosesc de ceilalți pentru a ajunge acolo unde vor. In viața lor, totul este legat de putere. Îi tratează pe ceilalți într-o manieră dură și dictatorială. Și în cazul lor ni se face părul măciucă atunci când intră în cameră. Soluția:

1. *Stabiliți o întâlnire cu ei și folosiți tehnica feedbackului ca să le explicați că acțiunile lor vă afectează pe dvs. și pe ceilalți. (Dați-le exemple privind felul în care îi afectează pe ceilalți purtarea lor negativă.)*

*2. Explicați-le faptul că ceilalți ar fi mult mai cooperanți dacă li
s-ar adresa cu rugăminți, și nu cu comenzi.*

*3. Dacă se poartă în continuare la fel, amintiți-le: „Iar procedezi
ca mai înainte."*

Cei Ce Controlează Totul

Ei trebuie să se ocupe de tot, indiferent dacă e vorba de serviciu
sau de planificarea unui picnic cu familia. Un lucru nu e bine
făcut decât dacă e făcut de ei; nimeni altcineva nu-l va face așa
cum trebuie. Soluția: *la fel ca în cazul „Persoanelor
dominatoare/tiranice".*

Atacatorii

Acești indivizi vă atacă din dorința de răzbunare, iar dvs. știți
aceasta; nimic nu-i poate opri din drum. Majoritatea atacurilor au
loc în public, lăsând impresia că își apără ideea. Sunt atât de
hotărâți să marcheze puncte, încât vă blochează orice încercare de
a aduce argumente și vă atacă personal, nu problema în chestiune.
Vă răstălmăcesc toate spusele. Vă atacă credibilitatea la fiecare
pas; se pricep de minune să vă pună bețe-n roate. Soluția:

*1. Dacă vă atacă personal, readuceți discuția la problemă. Nu-i
lăsați să vă împingă la vorbe sau fapte nesăbuite. „Discutam
despre..."*

2. Dacă vă hărțuiesc în continuare, înfruntați-i între patru ochi.

*3. Străduiți-vă să vă faceți bine munca, dar fiți pregătit pentru noi
atacuri din partea lor.*

„Capete Înfierbântate"

Când sunteți în preajma acestui tip de indivizi, trebuie să fiți cu
ochii-n patru. Au obiceiul să sară la hartă din senin. Sunt persoane
certărețe, care te tratează de sus, cu asprime și autoritate. Aduc
jigniri și sunt lacomi de putere. Vor să controleze și rareori delegă
sarcini. O tactică favorită este să vă întrerupă în mijlocul frazei.
Au tendința să vă facă bucăți (folosind etichetări), distrugându-vă
observațiile. Soluția:

*1. Atunci când izbucnesc pe neașteptate, întrebați-i de ce sunt atât
de furioși. Ei nu se așteaptă la așa ceva și deseori puteți
rezolva problema fără a recurge la represalii.*

2. Dacă vă întrerup, spuneţi: „Încă n-am terminat de vor bit. După cum spuneam..."

3. Dacă vă atacă în public, rezolvaţi problema pe loc. Apăraţi-vă punctul de vedere făcând apel la fapte (nu la emoţii).

4. Dacă sunteţi şeful lor, spuneţi-le că purtarea lor este inacceptabilă şi, dacă au de gând să continue, veţi recurge la avertismente scrise.

5. Încurajaţi-i să obţină ajutor pentru a-şi domoli mânia.

Persoanele Încăpăţânate

Indiferent câte eforturi sunt necesare sau care este preţul, ei insistă că modalitatea lor de abordare este cea mai bună. Dacă cineva li se opune, nu are nicio şansă, îşi anihilează „*duşmanii*" şi fac presiuni asupra altora pentru a le accepta ideile. Nu se mulţumesc să-şi vadă de ale lor: invadează teritoriul celorlalţi şi se aşteaptă ca ideile lor să fie acceptate. Soluţia:

1. Atunci când cineva încearcă să vă calce în picioare, puneţi piciorul în prag. Daţi-i de ştire imediat ce încalcă graniţele.

2. Atunci când sunteţi vinovat, cel puţin în parte, recunoaşteţi acest fapt.

3. Încercaţi să nu vă izolaţi. Explicaţi-i: „Sunt dispus să-ţi ascult părerea dacă eşti şi tu dispus să o asculţi pe a mea. Dacă nu poţi să-mi promiţi asta, discuţia noastră n-are niciun sens."

Persoanele Autoritare

Dau comenzi celor din jur, deşi nu sunt în poziţia de a o face. îşi bagă nasul unde nu le fierbe oala, iar un observator din afară ar putea crede că ei sunt şefii colegilor lor. îi critică aspru pe ceilalţi şi le invadează teritoriul. Sunt pricepuţi în munca lor, dar nu-i suportă pe cei care lucrează într-un ritm mai lent sau au nevoie de mai mult timp pentru a lua o decizie. Colegii sunt foarte afectaţi de comportamentul condescendent al acestui gen de persoane şi de criticile lor constante. Soluţia:

1. Apreciaţi-i atunci când merită.

2. Folosiţi tehnica feedbackului ca să le explicaţi cum îi afectează pe ceilalţi acţiunile lor.

3. *Încurajaţi-i să participe la un curs de comunicare, ca să înveţe să fie mai diplomaţi şi mai plini de tact în interacţiunile cu ceilalţi.*
4. *Dacă sunteţi şeful lor şi aţi încercat în zadar să le corectaţi purtarea autoritară, explicaţi-le că, dacă nu se schimbă, va trebui să recurgeţi la măsuri disciplinare.*

„Conducătorii De Sclavi"

Au impresia că şefii lor îi presează să facă mai mult, aşa că simt nevoia să transmită, la rândul lor, aceste presiuni celor din subordine. Mulţi dintre ei muncesc în neştire; unii sunt perfecţionişti; majoritatea au un nivel de energie ridicat. Stabilesc un ritm de lucru practic imposibil de respectat de către angajaţi. Chiar şi oamenii nou angajaţi trebuie să ruleze cu viteza maximă, deşi nici măcar n-au învăţat bine ce au de făcut. Sunt prea ocupaţi să răspundă la întrebări şi au o politică total opusă celei a uşilor deschise. Se pricep de minune să delege sarcini, iar unii dintre ei stau relaxaţi şi privesc cum *„albinele"* fac toată treaba. Soluţia:

1. *Determinaţi dacă într-adevăr vi se cere prea mult. Veri- ficaţi-vă fişa postului ca să vedeţi ce standarde de performanţă vi se impun. Dacă nu există o asemenea fişă, cereţi să vi se dea una, ca să ştiţi exact ce se aşteaptă de la dvs.*
2. *Dacă sunteţi de părere că standardele de performanţă sunt nerezonabile, ridicaţi obiecţii.*
3. *Daţi-i de ştire şefului când treburile vă copleşesc. Pentru aceasta, alcătuiţi liste cu ce aveţi de făcut şi termenele de realizare a sarcinilor.*

Cei Ce Încalcă Regulile

Pentru aceştia este o distracţie să încalce regulile, să o ia pe scurtătură şi să găsească cele mai uşoare căi de îndeplinire a sarcinilor. Găsesc diverse moduri de a încălca regulile firmei: întârzie întotdeauna, pretind că sunt bolnavi (când de fapt sunt pe terenul de golf) şi, în general, evită responsabilităţile. Au totuşi calităţile lor, deoarece pot imagina moduri mai bune şi mai rapide de a rezolva treburile şi pot detecta neajunsuri în sistemele de afaceri. Soluţia:

1. *Daţi-le instrucţiuni clare privind îndeplinirea sarcinilor şi aveţi grijă să le examinaţi ideile referitoare la economia de timp sau de muncă.*
2. *Menţionaţi care vor fi consecinţele dacă încearcă să încalce regulile.*
3. *Atunci când încălcarea regulilor implică şi conturile de cheltuieli, angajaţii respectivi trebuie să suporte cheltuielile suplimentare, dacă nu se poate dovedi că n-au niciun amestec.*

Cei Ce Vă Ridiculizează

Sunt oameni insensibili şi nepoliticoşi, care vă jignesc cu vorbele lor în doi peri. Unii recurg la sarcasm pentru a-şi exprima criticile, considerând că acest tip de umor e mai uşor de acceptat. Multe dintre atacurile lor umilitoare au loc în public, pentru ca şi alţii să ştie ce părere proastă au despre dvs. şi capacităţile dvs. Soluţia:

1. *Stabiliţi o întâlnire cu ei şi cereţi-le să vă explice ce au vrut să spună prin remarcile lor.*
2. *Dacă şeful dvs. a fost cel care v-a criticat în public, spuneţi: „Am o problemă şi am nevoie de ajutorul dvs. ca s-o rezolv. Săptămâna asta m-aţi criticat de două ori în public - o dată în faţa colegilor şi ieri, în faţa unui client. M-a supărat foarte tare. Pe viitor, pot să vă rog să aşteptaţi până când putem vorbi între patru ochi ca să rezolvăm asemenea probleme?"*

Cei Ce Vă Vorbesc Cu Condescendenţă

Aceştia vă dau de ştire că au o părere proastă despre dvs. prin modul condescendent în care vă vorbesc. Părerea exagerat de bună pe care o au despre ei înşişi îi încurajează să-i înjosească pe ceilalţi, creând impresia că sunt persoane cu totul deosebite, care v-au dat permisiunea să le staţi prin preajmă.

Nu vă iau în seamă ideile, vă întrerup sau vă pun la pământ prin felul în care vă resping sugestiile. Atunci când deleagă sarcini, folosesc vorbe jignitoare: *„E o treabă uşoară - Pam o să se descurce."* Soluţia:

1. *Amintiţi-vă cât de valoros sunteţi în realitate.*
2. *Dacă o astfel de persoană este şeful dvs., amintiţi-i că aveţi un rol important în realizările sale.*

3. *Dacă persoana este un coleg, folosiți tehnica feedbackului ca să determinați cum vă afectează comportamentul lui.*

Cei Ce Vă Întrerup

Unii oameni vă întrerup cu brutalitate în mijlocul unei propoziții și deseori încep să vorbească despre altceva. Vă întrerup și atunci când încercați să munciți. Vă hărțuiesc tot timpul și nu vă lasă să vă faceți treaba. Apar la dvs. în birou, dornici să discute cum v-ați petrecut weekendul. După ce pleacă, e greu să vă regăsiți impulsul de a munci. La întruniri, pierd un timp valoros discutând cu ceilalți sau punând întrebări nerelevante în cursul prezentărilor. Atunci când le vine rândul să vorbească, se abat de la subiect. Soluția:

1. *Dacă sunteți întrerupt, spuneți: „Nu terminasem ce aveam de spus înainte să mă întrerupt. După cum spu neam..."*
2. *Puneți capăt pălăvrăgelii cu comentarii și întrebări precise.*
3. *Dacă vă întrerup din lucru, explicați-le de ce nu puteți fi deranjat în momentul respectiv.*
4. *Descurajați-i să vină și să vă stea pe cap la dvs. în birou. Aranjați-vă întâlnirile cu ei într-o sală de ședințe, ca să puteți pleca atunci când terminați ce aveți de spus.*
5. *Dacă vă întrerup pentru a discuta chestiuni personale, spuneți-le că veți vorbi cu ei mai târziu, în pauza de cafea sau de prânz.*

Persoanele Indiscrete

Vă citesc scrisorile de pe birou, trag cu urechea la discuțiile dvs. și, în general, vor să știe toate *„bârfele"*, ca să le transmită mai departe. Sunt peste măsură de curioși și își bagă nasul unde nu le fierbe oala. Cei mai mulți dintre ei nu-și dau seama cât de mult îi deranjează pe ceilalți acest gen de comportament. Deși această trăsătură a lor se poate dovedi valoroasă atunci când trebuie să facă cercetări pe o anumită temă, este extrem de neplăcută în cazul în care pun întrebări cu caracter foarte personal. Indiferent dacă se află la dvs. acasă sau în biroul dvs., iau fiecare foaie de hârtie și o citesc de parcă ar fi corespondența lor. Se uită peste umărul dvs. când lucrați la calculator și își bagă nasul în tot ceea ce faceți. Soluția:

1. *Folosiți tehnica feedbackului pentru a le arăta cât de mult vă supără purtarea lor, pe dvs. și pe ceilalți.*
2. *Dacă cineva v-a pus o întrebare, nu înseamnă neapărat că trebuie să și răspundeți. Spuneți ceva de genul: „Prefer să nu vorbesc despre viața mea personală."*
3. *Nu-i lăsați să vă facă să vă pierdeți timpul cu bârfe.*

„Imperialiștii"

Vor folosi orice tactici perfide pentru a-i călca în picioare pe ceilalți și a-și atinge scopul de a se vedea în vârful piramidei. Nu-i interesează progresul altora, decât dacă îl percep ca pe o amenințare la adresa lor. Îi sperie, îi intimidează sau îi distrug pe toți cei care intră pe *„teritoriul"* lor. Pentru ei, munca în echipă este un concept total străin, din cauza nevoii lor de a li se acorda atenție și de a fi cei mai importanți. Loialitatea lor față de o firmă se bazează pe prestigiul pe care li-1 conferă propria poziție. Odată ce lucrurile se schimbă, ei merg mai departe. Dau întotdeauna prioritate propriilor nevoi. Soluția, (dacă le sunteți șef):

1. *Discutați cu ei ca să le dați de știre că nu veți tolera un asemenea comportament.*
2. *Asigurați-vă că toți membrii echipei primesc informațiile necesare și sunt apreciați pentru munca lor.*
3. *Recurgeți la măsuri disciplinare dacă oamenii de acest gen depășesc măsura, profită de ceilalți sau îi calcă în picioare.*

Cei „Prea Ocupați"

Aceștia sunt întotdeauna prea ocupați ca să răspundă la întrebări sau să vă dea ceea ce aveți nevoie. Soluția:

1. *Definiți foarte clar problemele ce apar, atunci când se întâmplă acest lucru.*
2. *Dacă șeful dvs. este cel prea ocupat, reamintiți-i că principalul său rol este să vă ajute să-i creați o imagine bună.*
3. *Dacă este vorba despre un coleg, explicați-i că atitudinea lui vă împiedică să vă faceți munca.*
4. *Atunci când îl abordați cu anumite probleme, veniți cu cel puțin două soluții.*
5. *Dacă e vorba de un membru al personalului, ajutați-l să-și aleagă prioritățile, de exemplu, folosind un cod de culori, în*

care roşu simbolizează ceva foarte important, portocaliu e pentru ceva ce trebuie făcut astăzi şi verde pentru ceva ce mai poate să fie amânat.

Încăpăţânaţii

Nu se vor clinti, indiferent cât de convingătoare sunt argumentele dvs. Ei au dreptate şi dvs. nu; nimic nu le poate clătina convingerea. Vor spune că până şi faptele pe care le prezentaţi, sunt falsificate. Simt nevoia să controleze evenimentele şi, dacă nu sunteţi de acord cu ei, îşi vor apăra punctul de vedere cu şi mai multă îndârjire. Soluţia:

1. *Dacă este vorba despre şeful dvs., aflaţi care este trecutul său.*
2. *Prezentaţi-le planul dvs., identificând punctele tari şi slabe, apoi puneţi-i să facă la fel cu propria lor idee.*
3. *Purtaţi-vă de parcă v-aţi aştepta ca ideile dvs. să fie acceptate.*
4. *Dacă nu acceptă, convingeţi-i să-şi transpună motivele în scris.*

„Don Juan"

Aceşti oameni sunt convinşi că toată lumea îi consideră cele mai atrăgătoare fiinţe umane. Umblă ţanţoş şi se fălesc cu sexualitatea lor, convinşi fiind că cei din jur se simt atraşi mai degrabă de aspectul lor fizic decâtde atitudinea lor mândră. Soluţia:

1. *Apreciaţi-i atunci cănd merită.*
2. *Căutati ocazii de le spune căt este de obositor pentru ceilalţi felul lor de a fi.*
3. *Faceţi-i să vă spună de ce se consideră atât de atrăgători.*

Persoanele Dornice De Competiţie

Sunt într-o continuă competiţie cu toţi şi cu totul, transformând orice situaţie într-un concurs. Ei trebuie să câştige ca să se simtă superiori şi vor face tot ce le stă în putinţă pentru asta. Atunci când câştigă, caută şi se aşteaptă la o recunoaştere publică, iar cei care le-o refuză vor trebui să suporte represaliile. Dacă cineva nu le acceptă ideile, au impresia că au dat greş, că este vorba de o respingere cu caracter personal. Soluţia:

1. *Folosind tehnica feedbackului, explicaţi-le ce efect au acţiunile lor asupra dvs. şi asupra celorlalţi.*

2. *Explicaţi-le cum pot învăţa ascultând cu atenţie ideile celorlalţi şi dezvoltându-le.*
3. *Încurajaţi-i să-şi folosească creativitatea pentru a-şi îmbunătăţi metodele.*
4. *Aveţi grijă să-i lăudaţi atunci când merită.*

Persoanele Care Se Impun

Spiritul lor egoist şi exploatator le permite să-şi impună dorinţele şi să se folosească de ceilalţi. Fac promisiuni pe care nu au de gând să le respecte. Ar putea câştiga premiul Academiei Americane de Film pentru felul în care îşi joacă rolul, deoarece au capacitatea de a-i convinge pe ceilalţi că sunt neajutoraţi şi nu pot supravieţui fără ajutorul lor. Sunt atât de convingători, încât vă vine foarte greu să-i refuzaţi. Soluţia:

1. *Exersaţi refuzul până când devine automat.*
2. *Impuneţi-vă să rezistaţi cererilor lor insistente.*
3. *Explicaţi-le cum îi afectează pe cei din jur purtarea lor şi faptul că nu vreţi să se folosească de dvs.*

Glumeţii

Glumesc pe socoteala altora, unii pe faţă, alţii mai pe ascuns. Ţinta glumelor lor pot fi cei de altă rasă, cei graşi sau urâţi, scunzi sau înalţi, cei care vorbesc o altă limbă sau cineva care poartă haine neobişnuite. Soluţia:

1. *Acest tip de „glume" trebuie descurajate de îndată ce cineva spune: „Ai auzit bancul ăla cu..."*
2. *Spuneţi lucruri de genul: „Nu mi s-a părut amuzant."*
3. *Dacă e nevoie, stabiliţi cu această persoană o întâlnire între patru ochi.*
4. *Dacă sunteţi şeful unui astfel de individ şi el continuă să se poarte la fel, explicaţi-i că data viitoare veţi fi nevoit să recurgeţi la un avertisment scris.*

Persoanele Insistente

Îi bat la cap pe ceilalţi până când aceştia nu mai rezistă şi le fac pe plac. Sunt hotărâţi să facă totul aşa cum vor, indiferent de preţ. Soluţia:

1. Folosiţi tehnica înregistrării (vezi capitolul 3).
2. Atunci când nu puteţi face ceea ce vor ei, sugeraţi-le alternative.
3. Dacă insistă, întrebaţi-i de ce sunt aşa de insistenţi (acesta reprezintă un comportament agresiv şi aveţi dreptul să spuneţi „nu" şi să vă apăraţi).

Hoţii

In acest caz, ne vom concentra asupra acelor angajaţi care îşi însuşesc bunuri ale firmei - de la creioane la echipamentele costisitoare. în unele situaţii, unii dintre ei fură cantităţi mult mai mari decât ar putea folosi vreodată, într-o anumită măsură, acesta e felul lor de a se împotrivi regulilor şi autorităţii. Unii pot avea tendinţe pasiv-agresive. Soluţia:

1. Aveţi grijă ca şefii de departament să supravegheze lucrurile şi să ia măsuri dacă observă că lipseşte ceva.
2. Asiguraţi-vă că politicile şi regulamentele interne ale firmei prevăd pedepse pentru cazul în care un membru al personalului ia bunuri din firmă fără să ceară permisiunea.
3. Dacă un angajat ia de la locul de muncă echipamente ale firmei, trebuie să aibă un document semnat, care îi dă permisiunea în acest sens. Această permisiune poate fi acordată pentru 24 de ore sau pe perioada cât anga jatul lucrează pentru firmă.

Cei Ce Pun Etichete

Atunci când îi critică pe alţii, le pun etichete cum arfi „prost", „tâmpit", „nebun", „leneş", „rău" sau „stângaci". Soluţia:

1. Dacă sunteţi criticat pe nedrept, cereţi-le să fie mai precişi: „Cu ce am greşit de fapt?"
2. Folosiţi tehnica feedbackului pentru a le descrie cum vă simţiţi atunci când vă etichetează sau vă spun în diverse feluri.

Manipularea pasiv-agresivă

Oamenii care folosesc acest gen de manipulare pot fifoarte periculoşi. Au reacţii patologice faţă de autoritate şi de cei ce par să se afle într-o poziţie de autoritate, îşi manifestă agresivitatea printr-un comportament pasiv, încetinind eforturile celor din jur şi punându-le beţe-n roate. Sunt foarte greu de descoperit, iar ceilalţi se simt frustrați în relațiile cu ei, însă nu-și dau seama întotdeauna de ce.

Pe măsură ce creștem, începem să ne confruntăm cu restricții normale și necesare. În multe cazuri, oamenii cu un comportament pasiv-agresiv au fost dominați excesiv, așa că au învățat să-i controleze pe ceilalți fără să-i înfrunte deschis. Le place foarte mult să simtă fiorul nesupunerii; uneori, pentru ei nici nu contează faptul că au câștigat, ci că dușmanii lor au pierdut. Le plac la nebunie jocurile cu învinși și învingători și să le facă greutăți celorlalți.

Folosesc scuze cum ar fi: *„Nu e vina mea ca n-a mers, e vina ta."* De multe ori dau semne de neajutorare: par să nu înțeleagă nici lucrurile cele mai simple. În relațiile cu ceilalți, dau impresia că se apără. Își îndeplinesc îndatoririle cu întârziere sau nu le îndeplinesc deloc. Atunci când sunt luați la întrebări, sar la ceartă. Îi vorbesc pe ceilalți pe la spate și deseori sunt atât de buni la asta, încât cei din jur le cred toate minciunile.

Majoritatea oamenilor afișează asemenea semne într-un moment sau altul. Însă aceia la care acest comportament a ajuns să fie unul obișnuit sunt persoane pasiv-agresive și trebuie să fiți foarte atent când vă aflați în preajma lor. Atunci când *„îi surprindeți asupra faptului"*, puneți-i față în față cu adevărul. Asigurați-vă că înțeleg consecințele acțiunilor lor: *„Dacă se mai întâmplă, voi proceda în felul următor..."*

Persoanele la care acest comportament este foarte accentuat pot avea tendințe criminale. Le plac viteza și băutura - și neasumarea responsabilității. În unele cazuri, această tendință se accentuează în timp, deoarece acești oameni au nevoie de senzații și pericole tot mai puternice pentru a fi satisfăcuți.

Cei Ce Au Crize De Nervi

În cazul adulților, crizele de nervi sunt iscate de sentimente de frică, neajutorare și frustrare. Pentru un copil/ ele sunt o metodă extraordinară de a-și lua revanșa. Dacă metoda funcționează în continuare, acest comportament continuă și la vârsta adultă. Însă accesele de isterie provoacă un val de furie și de încăpățânare mai puternic decât orice alt comportament dificil. Ca să vă înțelegeți cu o asemenea persoană, trebuie în primul rând s-o ajutați să-și recapete sângele rece. Soluția:

1. *Dați-le răgazul necesar pentru a se calma și a-și recăpăta sângele rece.*
2. *Deoarece aceste persoane folosesc accesele de furie pen tru a atrage atenția, mai bine replicați: „Văd că ești foarte supărat. Calmează-te și apoi putem să discutăm despre această problemă pe un ton rațional." Apoi înde- părtați-vă. Aceasta este o formă de intimidare.*
3. *Dacă se comportă la fel în continuare, explicați-le că nu veți tolera așa ceva și că nu veți vorbi cu ei până nu se calmează.*
4. *Încurajați-i să obțină ajutor pentru a-și controla furia.*

Persoanele Care Vă Intimidează

Ori de câte ori nu obțin ceea ce vor, o vor lua pe căi ocolite și-i vor amenința, forța, leza ori face de rușine pe ceilalți. Atunci când persoana în cauză este șeful, subordonații lui se simt total neajutorați. Astfel de oameni au reputația de a-i lovi pe ceilalți pe la spate; prin urmare, fiți oricând pregătit pentru un atac. Soluția:

1. *Pregătiți-vă din punct de vedere psihologic pentru următoarea întâlnire.*
2. *Gândiți-vă cum veți reacționa data viitoare când vor încerca să vă intimideze.*
3. *Plecați de lângă ei, explicându-le că tacticile lor nu mai funcționează în cazul dvs.*
4. *Dacă este vorba despre șeful dvs., chemați întăriri: vorbiți cu cineva de la departamentul de resurse umane, cu un moderator sau cu un manager pentru relații cu angajații. Dacă altfel nu merge, apelați la ultima solu ție și duceți-vă la șeful șefului dvs. Aveți grijă să veniți cu fapte, nu cu presupuneri și apropouri. De exempul: „Luni, șeful meu a spus... Marți a făcut..."*
5. *Dacă nu găsiți ajutor la conducerea de nivel superior, alcătuiți-vă scrisoarea de demisie, prezentând pe larg motivele pentru care vreți să plecați, apoi depuneți o plângere împotriva șefului și a firmei dvs.*

„Bombe Cu Ceas"

Acest tip de individ atacă persoanele, nu ideile acestora, deseori folosind etichete pentru a arăta că aceia care li se opun sunt proşti sau greşesc. Când ceilalţi nu sunt de acord cu ideile lor, iau acest lucru ca pe un atac la persoană şi se pregătesc de răzbunare. Nu se jenează să-i atace pe ceilalţi în public şi le place să apară în postura de învingători. Dar cum majoritatea martorilor au fost ei înşişi ţinta atacurilor acelei persoane, nu se vor lăsa păcăliţi. Soluţia:

1. Nu vă lăsaţi tentat să faceţi comentarii dure sau să aveţi reacţii emoţionale puternice. Păstraţi-vă calmul şi apăraţi-vă ideile pe baza faptelor.

2. Înfruntaţi-i între patru ochi şi avertizaţi-i că, dacă vor continua să vă umilească în public, veţi fi obligat să treceţi la represalii.

3. Încurajaţi-i să înveţe cum să-şi controleze mânia.

Sadicii

Le place să vă scoată în evidenţă greşelile şi să facă din ţânţar armăsar. Se simt mai puternici atunci când îi fac pe ceilalţi să se simtă inferiori. Le face o plăcere nebună să vă critice în faţa celorlalţi; cu cât publicul e mai numeros, cu atât e mai bine. Soluţia:

1. Înfruntaţi-i deschis şi spuneţi-le că nu veţi tolera modul în care încearcă să vă manipuleze.
2. Folosiţi tehnica feedbackului pentru a le arăta cum vă afectează pe dvs. şi pe ceilalţi comportamentul lor.
3. Dacă persoana respectivă este şeful dvs. care continuă să se poarte în acelaşi mod şi conducerea de nivel superior nu vă ajută cu nimic, alcătuiţi-vă scrisoarea de demisie, prezentând în detaliu motivele pentru care vreţi să plecaţi, apoi înaintaţi o plângere împotriva şefului şi a firmei.

Persoanele Răzbunătoare

Iau totul în nume personal şi au grijă să le-o plătească celorlalţi cu vârf şi îndesat pentru ceea ce consideră că le-au făcut. îi supără foarte tare că nu i-ai tratat aşa cum trebuie, se simt păcăliţi sau neglijaţi. Pot să păstreze resentimente vreme de ani întregi, făcând risipă de timp şi energie. Unii nu iartă niciodată şi-şi plănuiesc răzbunarea pentru inamici imaginari şi pe patul de moarte. Soluţia:

1. *Amintiţi-vă că, dacă vă pierdeţi timpul şi energia plă- nuind să vă răzbunaţi pe cineva, acea persoană vă controlează viaţa.*
2. *Dacă nu puteţi face ceva ca să rezolvaţi problema, lăsaţi-o baltă. în acest caz, zicala „culegem ceea ce am semănat" este cum nu se poate mai adevărată.*
3. *Aveţi încredere că exact aşa se va întâmpla. Mulţumiţi-vă cu rolul de martor şi nu vă mai risipiţi energia. Şi dacă acţionaţi sau nu, fiţi convins că persoana respectivă va plăti pentru faptele sale.*
4. *Dacă nu vă puteţi elibera de dorinţa de răzbunare, învăţaţi să vă controlaţi mânia.*

Persoanele Fanatice

Sunt persoane extremiste care văd totul în alb şi negru. îşi iau angajamente fără să cântărească toate faptele. Sunt oameni autoritari şi aroganţi, ale căror vederi extremiste le întunecă simţul raţiunii. Ei depis-tează o problemă, lasă raţiunea deoparte şi se avântă în rezolvarea ei, fără să se gândească la consecinţe. Deseori se aruncă cu capul înainte, în toate problemele, fără să-şi închipuie ce se va întâmpla după aceea. Deseori, soluţiile lor nu fac decât să provoace şi mai multe probleme, fapt ce poate avea repercusiuni serioase. Soluţia:

1. *Înainte de a începe un proiect, cereţi-le să vă explice în detaliu strategia lor de planificare şi toate etapele acesteia care să demonstreze ce urmăresc ei să obţină.*
2. *Solicitaţi-le detalii, cum ar fi comparaţii între ideile lor şi ale celorlalţi (argumente pro şi contra).*

Cei Ce „Te Înjunghie Pe La Spate"

Sunt indivizi duplicitari, care „te înjunghie" în spate, zâmbindu-ţi prieteneşte. Fac tot felul de aranjamente fără ştirea dvs. Dacă le daţi informaţii confidenţiale, vă vor trăda încrederea. Scopul lor este să vă controleze şi să avanseze în viaţă. Sunt persoane singuratice deoarece ceilalţi tind să nu mai aibă încredere în ei. Soluţia:

1. *Aşteptaţi-vă la acest comportament şi fiţi pregătit să faceţi faţă atacului.*
2. *Înfruntaţi-i atunci când îi prindeţi asupra faptului. 3. Păziţi-vă bine şi nu vorbiţi despre lucruri care vreţi să rămână confidenţiale.*

Cei Care Învârt Totul Aşa Cum Vor

Aceşti oameni şireţi şi perfizi încearcă să-i manipuleze pe ceilalţi în toate felurile posibile. Sunt abili, fiindcă nu-şi manifestă deschis agresivitatea. Unii provoacă probleme în mod deliberat ca să poată fi apreciaţi pentru soluţiile altora. Folosind mijloace necinstite, îi determină pe ceilalţi să facă lucruri pe care nu vor să le facă. Mulţi sunt atrăgători din punct de vedere fizic şi îşi folosesc atractivitatea pentru a-i manevra pe ceilalţi. Soluţia: *Folosiţi aceleaşi metode ca în cazul celor ce „teînjunghie pe la spate".*

Cei Ce Vă Împing La Eşec

Aceşti oameni promit multe, dar nu fac nimic şi vă lasă cu buzele umflate. Sunt o adevărată pacoste, fiindcă nu vă oferă informaţii importante, de care aveţi nevoie pentru a vă îndeplini sarcinile. Motivul nu este acela că tărăgănează lucrurile, ci faptul că ei ştiu cât sunt de importante acele informaţii pentru succesul activităţii dvs. şi vor să daţi greş. Majoritatea sunt în concurenţă cu dvs. pentru o promovare şi vor face tot ce le stă în putinţă ca ei să câştige. De obicei, veţi descoperi prea târziu că aţi fost tras pe sfoară. Atacurile lor pot fi mai serioase decât ale celor ce vă „înjunghie pe la spate", fiindcă nu le puteţi preîntâmpina. Soluţia:

1. *Atunci când aveţi de-a face cu asemenea indivizi, aşterneţi totul pe hârtie.*
2. *Aveţi grijă să ştie că sunteţi cu ochii pe ei. Pe baza faptelor, determinaţi modul în care comportamentul lor afectează rezultatul sarcinii dvs. sau al proiectului.*
3. *Indiferent cât ar fi de fermecători, nu lăsaţi garda jos şi fiţi pe fază!*

Instigatorii

Aceştia creează multă agitaţie şi sunt experţi în a răstălmăci faptele şi a-i provoca pe ceilalţi. Fac comentarii negative care incită la conflicte ce cauzează probleme reale. Unii dintre ei au o calificare mult prea înaltă pentru postul pe care-l deţin şi provoacă tulburări doar din plictiseală. Ei sunt cei care aţâţă sindicatele împotriva conducerii, care-i ajută pe alţii să facă acuzaţii înjo-sitoare, care nu acceptă faptul că cineva nu a obţinut promovarea la care ei se aşteptau. Fac valuri şi nu se dau în lături de la nimic ca să tulbure apele. Soluţia:

1. *Aveţi grijă să aibă tot timpul ceva de făcut. Folosiţi-le energia în scopuri productive.*
2. *Avertizaţi-i că nu veţi tolera un asemenea comportament; explicaţi-le care vor fi consecinţele dacă mai fac asemenea lucruri.*
3. *În cazul celor cu o calificare prea înaltă pentru postul lor - explicaţi-le că prin performanţe slabe în postul actual, ei înşişi au de pierdut, nefiind promovaţi până când excelează, deşi sunt pregătiţi pentru aşa ceva.*

Persoanele Prefăcute

Şefii care se înscriu în această categorie vă dau un set verbal de instrucţiuni privind îndeplinirea unei sarcini, iar dacă nu iese bine, afirmă că dvs. sunteţi de vină. Pot să se răzgândească de trei-patru ori în privinţa instrucţiunilor, pentru ca, în eventualitatea că n-o să meargă, să se plângă că n-aţi făcut ceea ce au vrut. Soluţia:

1. *Obţineţi instrucţiuni scrise. Dacă vi se dau instrucţiuni verbale, luaţi notiţe, apoi obţineţi confirmarea împreună cu şeful că aşa v-a cerut să îndepliniţi sarcina.*
2. *Aşterneţi totul pe hârtie. Folosiţi documente ce au, pe lângă sarcini, şi o secţiune de răspunsuri, pentru a ţine grupate toate informaţiile.*
3. *Aveţi grijă să obţineţi o fişă a postului dvs. cât mai precisă, cu standarde de performanţă, ca să fie foarte clar ce se aşteaptă de la dvs.*

Persoanele Provocatoare

Aceşti angajaţi nedisciplinaţi îi sfidează pe cei aflaţi în poziţii de autoritate şi se opun tuturor schimbărilor legate de politicile şi procedurile stabilite. Insistă să-şi facă treaba aşa cum vor ei. Dacă se schimbă procedurile, opun rezistenţă şi contestă pe faţă noile metode. Chiar dacă sunt obligaţi să folosească noul sistem, ei revin încet, dar sigur, la vechile lor metode. Dacă sunt nou-angajaţi, fac tot ce pot ca să-i convingă pe şefi că ei ştiu cu-adevărat cum e mai bine. Soluţia:

1. *Examinaţi-vă propria atitudine, ca să vedeţi dacă metoda dvs. este într-adevăr mai bună.*
2. *Lăsaţi acest gen de persoane provocatoare să se calmeze singure.*
3. *Stabiliţi nişte linii directoare, folosind fişe ale postului detaliate şi actualizate, cu standarde de performanţă.*
4. *Decideţi cum veţi proceda dacă angajatul respectiv vă sfidează din nou.*

„Primadonele"

Sunt personalităţi asemănătoare cu acelea din categoria „Don Juan". Sunt persoane temperamentale, capricioase se supără repede şi se aşteaptă să fie tratate într-un mod cu totul special. Probabil că în copilărie au fost alintate şi au învăţat cum să obţină ceea ce vor de la viaţă. Un asemenea client poate să te înnebunească de tot cu pretenţiile lui. Soluţia:

1. *Dacă „primadona" este un angajat, învăţaţi să spuneţi „nu" atunci când e nevoie.*
2. *Folosiţi tehnica feedbackului pentru a le arăta ce simţiţi dvs. atunci când se comportă în acest fel.*
3. *Aşteptaţi-vă să-şi îndeplinească obligaţiile, fără să li se acorde niciun fel de atenţie specială.*
4. *Dacă o asemenea persoană este clientul dvs., daţi-i numai ceea ce merită şi spuneţi „nu" atunci când este cazul.*

„Exploatatorii"

Sunt indivizi care-i exploatează pe ceilalţi, le fură ideile şi îşi asumă meritele pentru acestea. Se dau drept prieteni, vă bat la cap până când obţin informaţiile pe care le caută, apoi nu mai ştiţi nimic despre ei până când aflați că v-au furat ideile și culeg meritele pentru ele. Soluția:

1.Fiți pe fază. Nu spuneți nimic din ceea ce ar putea folosi în avantajul lor sau împotriva dvs.
2. Evitați conversațiile mărunte atunci când sunteți în compania lor.
3. Notați-vă ideile pe hârtie și aveți grijă ca o persoană cu autoritate să fie la curent cu ideile noi, pe care le aveți în vedere.

Persoanele Hipersensibile

Cu asemenea persoane trebuie să te porți „*cu mănuși*", fiindcă nu știi niciodată când se simt jignite și fac o criză de nervi. Sunt extrem de sensibile și iau fiecare comentariu drept un atac la persoană. Multe dintre ele recurg la crizele de isterie pentru a spune ceea ce au de spus. Nu au încredere în ele însele și se simt lezate la cel mai mic semn de dezaprobare din partea celorlalți. Soluția:

1. Ajutați-i să-și clădească încrederea în sine.
2. Când este cazul, ajutați-i să-și dea seama că reacțiile lor sunt exagerate.
3. Sugerați-le să urmeze un tratament specializat de controlare a furiei.

Persoanele Lipsite De Etică

Ei procedează așa cum vor, indiferent de preț, indiferent dacă este moral sau nu. Nu-și plătesc impozitul pe venit, cumpără detectoare radar, folosesc receptoare ilegale de televiziune și așa mai departe. Își fac o datorie din a-i înșela pe ceilalți și a rămâne nepedepsiți. Își petrec multă vreme la tribunal, în procese. Mulți dintre adversarii lor se dau bătuți, fiindcă un proces necesită prea mult timp și energie; asta nu face decât să-i întărâte să persiste în acest gen de comportament. Soluția:

1. Arătați-le codul etic al companiei.
2. Spuneți-le care vor fi consecințele dacă perseverează în „greșeală".
3. Dacă au încălcat legea, insistați să-și răscumpere greșeala.

4. Dacă au comis o infracțiune gravă, dați-i în judecată și concediați-i imediat.

Alte tipuri de manipulare

Vom vorbi acum despre oameni care nu se încadrează în niciuna dintre categoriile de mai sus. Personalitatea lor este schimbătoare, de la oameni direcți, până la cei care atunci când simt că situația le scapă de sub control încep să-i manipuleze pe ceilalți. Fiecared intre noi se comportă astfel din când în când.

Cei Ce Tărăgănează Lucrurile

Acești oameni își găsesc întotdeauna o scuză ca să nu-și facă treaba. Ei spun *„O să fac asta mâine",* lucru care se va întâmpla sau nu. Tărăgănarea devine o problemă atunci când au de făcut ceva important, nu au prea mult timp la dispoziție, dar încep să caute alte lucruri de făcut. O altă situație este aceea în care stabilesc termene și nu le respectă, când amână în mod constant luarea unor decizii importante sau când muncesc cu încrâncenare în ultima clipă ca să-și rezolve sarcinile esențiale. Soluția:

1. Încurajați-i să facă mai întâi lucrurile cele mai neplăcute.
2. Planificați aceste activități pentru perioada din zi în care au cel mai ridicat nivel de energie.
3. Ajutați-i să-și stabilească termene și să le respecte.
4. Aveți grijă să le spuneți care vor fi consecințele dacă vor continua să se poarte astfel.

Cei Ce Întârzie Tot Timpul

Întârzie la evenimentele la care nu vor să participe sau nu sunt gata în același timp cu ceilalți. Provoacă deranj la întruniri, evenimente sociale, concerte și, în general, nu respectă timpul celorlalți. Soluția:

1. Explicați-le cât de jignitoare este purtarea lor față de dvs. și față de ceilalți - cărora le poate da impresia că timpul lor n-are nicio valoare - și doar timpul lor este important.
2. Ajutați-i să identifice situațiile în care întârzierea lor a avut consecințe grave.

Persoanele Lente

Desigur că şi-au încheiat raportul pe care-1 aveau de făcut, dar le-a luat atâta timp să-1 scrie, încât şefului îi venea să-1 întocmească el însuşi în locul lor. Sunt oamerti lipsiţi de energie, care dau impresia că vegetează - ei există în loc să trăiască - şi de obicei lucrează în posturi care le displac. Pot să scoată din minţi persoanele mai organizate, pentru că întotdeaun aîntârzie la lucru, la şedinţe şi la întâlniri. În unele cazuri, sunt nesiguri pe capacităţile lor şi atunci când întârzie încearcă să anticipeze rezultatele. Pierd timpul cu fleacuri, hoinărind şi trândăvind. Mereu stau în cumpănă, incapabili să ia o decizie. Sunt de părere că înainte de a începe ceva e mai bine să adune TOATE informaţiile şi să audă părerea tuturor. Alteori, trec de la o treabă la alta şi nu termină niciodată nimic. Soluţia:

1. *Aveţi grijă să le oferiţi fişe ale postului în care se speci fică foarte clar care le sunt responsabilităţile.*
2. *Nu treceţi cu vederea neplăcerile pe care vi le fac. Explicaţi-le cum vă simţiţi atunci când vă fac să aşteptaţi.*
3. *Învăţaţi-i să fie punctuali.*
4. *Dacă v-aţi dat întâlnire pentru a lua masa împreună, aşteptaţi zece minute şi, în caz că n-au venit, faceţi comanda.*
5. *Dacă trebuie să-i luaţi de undeva şi încă n-au ajuns, aşteptaţi cinci minute si apoi plecaţi fără ei.*

Persoanele Neglijente

Îşi fac treaba atât de prost, încât totul trebuie luat de la capăt de către altcineva, ceea ce deseori necesită mai mult timp decât dacă treaba ar fi mers bine de la început. Nu-i interesează cum îi afectează pe ceilalţi neglijenţa lor. Sunt oameni capabili să ducă o treabă la bun sfârşit, dar care, dintr-un motiv sau altul, nu vor să o facă. Soluţia:

1. *Arătaţi-vă preocupat de ei ca indivizi şi folosiţi tehnica feedbackului ca să le explicaţi că acţiunile lor subminează productivitatea.*
2. *Dacă faceţi parte din aceeaşi echipă, aveţi grijă să fie foarte clar că ei sunt cei responsabili pentru partea lor de muncă.*
3. *Nu-i acoperiţi atunci când nu-şi fac treaba.*

Persoanele Uituce

Remarca lor obişnuită este „*Am uitat*". Se aşteaptă ca alţii să le amintească ce au de făcut, când trebuie să termine şi cine este responsabil pentru fiecare proiect. „*A, credeam că tu te ocupi de asta!*" Soluţia:

1. *Aşterneţi pe hârtie informaţiile privind sarcinile de efectuat.*
2. *La şedinţe, atunci când promit că vor face ceva, faceţi la sfârşit o recapitulare, în cadrul căreia fiecare partici pant trebuie să confirme ce are de făcut până la şedinţa următoare. Astfel nimeni nu va putea spune că nu era responsabil de partea sa.*

Persoanele Impulsive

Atunci când se ocupă de o problemă, mai întâi acţionează şi apoi gândesc. Ei sunt deja prinşi în rezolvarea chestiunii când se opresc să înţeleagă cum stau lucrurile; atunci îşi dau seama că nu se ocupă de ceea ce trebuie şi consumă foarte mult timp şi efort ca s-o ia de la început. Pentru observatorii din afară, dau impresia unui vârtej în acţiune, dar ei nu sunt siguri de ceea ce vor să facă de fapt; prin urmare, nu reuşesc să se oprească sau să se îndrepte în direcţia cea bună. Dau greş deseori - şi rezultatul constă în apariţia a două probleme în locul uneia singure. Soluţia:

1. *Cereţi-le un plan scris.*
2. *Încurajaţi-i să defalce pe etape fiecare sarcină.*
3. *Cereţi-le să identifice obstacolele cu care se pot confrunta.*
4. *Asiguraţi-vă că au toate informaţiile necesare înainte de a lua o decizie.*

Cei Ce Se Sprijină Pe „Clan"

Aceşti oameni caută un sprijin în număr. Se simt puternici atunci când se adună într-un grup. Nu sunt pur şi simplu prieteni sau colegi care descoperă că a u multe lucruri în comun, ci angajaţi care se strâng la un loc pentru a tulbura apele şi a se ridica împotriva conducerii. Au un lider care ia majoritatea deciziilor şi pe care îl urmează orbeşte. Numărul lor mare îi poate intimida pe cei de la conducere. Soluţia:

1. *Faceţi toate eforturile pentru a atrage liderul de partea J dvs. Aduceţi-i pe toţi de partea dvs., explicându-le ce avantaje ar avea dacă ar coopera, în loc să vi se împotrivească.*

2. Dizolvați grupurile amenințătoare fără să le spuneți 1 nimic, redistribuind oamenii și descurajând întâlnirile.

3. Dați-le proiecte de grup, ce necesită eforturile reunitei ale mai multor oameni care lucrează bine împreună.

Persoanele Perfecționiste

Acești oameni au impresia că orice lucru trebuie făcut perfect, indiferent cât ar fi de mărunt. Sunt veșnic îngrijorați și au așteptări prea mari de la ei înșiși; vin cu noi și noi îmbunătățiri ca să-și satisfacă așteptările exagerate. Amână permanent predarea proiectelor. Cu cât își fac mai multe griji, cu atât sunt mai puțin productivi. Dacă, din nefericire, se află în posturi de conducere, s-ar putea aștepta ca și persoanele din subordine să fie la fel de perfecționiste. Soluția:

1. Folosind tehnica feedbackului, ajutați-i să se confrunte 1 cu realitatea.

2. Asigurați-i că nu totul trebuie să fie perfect.

3. Ajutați-i la gestionarea timpului.

Palavragiii

Aceștia pălăvrăgesc vrute și nevrute, irosind timpul prețios al celorlalți. Nu se gândesc înainte să deschidă gura, așa că trec de la un subiect la altul, iar ascultătorul nu mai pricepe nimic sau se întreabă ce vor să spună de fapt. Discută tot felul de fleacuri, fără nicio relevanță pentru ceilalți. Deoarece oamenii fug de ei, pot fi foarte singuratici și nu reușesc să înțeleagă că toc mai vorbăria lor îi izolează de compania altor oameni. Doresc foarte mult să fie admirați și presupun că le împărtășiți toate interesele și experiențele. Soluția:

1. Cereți-i unei asemenea persoane să se pregătească pentru discuția cu dvs., notându-și ideile pe hârtie.

2. În cursul conversației, folosiți parafrazarea pentru a confirma informațiile pertinente.

3. Dacă nu reacționează la observațiile dvs. referitoare la comportamentul lor, aduceți-le aminte cu tact că se abat de la subiect și că discutați despre altceva.

Indivizii „De Gaşcă"

Simt o nevoie puternică de a fi în grup şi preferă să facă vizite personale sau să dea telefoane decât să-şi facă treaba. La petreceri se simt în elementul lor şi sunt experţi în a-şi crea relaţii. Le este greu să se apuce de lucru şi dau impresia că pentru ei viaţa fără distracţie n-are niciun sens. Sunt foarte prietenoşi, *„de gaşcă"*, şinimic nu-i face mai fericiţi decât să-i puneţi să organizeze o petrecere cu colegii de birou. Însă tergiversează lucrurile şi îi întrerup pe ceilalţi din muncă, în loc să-şi facă treaba. Soluţia:

1. *Aveţi grijă să le oferiţi o fişă a postului precisă şi la zi) cu standarde de performanţă, ca să ştie exact ce se aşteaptă de la ei.*
2. *Descurajaţi plimbările de la un birou la altul şi cheltu ielile cu lucruri nelegate de activitatea firmei. Fiţi pe fază şi corectaţi-le comportamentul atunci când e cazul.*
3. *Atunci când comportamentul lor continuă, luaţi măsuri disciplinare.*

Cei Ce Provoacă Blocaje

Sunt acei indivizi care lenevesc şi pierd vremea, în timp ce activitatea dvs. depinde de rezultatele lor şi de îndeplinirea sarcinilor. Nu se hotărăsc să ceară ajutor la nevoie şi, prin urmare, îi fac pe toţi ceilalţi să întârzie. Blocajele apar atunci când oamenii nu fac ceea ce este de făcut - din nehotărâre, lene, priorităţi greşite, încăpăţânare, muncă în exces sau pur şi simplu fiindcă tergiversează lucrurile. Soluţia:

1. *Aveţi grijă să fie la curent cu problemele care apar din cauză că ei îşi târăsc picioarele.*
2. *Acordaţi-le mai multă atenţie înaintea termenelor-limită.*
3. *Dacă tot nu se întâmplă nimic, apelaţi la responsabilii de la nivelurile superioare sau, dacă sunteţi şeful lor, luaţi măsuri disciplinare.*

Persoanele Grăbite

La ora cinci fix, au şi şters-o pe uşă. Refuză să accepte noi sarcini, spunând: *„Asta nu-i în fişa postului."* Chiulesc cât pot de mult şi pentru ei orice scuză este valabilă pentru a nu lucra sau a nu participa la şedinţe. Multora nu le place ceea ce fac şi ar fi capabili de activități mult mai complexe, dar nu iau nicio măsură ca să îndrepte situația. Deseori își vorbesc de rău firma și produsele acesteia, spunând tuturor cât de rău e la serviciu. Abia așteaptă să se termine ziua de lucru ca să joace popice, golf sau să facă altceva care îi stimulează. Soluția:

1. *Explicați-le cum dau cu piciorul unor posibilitățile de promovare.*
2. *Sugerați-le să participe la ședințe de consiliere în cari eră, pentru a determina cefei de muncă li se potrivește.*
3. *Dacă se hotărăsc să rămână la firmă, oferiți-le noi pro vocări și ajutați-i să fie mândri de ceea ce fac.*

Persoanele Nesociabile

Sunt persoane închise, introvertite, singuratice și puțin preocupate de cei din jur. Pot da impresia unor oameni reci și lipsiți de afecțiune, de genul *„Vreau să fiu singur".* Unii folosesc această atitudine în mod intenționat, încercând să vă intimideze, dar majoritatea nu au de gând să vă provoace sau să vă cucerească. Persoana dvs. nu-i interesează câtuși de puțin; sunt oameni singuratici și lipsiți de afecțiune. Se simt mult mai bine când lucrează singuri, iar dacă sunt obligați la o strânsă colaborare cu ceilalți, devin agitați. Majorita tea sunt orientați pe detalii, nu pe oameni. Soluția:

1. *Nu uitați că este problema lor, nu a dvs. În mod normal, ei nu vor să ofenseze pe nimeni.*
2. *Dacă sunteți șeful lor, asigurați-vă că ocupă un post care le permite să lucreze singuri.*

Cei Obsedați De Muncă

Se cufundă în muncă pentru a se ascunde de propriile probleme. Unii devin obsedați de muncă fără să aibă vreo motivație. Soluția:

1. *Determinați dacă au o personalitate de tipul A, care trebuie să fie tot timpul ocupată. În acest caz, nu vă faceți probleme - chiar așa le place să fie.*
2. *Încurajați-i să delege sarcini, dacă acestea ajung să-i copleșească.*
3. *Încurajați-i să-și stabilească priorități în muncă și să alcătuiască liste cu ceea ce au de făcut.*

4. *Cereţi-le ca timp de o săptămână să ţină o evidenţă a modului în care îşi petrec timpul (la lucru şi acasă) şi să facă ajustările corespunzătoare.*

Persoanele Negativiste

Sunt cei ce folosesc tot timpul expresii precum: „*N-o să meargă"* sau „*N-are niciun sens să încercăm"* sau „*Am încercat deja şi n-a mers".* Paharul este întotdeauna pe jumătate gol, nu pe jumătate plin. Soluţia:

1. *Încurajaţi-i să aibă încredere într-un prieten.*
2. *Ajutaţi-i să-şi schimbe atitudinea.*
3. *Înainte de a încerca ceva nou, încurajaţi-i să-şi pună două întrebări: „Ce am de câştigat?"; „Ce am de pier dut?"*
4. *Întrebaţi-i dacă le place să se afle în compania altor oameni cu o gândire negativistă.*

Persoanele Blazate

Indivizi care sunt antrenaţi într-o rutină şi au de gând să rămână acolo. însă pierd foarte mult timp plângându-se de lucrurile mărunte din viaţă care îi irită. îi invidiază pe cei ce progresează, dar par să nu găsească instrumentele sau energia necesară pentru a face acelaşi lucru. Soluţia:

1. *Încurajaţi-i să-şi aştearnă pe hârtie scopurile privind viaţa personală şi cariera.*
2. *Întrebaţi-i dacă le place munca pe care o fac. Dacă nu le place, întrebaţi-i ce ar prefera să facă.*
3. *Ajutaţi-i să-şi propună scopuri pentru a ajunge să facă ceea ce le place.*
4. *Vezi „Plângăcioşii".*

Norocoşii

Presupun că tot ceea ce poate obţine cineva se datorează „*norocului"* - nu eforturilor depuse. Joacă la întâmplare şi speră că, dacă vor fi suficient de norocoşi, vor obţine ceea ce vor de la viaţă. Soluţia: Vezi „*Per-soanele blazate",* mai puţin punctul 4.

Cei Ce Mormăie

Aceştia n-au învăţat să a r t i c u l e z e cuvintele şi trebuie să ghiceşti ce anume vor să spună. Ceilalţi sunt nevoiţi să-i roage să repete ce au spus sau pur şi simplu îi înţeleg greşit. Soluţia:

1. *Încurajaţi-i să meargă la un curs de oratorie.*
2. *Explicaţi-le cât este defrustrant să vă chinuiţi să înţelegeţi ce au de spus.*
3. *Dacă vorbesc prea încet, încurajaţi-i să vorbească pe un ton mai hotărât.*

Persoanele Confuze

Sunt opusul persoanelor analitice. Atunci când le cereţi detalii, nu sunt în stare să vi le ofere. Vorbesc despre generalităţi, nu despre lucruri precise. Soluţia:

1. *Învăţaţi-i cum trebuie să studieze o anumită temă pen tru a putea oferi informaţii mai precise.*

2. *Puneţi-i să descrie etapele pe care le vor urma pentru a-şi îndeplini sarcinile.*

3. *Puneţi-i să facă o descriere scrisă a ceea ce s-a întâmplat la ultima şedinţă, apoi criticaţi-o (probabil că va fi cazul) şi cereţi mai multe detalii.*

Cei Ce Îşi Apără Teritoriul

Aceste persoane sunt de-a dreptul fanatice în privinţa a ceea ce consideră a fi „*teritoriul lor"*. Îi înfruntă pe toţi cei ce încearcă să intre pe teritoriul lor sau nu le arată respectul cuvenit. Acest teritoriu poate însemna automobilul, biroul, masa de lucru, hainele şi chiar instrumentele de scris. Soluţia:

1. *Recunoaşteţi că persoana respectivă se simte ameninţată şi că astfel încearcă să-şi apere teritoriul.*
2. *Probabil are impresia că i-aţi invadat „spaţiul".*
3. *În diverse culturi, există idei diferite privind spaţiul personal.*
4. *O asemenea persoană trebuie asigurată că nu aveţi intenţia să-i invadaţi spaţiul şi cereţi-i scuze dacă aţi făcut-o în trecut.*

Persoanele Căzute În Plasa Monotoniei

Aceşti oameni n-au niciodată nimic de spus. Dacă-i întrebaţi: „ Ce mai e nou?", ei răspund invariabil: „Nimic." Îi lasă pe ceilalţi să susţină întreaga conversaţie, rareori pun întrebări sau aduc vreo contribuţie. Nu sunt oameni timizi, ci oameni care trudesc din greu, făcând zi de zi acelaşi lucru. Soluţia:

1. *Invitaţi-i la un eveniment incitant.*
2. *Invitaţi-i să ia parte la diverse activităţi.*
3. *Daţi-le ocazia să se simtă bine punând la cale o activitate interesantă, seara sau în weekend.*
4. *Faceţi-i să se implice în activităţi care presupun ajuto area altor persoane; asta îi poate scoate din cochilia lor.*

Cei Ce Visează Cu Ochii Deschişi

Toţi visăm cu ochii deschişi, dar unii exagerează - şi asta ajunge să le afecteze munca sau productivitatea. Nu e întotdeauna cinstit să-i luaţi peste picior în legătură cu acest lucru. E posibil ca munca sau viaţa lor să fie atât de plictisitoare, încât să nu se poată concentra asupra a ceea ce au de făcut. Posturile care implică o muncă mecanică pot favoriza visarea cu ochii deschişi. Soluţia:

1. *Verificaţi decorul zonei în care lucrează.*
2. *Gândiţi-vă să introduceţi un sistem de rotaţie a posturilor.*
3. *Daţi-le angajaţilor mai multe informaţii despre cum ar trebui să-şi îndeplinească sarcinile.*

Persoanele Dezordonate

Ceea ce pentru dvs. este dezordine s-ar putea ca pentru alţii să nu fie. Nu cumva problema este a dvs., fiindcă sunteţi prea perfec-ţionist? Sau chiar sunt dezordonaţi? Unii s-au obişnuit în copilărie ca mama să strângă totul după ei sau au crescut într-un cămin dezordonat. Dezordinea nu-i deranjează deloc şi comentariile dvs. s-ar putea să-i ia prin surprindere. Soluţia:

1. *Daţi-le dvs. înşivă un bun exemplu.*
2. *Arătaţi-le ce probleme provoacă faptul că sunt dezordonaţi.*
3. *Alcătuiţi o listă scrisă de activităţi „gospodăreşti". Verificaţi dacă la plecare lasă curat la locul de muncă.*

Persoanele Hiperactive

Sunt asemenea unui vârtej care-i năucește chiar și pe simplii observatori. Nu stau nicio clipă locului, vorbesc într-una și se apucă de zece lucruri deodată. E posibil ca energia lor nervoasă să li se transmită și celor din jur, ceea ce va ridica nivelul de stres al tuturor. Soluția:

1. *Amintiți-le să se relaxeze.*
2. *Explicați-le că hiperactivitatea lor îi enervează pe cei din jur.*
3. *Aveți grijă să aibă mereu ceva de făcut. Folosiți-le energia în mod chibzuit, în activități în care aceasta poate fi dirijată într-o direcție pozitivă.*

Persoanele Analitice

Analizează și disecă tot ce le iese în cale. Într-o conversație, ei trebuie să cunoască neapărat fiecare detaliu. Pentru ei nu există conversații superficiale. Ceilalți simt că sunt fierți la foc mic. Soluția:

1. *Intrebați-i de ce au nevoie de atâtea detalii.*
2. *Explicați-le cât este de neplăcut pentru cei din jur când ei se așteaptă la atâtea informații.*
3. *Folosiți-le capacitățile analitice în activități de cercetare.*

Persoanele Zgârcite

Sunt atât de posesive în ceea ce privește timpul, banii și lucrurile lor, încât le e foarte greu să le împartă cu ceilalți. Mulți dintre acești oameni au crescut într-o familie săracă, așa că au fost nevoiți să se mulțumească cu puțin. Prin urmare, își păzesc lucrurile ca pe ochii din cap și nu acceptă să le împartă cu alții. Deseori sunt etichetați drept zgârciți din cauza firii lor avare. Soluția:

1. *Încurajați-i să-și plătească „biletul".*
2. *Aveți grijă cu facturile comune, fiindcă probabil vor plăti mai puțin decât trebuie.*

Dacă descoperiți că folosiți unul sau altul dintre aceste tipuri de manipulare, opriți-vă și gândiți-vă cum puteți aborda problema într-o manieră mai directă sau mai cinstită.

Evitați mesajele ambigue

Uneori, cuvintele şi comportamentul nostru pot fi interpretate în mai multe feluri. Dacă nu suntem conştienţi de aceasta şi nu transmitem foarte clar ce avem de spus, riscăm să fim înţeleşi greşit. Iată un exemplu:

1. *Intenţia şefului.* Şeful vrea ca Mary (o angajată a firmei) să ştie că el apreciază faptul că ea se ocupă de o sarcină suplimentară. Se gândeşte care dintre următoarele variante ar fi mai potrivită pentru a-i transmite aprecierea lui:
   a. Să-i dea lui Mary mai mult timp liber;
   b. Să ia masa împreună cu ea;
   c. Să-i spună ce simte; d. Să-i dea mai puţin de lucru.
2. *Ce face şeful.* Se decide asupra variantei „d" şi îi dă mai puţin de lucru.
3. *Reacţia lui Mary.* Mary observă că i s-a dat mai puţin de lucru, dar nu ştie ce înseamnă asta. S-ar putea ca şeful:
   a. S-o critice fiindcă nu a reuşit să-şi termine treburile;
   b. Să încerce să-i spună să nu mai vorbească atât la telefon;
   c. Să încerce să o ajute; d. Să aibă convingerea că ea nu se descurcă în situaţii de criză.
4. *Efectul asupra lui Mary.* Se decide asupra variantei „a" şi se simte jignită.
5. *Ce gândeşte Mary.* Nu vreau să ştie că m-a jignit. Oare ar trebui:
   a. Să nu spun nimic?
   b. Să spun mulţumesc?
6. *Ce face Mary.* Se hotărăşte să spună mulţumesc.
7. *Efectul asupra şefului.* Crede că Mary înţelege şi apreciază fapta sa.

Acesta este un exemplu clasic privind interpretarea greşită a unui comportament ambiguu. Şeful a avut intenţii bune. însă acestea au avut exact efectul contrar asupra angajatului. N-ar fi fost mult mai bine dacă faptele lui ar fi fost însoţite de vorbe? Dacă i-ar fi spus ce gândeşte, s-ar fi asigurat că ea înţelege de ce îi dă mai puţin de lucru.

Exemplul următor ilustrează consecinţele grave pe care le poate avea un comportament ambiguu. Este vorba despre o firmă care mergea foarte bine, deşi economia se afla în impas. Conducerea firmei hotărâse să mute birourile într-o clădire mai mare şi mai confortabilă. Urma ca vestea cea bună să le fie dată angajaților la o ședință specială, planificată pentru ora 17, într-o joi. Problemele au început luni dimineață, când la recepție s-au prezentat angajații unei alte companii. I-au spus secretarei că au venit să măsoare birourile. Când au fost întrebați de ce, ei au explicat: *„Fiindcă noii proprietari au nevoie de aceste informații înainte să se mute."*

După ce a vorbit cu managerul de birou, secretara le-a dat permisiunea să măsoare birourile. Însă a început s-o chinuie sentimentul neplăcut că în curând va rămâne fără slujbă. în pauza de cafea, îi informă pe doi dintre colegi care e situația, iar aceștia, bineînțeles, au vorbit și cu alții. Până marți după-amiază, la urechile conducerii a ajuns vestea că jumătate din personal își depusese cererea de angajare la alte firme, crezând că la ședința de joi avea să se anunțe falimentul companiei. Conducerea a decis în grabă să anunțe vestea cea bună marți, la ora 17.

Cum să ne purtăm cu oamenii insistenți

În această eră a vânzărilor prin telefon, cu toții am avut de-a face cu asemenea agenți de vânzări. De exemplu, cunoașteți probabil genul acela de voce extrem de amabilă care vrea să vă explice că puteți lua detergent de covoare la un preț special. Când se prezintă și vă întreabă ce mai faceți, știți că va urma o ședință de vânzare. Eu vă sugerez să folosiți următoarea tehnică:

Tehnica Discului Stricat

„Astăzi avem un preț special la detergentul decovoare."
„Mulțumesc pentru telefon, dar nu mă interesează."
„Dar prețul special este valabil doar săptămânaaceasta."
„Nu mă interesează."
„Nu vreți să faceți curat în sufragerie?"
„Nu mă interesează... La revedere." Și închideți.

Mulți dintre dvs. se vor gândi că, la urma urmei, fata respectivă încearcă și ea să-și câștige existența. Eu însă consider că aceste apeluri îmi invadează mtimitatea. Dacă vreau un detergent de covoare, dau un telefon și cer.

Tehnica discului stricat presupune să repetați iar și iar același lucru. Nu ridicați tonul și nu intrați în defensivă. La al treilea refuz, de obicei vânzătorul acceptă că vorbiți serios.

Această tehnică merge foarte bine și la birou, dacă dvs. sunteți cel care trebuie să le facă vânt agenților de vânzări. Să presupunem că ați fost instruit să acceptați doar cartea de vizită a persoanei și catalogul firmei (sau informații despre produsele firmei). Dacă produsul ori serviciul oferit prezintă interes, urmează să-i contacteze cineva de la firma dvs.

Iată cum puteți să-1 abordați pe următorul agent devânzări:

„Aș vrea să vorbesc cu managerul de birou."
„Ați stabilit o întrevedere?"
„Nu."
„Ați putea să-mi spuneți motivul vizitei dvs.?"
„Aș vrea să-i vorbesc despre produsul nostru."
„Am fost instruit să primesc orice informații doriți să lăsați. Managerul de birou vă va suna, dacă este interesat."
„Săptămâna aceasta avem un preț special."
„Lăsați-mi mie informațiile, iar managerul de birou vă va suna, dacă este interesat."
„Sunt sigur că vrea să mă vadă."
„Lăsați-mi mie informațiile și managerul de birou vă va suna, dacă este interesat [întindeți o mână ca să vă dea informațiile]. Vă mulțumesc."

Puteți folosi această tehnică și în alte situații – de exemplu, când cineva încearcă să vă convingă să faceți ceva ce nu vreți.

„Harry, poți să mă duci acasă diseară?"
„Nu, îmi pare rău. Sunt ocupat."
„Harry, chiar am nevoie să mă duci cu mașina acasă diseară. De ce nu poți să mă duci?"
„Ți-am spus, sunt ocupat."

Când cineva vă întreabă de ce îl refuzați, se poartă agresiv și încearcă să profite de dvs. Nu aveți nicio obligație să le spuneți oamenilor de ce nu vreți să faceți ceea ce vă cer ei. Folosiți această tehnică ori de câte ori vreți să refuzați pe cineva care încearcă să vă convingă să faceți ceva. Și fără sentimente de vinovăție!

Capitolul 3

Aptitudini fundamentale de comunicare

Există numeroase abilități care vă pot ajuta să comunicați cu oamenii dificili. Dacă descoperiți că deseori sunteți înțeles greșit sau că îi înțelegeți greșit pe alții, trebuie neapărat să exersați și să utilizați aceste abilități.

Parafrazarea

A parafraza înseamnă a repeta ceva cu alte cuvinte, a reformula, a transmite un mesaj sub o altă formă sau a amplifica un mesaj.

În mod normal, folosim parafrazarea pentru lucruri simple, de exemplu, ca să repetăm un număr de telefon atunci când preluăm un mesaj. Dar a parafraza nu înseamnă să repetați papagalicește ce a spus celălalt. Parafrazarea înseamnă să vă întrebați ce a vrut să spună celălalt și să-i cereți să vă confirme că ați înțeles mesajul. Această metodă este mult mai eficientă decât repetarea cuvânt cu cuvânt a mesajului interlocutorului.

Parafrazarea este esențială în cursul unei conversați idintre două persoane. Din nefericire, atunci când nu înțelegem bine informațiile primite, de multe ori facem presupuneri. Nu-i cerem celuilalt să ne confirme că avrut să spună ceea ce *credem* noi că a spus.

Când mergeți la cineva în vizită, primiți indicații cu privire la traseu. Dar neglijați să folosiți parafrazarea ca să vedeți dacă ați înțeles bine instrucțiunile și în cele din urmă vă rătăciți. Vi s-a întâmplat?

Iată un exemplu în care doi oameni vorbesc, dar nu se înțeleg unul pe celălalt.

Bill: Jim nu a primit postul pe care și-1 dorea.
Jennie: N-a primit postul pe care și-1 dorea?
Bill: Nu, și e tare supărat.

În această conversație, Jennie are impresia că folosește parafrazarea, dar ea nu face decât să repete ca un papagal ceea ce spune Bill. Ar fi trebuit să se întrebe ce înseamnă pentru ea fraza lui Bill. Iată câteva presupuneri:

Jim a cerut prea mulți bani.
Avea o calificare prea înaltă pentru postul respectiv.
Nu avea calificarea necesară pentru postul respectiv.
Nu s-a descurcat bine la interviu.
Altcineva a fost mai bun decât el.
Probabil că i se potrivește mai bine o altă carieră.

Dacă ar fi specificat ce înseamnă fraza lui Bill pentru ea *(„Jim nu s-a descurcat bine la interviu")* și ar fi folosit parafrazarea, conversația anterioară ar fi decurs în felul următor:

Bill: Jim n-a fost acceptat în postul pe care și-l dorea.
Jennie: Adică nu s-a descurcat bine la interviu?
Bill: A, nu, a aflat că deja aleseseră pe altcineva pentru postul acela, Jennie: îmi pare rău.
Bill: Mda, e tare supărat.

Observați diferența dintre cele două conversații. Înprima dintre ele, nici Bill, nici Jennie nu încearcă să-și confirme presupunerile. Bill crede că Jennie știe că Jim n-a fost acceptat pentru că altcineva fusese ales pentru postul respectiv. Pe de altă parte, Jennie crede că Bill i-a confirmat presupunerea că Jim nu s-a descurcat bine la interviu. Iată de ce mai târziu apar probleme: într-o conversație cu un alt prieten, Jennie spune că ea și Bill știu că Jim nu s-a descurcat bine la interviu. Ea crede cu toată sinceritatea că spune adevărul!

Acest tip de probleme apare în multe conversații. Dacă nu sunteți sigur ce vrea să spună interlocutorul dvs., cereți mai multe informații sau folosiți parafrazarea ca să scoateți la lumină discrepanțele. Probabil că folosiți deja această tehnică, dar nu sunteți conștient de asta. Dacă v-a spus cineva vreodată: *„Nu, nu asta am vrut să spun"*, ați folosit parafrazarea fără să știți! Folosiți-o cât mai des, pentru a evita problemele de comunicare.

Parafrazarea este un instrument extraordinar și în cazul clienților nemulțumiți. Dacă notați detaliile situațiilor pe care încercați să le rezolvați, sunt mai puține șanse să vă consumați energia cu reacții de apărare. Când clientul v-a dat toate informațiile necesare pentru a rezolva problema, folosiți parafrazarea ca să îl asigurați că ați înțeles. Clientul se va calma și vă va lăsa să-l ajutați.

Folosirea parafrazării în instruire

Dacă ați fost în situația de a-i instrui pe alții, probabil că ați fost nevoit să explicați de mai multe ori cum se face un anumit lucru. Parafrazarea este un instrument foarte eficient pentru instruire, mai ales în cazul unor ascultători leneși. Pentru a-i ajuta să rețină cele învățate, procedați astfel:

1. Dați-le instrucțiuni scurte, secvențiale.
2. Afirmați: *„Ca să fiu sigur că v-am explicat clar instrucțiunile, vă rog să repetați cum veți proceda."*
3. Dacă persoanele în curs de instruire nu reușesc să enunțe etapele, repetați instrucțiunile.
4. Cereți-le din nou să enunțe etapele necesare pen tru a-și îndeplini sarcina.

Veți vedea că, atunci când folosiți această tehnică, aptitudinile de ascultător ale elevilor dvs. vor cunoaște o îmbunătățire spectaculoasă. Ei vor ști că, atunci când îi învățați să facă un lucru nou, veți verifica dacă au ascultat cu atenție, iar dvs. vă va fi mult mai ușor să dați instrucțiuni.

Nu uitați însă că lucrul cel mai important este să dați indicații clare. Evitați întrebările de genul:

„Înțelegeți?" (În acest caz, ascultătorii se vor mulțumi să spună da. E preferabil să-i puneți să repete instrucțiunile.)
„Explicați-mi ce vreau să faceți." (Sună prea arogant. Ascultătorii se vor zbârli la dvs.)
„V-ați prins?" (Sună puțin înjositor. Ascultătorii vor avea impresia că-i considerați incapabili.)

Dacă aveți impresia că ascultătorii v-au înțeles greșit, este mult mai bine să considerați că problema este a dvs. în acest caz, spuneți ceva de genul:

„Haideți să vedem dacă v-am explicat clar instruc țiunile."

Limbajul simțurilor

Atunci când spunem că doi oameni au o relație, de obicei presupunem că aceasta este armonioasă – că aceștia reușesc să

91

comunice bine unul cu celălalt. Putem îmbunătăți această relație dacă determinăm care este principalul limbaj senzorial al celuilalt. Cei mai mulți dintre noi folosesc toate cele trei limbaje, dar de obicei unul dintre ele este limbajul principal.

Oamenii prelucrează informațiile în moduri diferite. Modul de prelucrare a informațiilor poate fi în esență vizual, auditiv sau kinestezic (referitor la activitatea musculară). Oamenii din fiecare categorie folosesc anumite cuvinte pentru a-și exprima preferința. Pentru a crea o relație cu cei din jur, descoperiți care este principalul lor mod de comunicare, apoi oglindiți-le limbajul. Iată câteva exemple:

O persoană care comunică în primul rând vizual spune:

„Cred că mi-am făcut o imagine."
„Stai să-mi dau seama cum arată asta."
„Vreau să văd cum se face asta."

Persoanele care comunică în special auditiv folosesc expresii de genul:

„Sună bine."
„Parcă îmi sună un clopoțel."
„Te aud foarte bine."
„Nu suntem pe aceeași lungime de undă" sau.
„Hai să-ți explic cum merge asta."

Cineva care comunică în special kinestezic folosește expresii cum ar fi:

„Arată-mi cum se face asta."
„Am un sentiment neplăcut."
„Ai o sarcină dificilă."

1. Aflați care este principalul dvs. limbaj senzorial.
2. Determinați principalul limbaj senzorial al celor cu care aveți de-a face.
3. Ce schimbări puteți face pentru a comunica adecvat cu oamenii dificili?

Cei responsabili cu instruirea altora probabil că au avut momente când au fost nevoiți să se dea bătuți: unora dintre ascultători spusele lor le intrau pe o ureche și le ieșeau pe alta. In cazul multora, e nevoie să repetați în mod constant instrucțiunile. S-ar putea să fie vorba de persoane cu slabe aptitudini de ascultător.

Informațiile sunt reținute mai bine atunci când profesorii folosesc metode de instruire diverse. Dintre acestea pot face parte instrumentele vizuale, cum sunt filmele, diapozitivele sau tablele. Pentru a-i ajuta pe cursanți să rețină cele învățate, faceți astfel încât să fie nevoiți să folosească aceste informații cât mai curând. Amintiți-vă că ascultătorii vor reține:

10% din ceea ce citesc (broșuri, manuale);
20% din ceea ce aud (explicațiile dvs.);
30% din ceea ce văd că faceți dvs. (demonstrații);
50 % din ceea ce citesc, aud și văd ei înșiși că e demonstrat;
70% din ceea ce citesc, aud, și văd demonstrat și îi explică altcuiva;
90 % din ceea ce citesc, aud, și văd demonstrat, explică altcuiva și fac ei înșiși.

Prin urmare, cu cât folosiți metode bazate pe mai multe limbaje senzoriale, cu atât lecția va fi mai eficientă.

Atunci când învață ceva nou, oamenii parcurg patru etape. Acestea sunt:

1. Incompetența neconștientizată - Nici măcar nu sunteți conștient de faptul că nu știți ceva. De exemplu, poate nici n-ați știut că există parafrazare.
2. Incompetența conștientă - sunteți conștient de faptul că nu știți ceva anume. De exemplu, înainte de a învăța să folosiți un calculator, știați că nu știți să-l folosiți.
3. Competența conștientă - Cunoașteți tehnicile de utilizare, dar trebuie să vă gândiți înainte de a face ceva cu ajutorul lor. (,,Mai întâi pun discheta în unitate sau deschid calculatorul?")
4. Competența neconștientizată - sunteți atât de familiarizat cu lucrul respectiv, încât v-a intrat în reflex. Probabil că atunci când folosiți calculatorul nici nu vă mai gândiți ce faceți - sunteți pe ,,pilot automat".

E nevoie de șase săptămâni pentru a reține cum să faceți ceva nou și până la trei luni pentru a învăța să faceți ceva în alt mod decât erați obișnuit.

Procesul de comunicare cuprinde următoarele elemente:

Ce vreau să spun/a m impresia că spun.

Ce spun în realitate.

Ce li se pare celorlalți că au auzit.

Ce vor să răspundă/au impresia că răspund ceilalți.

Ce răspund ceilalți în realitate.

Ce cred eu că i-am auzit spunând.

Interpretarea diferită a cuvintelor

Multe cuvinte au semnificații diferite, în funcție de persoană. De exemplu, dacă v-aș invita mâine acasă la mine ca să luăm prânzul împreună, la ce oră ați veni? La amiază, la ora 13, la 17, la 18 sau la 20? Unii oameni își iau prânzul (masa principală a zilei) la mijlocul zilei, alții după-amiaza.

Dacă aș pune oamenii din Alaska sau din Florida să descrie un viscol, credeți că descrierile lor vor fi la fel? Bineînțeles că nu - deoarece fiecare persoană are o experiență diferită a ceea ce înseamnă cuvântul „*viscol*".

Cum interpretează lucrurile bărbații și femeile

Din nefericire, în comunicarea dintre oameni pot apărea confuzii sau pot exista chiar mesaje înțelese complet greșit. Aceasta se întâmplă mai cu seamă în comunicarea dintre bărbați și femei. Nu e de mirare că apar conflicte, de vreme ce ei interpretează diferit aceeași conversație. Și aceasta din cauza stilurilor lor de comunicare diferite.

Vă pot da multe exemple de reacții standard tipice bărbaților sau femeilor. Dar există de asemenea și numeroase excepții de la această situație. Analizați-vă propriile sentimente și reacții în diverse situații; comparați-le cu cele descrise în carte, apoi decideți dacă trebuie să schimbați ceva în stilul dvs. de comunicare.

Încă din copilărie, relațiile dintre femei se bazează pe conversație. Ele creează și întrețin prietenii schimbând secrete unele cu altele, iar conversația este piatra de temelie a relațiilor. Între bărbați, se creează legături la fel de strânse ca și în cazul femeilor, dar prieteniile dintre ei se bazează mai curând pe realizarea de lucruri împreună, fără a simți nevoia să-și întărească relația prin conversație. Bărbații vorbesc pentru a-și negocia poziția; femeile vorbesc pentru a crea o relație. Bărbaților le place să le spună celorlalți ce să facă; femeilor nu le place să dea ordine, așa că folosesc rugăminți (ceea ce îi face pe bărbați să creadă că au dreptul să accepte sau să refuze rugămințile lor).

În timpul conversației, femeile stau față-n față, privindu-se în ochi. Bărbații ocupă unghiuri diferite și privesc în altă parte - din când în când, își mai aruncă o privire unul altuia - iar adesea își oglindesc reciproc pozițiile membrelor și ale trupului. Tendința bărbaților de a privi în altă parte în cursul conversației le dă femeilor impresia că nu sunt ascultate, deși nu acesta este adevărul. Singurele ocazii în care bărbații își examinează cu cea mai mare atenție interlocutorul sunt acelea în care încearcă să-și dea seama dacă nu cumva sunt mințiți, în care interlocutorul le este ostil și le poate trezi reacții de apărare sau în care privesc o femeie atrăgătoare. În acest ultim caz, în timp ce ea vorbește, el o măsoară din cap până-n picioare. Asta o poate deranja foarte mult, fiindcă ochii lui îi spun că nu ascultă ce are de spus, ci o evaluează ca femeie.

Un alt obicei care le dă femeilor impresia că bărbații nu le ascultă este acela de a schimba foarte des subiectul în discuție. Femeile au tendința să dezbată pe larg o temă; bărbații sunt înclinați să sară de la una la alta. Când o femeie își expune punctul de vedere, semenele care o ascultă își manifestă acordul și sprijinul, în timp ce bărbații scot în evidență un alt punct de vedere. Femeile văd în asta o lipsă de loialitate și un refuz de a le susține ideile. Ele preferă ca punctele de vedere diferite să fie exprimate sub forma unor sugestii și întrebări, nu sub aceea a unor provocări sau controverse. Bărbații preferă un stil de conversație bazat pe confruntarea de idei.

Bărbații se așteaptă să fie ascultați în liniște, iar manifestările verbale ale ascultătorului sunt interpretate ca un semn de nerăbdare. Când bărbații nu spun nimic, femeile presupun că nu sunt ascultate. Femeile sunt mai înclinate să spună lucruri de genul „aha" pentrua-1 încuraja pe vorbitor. De multe ori, bărbații cred că aceste sunete indică aprobarea acelei femei, când de fapt s-ar putea ca ea să nu-1 aprobe deloc. Deoarece bărbații nu prea obişnuiesc să scoată asemenea sunete, femeile presupun că ei nu le ascultă. De asemenea, bărbaţii sunt mai puţin înclinaţi spre manifestări non-verbale care să indice ascultarea, iar mulţi dintre eicontinuă să facă ceea ce făceau şi înainte de a începe conversaţia. Femeile obişnuiesc să dea din cap, să-1 privească pe interlocutor în ochi şi să-şi întrerupă activitatea atunci când încep să vorbească.

De multe ori, femeile îşi iau una alteia vorba din gură, şi, în mod normal, niciuna dintre ele nu se simte ofensată. Bărbaţii se supără sau intră în defensivă atunci când femeile procedează astfel cu ei, având impresia că ele încearcă să dirijeze conversaţia. Bărbaţii consideră că e nepoliticos să termini comentariile altuia şi că aceasta indică o lipsă de atenţie faţă de vorbitor, dar ei sunt mai înclinaţi să întrerupă pe cineva prin comentarii negative.

Feedbackul

Tehnica feedbackului este utilă atât în contexte pozitive, cât şi negative. Exemplele de feedback pozitiv pot să includă aprecierea unei persoane pentru o treabă bine făcută sau adresarea unui compliment sincer. În această parte ne vom concentra asupra utilizării tehnicii feedbackului în abordarea situaţiilor negative sau dificile.

Atunci când v-a supărat un lucru făcut de cineva, folosiţi feedbackul. Identificaţi ce anume vă supără şi daţi-i persoanei respective ocazia de a se corecta. Dacă nu le comunicăm celorlalţi aceste lucruri, nu suntem corecţi faţă de ei.

Să luăm în considerare următoarea serie de evenimente:

> Când o persoană face ceva care vă supără, apare o mică străfulgerare pe „*ecranul supărării*". Cum e ceva nesemnificativ, vă hotărâţi să nu spuneţi nimic.
> Persoana respectivă face din nou ceva care vă supără, iar „*ecranul supărării*" este străbătut de o nouă străfulgerare - mai importantă.
> Fulgerele se acumulează şi, în cele din urmă, ajun geţi la o ceartă serioasă. Iar reacţia poate fi declanşată de cel mai banal incident.

N-ar fi fost mult mai bine să vă ocupați imediat de fiecare incident în parte și să nu lăsați să vă fie invadat *"ecranul supărării"*?

Feedbackul poate fi folosit în numeroase situații. De exemplu, trebuie să le dați de știre celorlalți atunci când:

nu înțelegeți ceea ce v-au spus.
nu vă place ce au zis sau ce au făcut.
nu sunteți de acord cu ei.
considerați că au schimbat subiectul sau că se învârt în cerc.
începeți să vă supărați.
vă simțiți rănit sau jenat.

De asemenea, feedbackul vă ajută să păstrați legătura cu propriile dvs. reacții, astfel încât să le puteți ajusta înainte ca ele să se transforme în sentimente profunde de frustrare, furie, durere, înfrângere, frică, depresie, dependență, slăbiciune sau lipsă de apărare. Cele mai multe femei nu au dificultăți în ce privește mărturisirea acestor sentimente, dar bărbații au fost învățați să considere o slăbiciune recunoașterea lor. Aceasta le limitează posibilitățile de a exprima ceea ce simt. Mulți se poartă de parcă ar fi supărați - o reacție acceptabilă în rândul bărbaților - deși în realitate se simt răniți, lipsiți de apărare sau speriați. Comportamentul lor ambiguu le derutează pe femei și adâncește prăpastia de comunicare dintre reprezentanții celor două sexe. Atunci când un bărbat pare supărat, de regulă o femeie îl va întreba: *"Ce s-a întâmplat?"* Deseori, el va răspunde *"Nimic"* sau *"Nu vreau să vorbesc despre asta."* Femeia se va simți ca și cum a fost respinsă. Problemele de comunicare se pot diminua dacă bărbații analizează ceea ce simt înainte de a reacționa.

Fiți selectiv în utilizarea tehnicii feedbackului. Înainte, puneți-vă întotdeauna întrebarea: *"Oare nu cumva fac din țânțar armăsar? Oare reacția mea nu este incorectă sau nedemnă?"* Feedbackul constă în a spune ceea ce aveți de spus imediat și la obiect - nu faceți economie de plângeri și nu vă deșertați dintr-odată tot sacul asupra cuiva. De asemenea, trebuie ca ascultătorul să fie în măsură să rezolve problema.

Pentru ca feedbackul să fie eficient, între cel care face observațiile și cel care le primește trebuie să existe încredere. Altfel, va fi interpretat greşit, ca atac la persoană. S-ar putea ca ascultătorul să audă numai critici şi să înceapă să se apere în loc să asculte ceea ce aveţi de spus.

Iată o serie de linii directoare pentru cel ce adreseazăobservaţiile:

1. *Asiguraţi-vă că destinatarul observaţiilor este pregătit să le primească.* Faceţi observaţii cuiva numai atunci când există indicaţii clare că este dispus să vă asculte. În caz contrar, nu vă va înţelege sau va da o interpretare greşită vorbelor dvs.

2. *Observaţiile dvs. trebuie să se bazeze pe fapte, nu pe emoţii.* Tehnica feedbackului trebuie să fie asemenea unei camere video ce înregistrează cu fidelitate tot ceea ce se întâmplă. Este o raportare a faptelor, nu a ideilor dvs. referitoare la cauza acestora sau la intenţia autorului lor.

3. *Fiţi precis.* Veniţi cu citate şi exemple care să reflecte exact ceea ce vreţi să spuneţi.

4. *Faceţi observaţiile cât de curând posibil după producerea incidentului -* cu cât mai repede, cu atât mai bine. Astfel, sunt şanse mai mari ca destinatarul observaţiilor să înţeleagă întocmai ceea ce vreţi să spuneţi. De asemenea, emoţiile legate de incident sunt încă proaspete - şi pot fi de folos.

5. *Alegeţi momentul potrivit.* Faceţi observaţiile atunci când sunt şanse ca destinatarul să le asculte. Dacă interlocutorul dvs. consideră că există chestiuni mai importante care-i solicită atenţia, observaţiile dvs. nu-şi vor atinge ţinta.

6. *Alegeţi un spaţiu privat.* A opta să folosiţi tehnica feedbackului critic de faţă cu alţii poate face mai mult rău, decât bine.

7. *Concentraţi-vă asupra a ceea ce se poate schimba.* Feedbackul trebuie să urmărească lucrurile care pot fi schimbate, dacă cel vizat ia această decizie.

8. *Solicitaţi cooperarea celuilalt.* Primitorul observaţiilor poate decide dacă vrea să facă o schimbare pe baza celor spuse de dvs. Îi puteţi sugera că doriţi anumite schimbări. Dacă vă exprimaţi în genul: *„Ţi-am spus ce nu-i în regulă cu tine, aşa că schimbă-te!"*, e puţin probabil să vă bucuraţi de succes.

9. *Concentraţi-vă asupra unui singur lucru în momen tul dat.* Atunci când învăţăm să folosim feedbackul, uneori avem tendinţa să exagerăm. Este ca şi cum i-am spune interlocutorului: *„Uite, am aici o listă de reacţii. Hai să ţi le*

citesc. " Fireşte, persoana vizată va avea nevoie de timp ca să se gândească la fiecare lucru în parte şi s-ar putea să se opună pretenţiilor dvs. exagerate.

10. *Fiţi de ajutor.* Gândiţi-vă întotdeauna la motivele pentru care vă spuneţi părerea. Încercaţi să-1 ajutaţi pe interlocutor sau doar să vă descărcaţi emoţiile? Profitaţi de ocazie pentru a-1 convinge pe cel vizat de observaţii să facă un lucru de pe urma căruia numai dvs. veţi trage foloase? De exemplu, dacă sunteţi furios şi vreţi să vă exprimaţi sentimentele, daţi-i drumul - dar vorbiţi şi despre comportamentul care v-a stârnit furia.

11. *Încurajaţi-l pe cel ce a primit observaţiile să-şi împăr tăşească şi el punctul de vedere.* Deoarece vorbitorul se concentrează asupra capacităţii ascultătorului de a se schimba, cel din urmă s-ar putea să rămână cu senzaţia că „*nu e destul de bun*". Schimbul va fi mai echilibrat dacă ascultătorul are şi el ocazia să-şi exprime unele sentimente şi preocupări.

Iată o serie de linii directoare pentru cel căruia i s-au făcut anumite observaţii:

1. *Spuneţi în ce sens doriţi să fie feedbackul.* Ajutaţi-1 pe cel ce vă face observaţii să vă spună lucruri utile: cereţi-i părerea despre lucruri precise.

2. *Verificaţi cele auzite.* Folosiţi parafrazarea ca să fiţi sigur că aţi înţeles mesajul vorbitorului.

3. *Împărtăşiţi-vă reacţiile lafeedback.* Fiind vorba despre propriile dvs. sentimente, s-ar putea să uitaţi să vă împărtăşiţi reacţiile faţă de observaţiile primite. Ştiind ce anume a fost de ajutor şi ce nu, vorbitorul are şansa să-şi dezvolte capacitatea de a face observaţii utile. Dacă acesta este nesigur de reacţi ile dvs., s-ar putea ca în viitor să fie mai puţin capabil să-şi spună părerea.

Iată un exemplu privind utilizarea feedbackului:

O recepţioneră avea o problemă pe care nu ştia cum s-o rezolve. Ea prelua mesaje pentru restul personalului. Un anumit client (George Samuels) sunase de mai multe ori, cerând să vorbească cu şeful acesteia. Ea îi transmisese imediat şefului mesajele sale. La al patrulea apel, clientul a acuzat-o că nu-i transmisese aceste mesaje şefului. Recepţioneră se întreba cum să abordeze situaţia, deoarece existau şanse ca aceasta să se repete. Ce ar trebui să-i spună lui George Samules când va suna data viitoare?

N-ați observat cumva că ea nu încerca să rezolve problema reală? Problema era şeful ei, nu clientul. Când am întrebat-o dacă se gândise să vorbească cu şeful ei, mi-a răspuns: *„A, nu, n-aş putea face asta!"*

Atunci am întrebat-o: *„Cum să se schimbe situația, dacă el nu ştie cum te afectează pe tine comportamentul lui? Nici măcar nu-i dai ocazia să rezolve această dilemă."*

Feedbackul implică trei etape:

1. Descrieți problema sau situația persoanei care vă creează dificultăți.
2. Definiți sentimentele sau reacțiile (furie, tristeţe, anxietate, jignire sau supărare) pe care vi le trezeşte comportamentul problematic.
3. Sugerați o soluție sau cereți-i persoanei să vă ofere o soluție.

În cazul prezentat mai sus, poate că recepționera ar fi simțit nevoia să-i spună şefului: *„Idiotule, nu răspunzi niciodată la mesajele telefonice care ți-au fost transmise!"* Dar o acuzație de acest gen n-ar fi făcut decât să-l supere. Aşadar, ea trebuia să încerce să-l facă să coopereze pentru a rezolva problema. Aşa că ar fi putut să spună: *„Am o problemă şi am nevoie de ajutorul dvs. pentru a o rezolva. Acest client a sunat de patru ori şi e tare supărat pe mine fiindcă dvs. nu i-ați răspuns la mesaje. Asta mă deranjează. Ce-mi sugerați să-i spun când sună data viitoare?"*

În această negociere, s-au parcurs următoarele etape ale feedbackului:

1. Problema - el nu răspunde la mesaje.
2. Sentimentele sau reacțiile ei - asta mă deranjează.
3. Soluția - îi cere şefului să-i ofere o rezolvare.

Iată un alt exemplu:

Margo, o colegă, vă întrerupe întotdeauna cu tot felul de fleacuri şi nu vă lasă să vă concentrați. Dvs. Vă supărați pe ea. Prima reacție ar fi s-o puneți la punct cu o frază de genul: *„Margo, taci din gură şi lasă-mă să-mi fac treaba!"* Dar este mai bine să folosiți feedbackul și să spuneți: *„Margo, lucrez la un proiect important. Sunt sigură că nu știi asta, dar de fiecare dată când mă întrerupi îmi pierd șirul gândurilor. Am putea vorbi mai târziu, în pauza de cafea?"*

1. Problema - ea vă întrerupe din lucru.
2. Sentimentele sau reacțiile dvs. - vă pierdeți șirul gândurilor.
3. Soluția - îi sugerați să stați de vorbă mai târziu, în pauza de cafea.

Să presupunem că Margo vă întrerupe din nou peste două ore. Ce ar trebui să-i spuneți? (Rețineți, în cazul lui Margo, acesta este un obicei și probabil că ea îl urmează fără să se gândească.) Răspunsul dvs.? Repetați ceea ce i-ați spus anterior: *„După cum ți-am spus mai devreme, lucrez la un proiect important. De fiecare dată când mă întrerupi, îmi pierd șirul gândurilor. Am putea vorbi mai târziu, în pauza de cafea?"*

În dimineața următoare, ia ghiciți ce s-a întâmplat? Începe din nou. Ce ar trebui să faceți? Mulți ar fi de părere să n-o băgați în seamă. însă dvs. spuneți: *„Margo, ieri ți-am spus de două ori că lucrez la un proiect important și că întreruperile tale nu mă lasă să mă concentrez. Poți să-mi spui de ce continui să faci asta?"*

În acest fel, o faceți pe Margo responsabilă de acțiunile sale agresive. (Da, e vorba de agresivitate, fiindcă acum ea știe că vă deranjează.) Explicați-i că, dacă se mai întâmplă o dată, veți fi nevoită să vorbiți cu Jim, șeful vostru. Acesta este pasul pe care majoritatea oamenilor îl ignoră. El explică foarte clar care vor fi consecințele pentru Margo dacă ea nu încetează. Margo promite să nu mai procedeze la fel.

Mai trece o zi, iar Margo recidivează! Ce ar trebui să faceți acum - a patra oară? Nu spuneți doar că *„o să faceți ceva";* țineți-vă de cuvânt și vorbiți cu șeful.

În loc să dați impresia că vă *„bârfiți"* colega, cereți sfatul șefului. Spuneți: *„Jim, mă confrunt cu o problemă și am nevoie de ajutorul tău s-o rezolv. Marți am vorbit cu Margo și am rugat-o să..."* Explicați tot ce ați făcut până în acel moment pentru a-i anula comportamentul negativ. Apoi întrebați: *„Ce îmi sugerezi să fac data viitoare când mă întrerupe?"*

În mod normal, Jim va vorbi personal cu Margo, fiindcă ea risipeşte bugetul departamentului şi, în ultimă instanţă, banii firmei. Fiind subordonata lui Jim, el este cel responsabil de ceea ce face ea - şi ea îi creează lui o imagine proastă.

Poate că vă veţi întreba: *„Oare Margo o să mă mai placă după ce am vorbit cu şeful?"* Ce contează? Indiferent dacă vă duceţi sau nu la şef, o să vă facă probleme.

Folosiţi exprimarea: *„Am o problemă şi am nevoie de ajutorul tău ca s-o rezolv"* ori de câte ori vă supără cineva. Acest lucru este deosebit de eficient dacă îi spuneţi asta chiar persoanei care vă cauzează problema! Nu-i avertizaţi cu degetul şi nu strigaţi la ei să se potolească. Le cereţi ajutorul pentru a încerca să rezolvaţi problema.

De multe ori, această abordare vă conduce la rezultatele dorite după ce toate celelalte metode au dat greş. Folosiţi feedbackul ori de câte ori o persoană se joacă cu pixul, mestecă gumă, se foieşte pe scaun sau vorbeşte Itare şi asta vă afectează performanţele la lucru. Folosiţi-o atunci când oamenii întârzie cu rapoartele sau atunci când acţiunile lor vă împiedică să vă faceţi bine munca.

Pentru a recapitula cele patru etape principale ale procesului de feedback:

1. Parcurgeţi cele trei etape (a, b şi c) ale procesului de feedback.
   a. Descrieţi problema sau situaţia persoanei care o cauzează.
   b. Arătaţi-i cum vă afectează problema respectivă.
   c. Sugeraţi o soluţie sau rugaţi persoana respectivă să vă ofere acea soluţie.
2. Repetaţi pasul 1.
3. a. Cereţi-i persoanei respective să vă explice de ce continuă cu comportamentul supărător, ştiind că vă deranjează,
   b. Explicaţi-i care vor fi consecinţele dacă acest lucru se întâmplă din nou.
4. Puneţi în aplicare consecinţele.

Dacă aveţi de-a face cu o persoană care refuză să coopereze, treceţi direct la pasul 3.

Folosirea feedbackului în cazul oamenilor foarte dificili

În vasta gamă a tipurilor umane, există câțiva indivizi cu care e mai greu să te înțelegi decât cu alții. O persoană foarte dificilă nu e doar cineva care are o zi proastă sau cu care aveți un conflict personal. De multe ori, este foarte dificilă pentru majoritatea oamenilor.

Și în relațiile cu asemenea persoane *puteți* folosi feedbackul în mod eficient. Dar cum riscurile ca încercarea dvs. să eșueze sunt mai mari, trebuie să vă pregătiți cu foarte mare atenție înainte de a-i aborda.

Pregătirea minuțioasă este foarte importantă mai ales când aveți probleme cu cineva aflat într-o poziție de autoritate, cum ar fi șeful, un părinte sau o persoa nămai în vârstă.

1. *Identificați problema.* Identificați exact comportamentul intolerabil, cine este persoana afectată și cât de des se repetă el. Concentrați-vă asupra acelor aspecte comportamentale pe care persoana respectivă le poate schimba. Dacă acel comportament problematic se manifestă doar în cazul unei singure persoane, probabil că e vorba de un conflict între cele două personalități mai degrabă decât un comportament dificil.
2. *Examinați relațiile.* Examinând modul în care persoana dificilă interacționează cu ceilalți, veți găsi indicii privind posibilele cauze ale comportamentului său negativ. Determinați cum apare acel comportament și ce anume este supărător; aceasta vă va ajuta să găsiți soluții.
3. *Determinați costurile comportamentului problematic.* Fie că e vorba de scăderea productivității, de un disconfort general sau de scăderea moralului, un comportament dificil aduce întotdeauna neajunsuri. Acest comportament poate fi ignorat dacă nu se identifică niciun neajuns.
4. *Pregătiți-vă pentru confruntare.* Dacă ați determinat că prețul e prea mare, a sosit momentul să vorbiți cu persoana care vă deranjează. Ce chestiuni speciale vă preocupă legate de problemă? Ce dificultăți pot apărea în cursul discuției? Cum veți proceda cu aceste probleme? Fiți pregătit pentru majoritatea situațiilor care pot apărea. Aflați ce vreți să

obțineți, apoi stabiliți o întâlnire particulară cu persoana și asigurați-vă că veți avea suficient timp pentru a discuta.

5. *Faceți o repetiție generală.* Simulați împreună cu un prieten dificila încercare. Prietenul dvs. trebuie să știe cât mai multe despre problema în cauză. Asta îi va permite să avanseze argumente valoroase și să anticipeze care ar putea fi obiecțiile sau reacțiile persoanei respective. În acest caz, vorba care spune că *„exersarea duce la perfecțiune"* e cum nu se poate mai potrivită. Nu uitați că persoana cu care veți avea de-a face n-a avut ocazia să exerseze.

6. *Găsiți o soluție.* Explicați-i ce anume vă deranjează, fără să faceți acuzații. Veniți cu fapte precise, încercați să nu vă spuneți părerea privind cauza problemei. Puneți întrebări ca să verificați dacă ați înțeles bine. Identificați schimbarea de comporta ment pe care o doriți. Fiți deschis la soluții alternative, dacă a dvs. nu este viabilă. Ascultați ideile acelei persoane referitoare la rezolvarea problemei. Exprimați-vă încrederea în capacitatea ei de a se schimba.

7. *Cădeți de acord asupra unui plan de acțiune.* Găsiți o soluție acceptabilă pentru ambele părți.

8. *Obțineți un angajament.* Ajungeți la o înțelegere privind acțiunile pe care le va întreprinde acea persoană și stabiliți un termen-limită. Cereți-i persoanei să vă confirme că va face lucrurile convenite.

9. *Păstrați legătura.* Observați și faceți comentarii pe seama progreselor realizate. Reevaluați planul de acțiune și revizuiți-l, dacă este necesar. Dacă nu are loc nicio schimbare, repetați procesul.

Faceți față dificultăților

O soluție poate fi să minimalizați efectele unei situații negative. Puteți reduce la minimum problemele cauzate de un comportament dificil astfel:

Păstrați-vă calmul - Nu vă certați cu celălalt și nu faceți acuzații.

Folosiți-vă aptitudinile de ascultător pentru a vedea dacă ați înțeles bine ce vi se spune.

Fiți ferm - Decideți dinainte ce comportament veți accepta sau nu, apoi mențineți-vă pe poziție.

Fiţi consecvent şi perseverent în comunicare, pentru a-i transmite persoanei dificile că vorbiţi serios.

Aveţi încredere în sine şi în capacitatea dvs. de a comunica cu ceilalţi.

Căutaţi moduri de a vă expune cât mai puţin la comportamentul respectiv sau de a reduce şansele de apariţie a acestuia.

Ascultarea

80% din timpul în care suntem treji îl petrecem folo-sindu-ne patru abilităţi esenţiale de comunicare: scrisul, cititul, vorbitul şi ascultarea. Ascultarea constituie mai bine de 50% din timp, deci practic ne petrecem 40% din zi numai ascultând!

Ascultarea are loc în tranşe. Cei mai mulţi dintre noi nu reuşesc să fie atenţi la ceea ce se spune mai mult de 60 de secunde consecutiv. Ne concentrăm pentru o vreme, după care atenţia noastră scade, apoi ne concentrăm din nou.

Aţi fost vreodată învăţat să ascultaţi? Probabil că nu Întotdeauna vi s-a spus: *„Patti, taci din gură..."* şi nu *„Patti, ascultă, te rog."*

Cât de repede credeţi că vorbeşte omul de rând, cu alte cuvinte, câte cuvinte rosteşte pe minut? (Reţineţi că secretarele notează de obicei între 80 şi 120 de cuvinte pe minut, iar stenografele circa 220 de cuvinte pe minut.)

Viteza normală de vorbire este de 125 până la 150 de cuvinte pe minut. Eu vorbesc cu o viteză de cel puţin 160 de cuvinte pe minut, chiar şi la seminarii. La un moment dat, asta mă deranja destul de tare.

Întrebaţi-vă la ce viteză sunteţi capabil să gândiţi cu adevărat. Am auzit estimări cuprinse între 50 şi 330 de cuvinte pe minut. În realitate, o persoană obişnuită este capabilă să gândească la fenomenala viteză de 750 până la 1 200 de cuvinte pe minut!

Atunci de ce nu auzim ce ne spun ceilalţi? Fiindcă ne plictisim! Nu sunt destule lucruri care să ne ţină creierele ocupate atunci când oamenii vorbesc la viteze normale. Chiar şi la viteza mea, de 160 de cuvinte pe minut, nu pot menţine constant entuziasmul participanţilor la seminarii. Ce se întâmplă de fapt? Tuturor ne zboară gândul în altă parte:

începem să găsim exemplificări la ceea ce a menționat vorbitorul;

ne întrebăm de ce partenerul nostru de viață era atât de prost dispus de dimineață;

admirăm îmbrăcămintea cuiva și ne întrebăm de unde și-a cumpărat-o;

ne întrebăm dacă nu cumva e timpul pentru pauza de cafea.

Radioul și televiziunea ne-au transformat pe cei mai mulți în ascultători leneși. De exemplu, ați deschis radioul azi-dimineață ca să ascultați prognoza meteo sau știrile? Le-ați auzit? Sau v-ați preocupat să selectați posturile și ați pierdut cu totul știrile? Pentru a fi pe fază la ceea ce se spune, e nevoie de exercițiu și concentrare.

Există o serie de *„ascultători problematici",* cu care am avut cu toții de-a face. Iată câteva exemple:

Tipuri de ascultători dificili

Oamenii timizi. Deoarece oamenii timizi se așteaptă să fie respinși, ei cer foarte mult de la ceilalți din punct de vedere emoțional. Dacă nu primesc atenția dorită, se retrag. Majoritatea celor timizi nu-și conștientizează acest comportament negativ și nici cerințele la adresa celor din jur.

Oamenii neliniștiți. Deoarece le lipsește încrederea în sine, au un stil de vorbire marcat de nervozitate, își fac griji cu privire la ceea ce urmează să spună, fapt care nu le mai permite să-i asculte pe ceilalți.

Oamenii certăreți. Ar fi în stare să se ia la harță cu Einstein pe tema teoriei relativității! Insistă pe detalii mărunte, blocând astfel fluxul conversației.

Oamenii plini de idei. Acești oameni își cheltuiesc energia formulându-și argumente, în loc să-i asculte pe ceilalți. Îi întrerup pe vorbitori și din două în două fraze încep cu *„dar..."*. Asemenea oameni își doresc foarte mult să-i impresioneze pe ceilalți, însă deseori produc exact efectul contrar. Și atunci oamenii *„trec pe alt post"*.

Oamenii cu mintea închisă. Sunt cei mai enervanți dintre ascultătorii dificili: au seturi de valori rigide și prejudecățile lor le oferă siguranță. Orice idei noi sau schimbări le percep ca pe o amenințare.

Atunci când vă confruntați cu asemenea ascultători dificili, folosiți feedbackul pentru a le explica sentimentele dvs. Tactul și empatia dvs. îi pot ajuta să devină niște ascultători mai buni. Explicați-le oamenilor cu mintea închisă că ei efectiv vă lasă pe dinafară, că indisponibilitatea lor de a vă asculta ideile vă face să vă simțiți respins și lipsit de importanță. Dacă persoana continuă să se poarte la fel, puteți: (a) să vă împăcați cu ideea sau (b) să folosiți pașii 2 și 4 de la *procesul feedbackului*.

Majoritatea ascultătorilor dificili nu sunt conștienți de problema lor. Informațiile dvs. îi pot ajuta să-și schimbe atitudinea și comportamentul.

Lucruri care vă împiedică să ascultați

Există și alte lucruri care vă pot împiedica să ascultați. Determinați care este problema dvs.:

V-a fost greu să înțelegeți cuvintele vorbitorului sau n-ați reușit să pricepeți mesajul. (Vorbitorul folosea un limbaj cu care nu erați familiarizat - jargon sau termeni tehnici.)

Vă gândeați la ceea ce veți răspunde în timp ce interlocutorul dvs. vorbea.

Erați preocupat de uriașa diferență de opinii dintre dvs. și vorbitor.Ascultați doar ceea ce voiați să auziți.

Erați prea obosit mental ca să mai fiți atent.

Atenția vă era distrasă de diverse zgomote venite de afară.

Persoana vorbea prost - lent, incoerent, nerelevant, se repeta.

V-a intrigat un lucru spus de vorbitor; v-ați gândit la acesta, iar când ați revenit, deja pierduserăți firul conversației.

Vorbitorul avea un accent care îl făcea greu de înțeles.

N-ați mai fost atent fiindcă vi s-a părut că știți care vor fi concluziile vorbitorului.

Ați uitat să folosiți parafrazarea și feedbackul pentru a asculta în mod eficient.

Vi s-a părut că vi se dau prea multe informații.

Sunteţi Un Bun Ascultător?

Evaluaţi-vă (sau rugaţi un prieten să facă acest lucru), folosind următoarea scală:

Întotdeauna = 5
Aproape întotdeauna = 4
Uneori = 3
Rareori = 2
Niciodată = 1

1. Îl las pe vorbitor să-şi exprime gândurile fără să-1 întrerup.
2. Încerc în mod activ să-mi dezvolt capacitatea de a reţine lucruri importante.
3. La o conferinţă sau în timpul unei conversaţii telefonice importante, îmi notez cele mai relevante detalii ale unui mesaj.
4. Evit să devin ostil sau incitat în cazul în care opiniile vorbitorului diferă de ale mele.
5. Repet detaliile esenţiale ale unei conversaţii, pentru ca vorbitorul să-mi confirme că am înţeles bine.
6. Fac uz de tact pentru a menţine vorbitorul pe direcţie.
7. Atunci când ascult, am grijă să nu-mi distragă nimic atenţia.
8. Fac efortul să mă arăt interesat de ceea ce spune interlocutorul meu.
9. Înţeleg că atunci când vorbesc nu învăţ prea multe. (Vorbesc prea mult, ascult prea puţin?)
10. Dau impresia că ascult. (Folosesc para-frazarea, pun întrebări.)
11. Îmi amintesc că oamenii sunt mai puţin înclinaţi să se apere atunci când se simt înţeleşi.
12. Înţeleg că nu trebuie să fiu de acord cu vorbitorul.
13. În conversaţiile cu caracter personal, pe lângă cuvintele vorbitorului, sunt atent la formele nonverbale de comunicare, cum ar fi limbajul trupului, tonul vocii şi alte semnale, care oferă informaţii suplimentare.
14. La întâlnirile cu caracter personal, dau impresia că ascult. (Mă aplec înainte, mă uit în ochii vorbitorului.)
15. Atunci când preiau un mesaj, cer să mi se spună pe litere numele sau locurile.

Punctaj:

64 sau mai mult: Sunteţi un ascultător excelent!

50-63: Sunteţi mai bun decât media.

40-49: Se poate şi mai bine!

39: sau mai puţin Nu sunteţi un bun ascultător. Aveţi nevoie de exerciţiu,exerciţiu şi iar exerciţiu!

Detalii privind întrebarea 12: Să presupunem că, atunci când discutaţi cu cineva despre un subiect controversat (cum ar fi avorturile sau pedeapsa capitală), descoperiţi că aveţi păreri total opuse. Dacă discuţia nu vă duce nicăieri, în schimb vă face pe amândoi furioşi, spuneţi: *„Ai dreptul la părerea ta şi eu la a mea. Hai să fim de acord că nu suntem de acord şi să nu mai discutăm despre asta."*

Detalii privind întrebarea 15. Când notaţi numele unei persoane, cereţi-i să vă confirme scrierea lui corectă (chiar şi un nume simplu, cum ar fi Smith, poate fi scris Smythe). În paranteză (sub numele scris) adăugaţi felul în care se pronunţă numele. De exemplu, numele Tozer ar putea fi pronunţat *Toezer*, Blecha - *Blek-ka*; Carphin - *Car-fin*; Cebuliak - *Ceb-u-luck*. Aceastătehnică le este de mare ajutor acelor persoane care trebuie să dea mai târziu un răspuns persoanei care i-a apelat. Eu mă folosesc de aceasta în fişele clienţilor, aşa încât pronunţ corect numele persoanelor atunci când le contactez.

Cum să deveniţi un ascultător mai bun

1. În primul rând, trebuie să dori ţi să deveniţi un ascultător mai bun. Dacă nu aveţi această motivaţie, efortul va fi mult prea mare.
2. Încercaţi să găsiţi o temă pe care să puteţi conversa fără întreruperi. E greu să-ţi păstrezi şirul gândurilor atunci când nu te poţi concentra bine.
3. Încercaţi să nu anticipaţi ce va spune celălalt.
4. Fiţi conştient de propriile dvs. prejudecăţi pentru ca acestea să nu vă afecteze capacitatea de a asculta.
5. Fiţi foarte atent la ceea ce se spune. Nu renunţaţi să mai ascultaţi în scopul de a vă planifica replica.

6. Fiţi atent la cuvintele „*cu steguleţ roşu*", care pot declanşa o reacţie exagerată sau un clişeu (de exemplu, „*emancipată*" sau „*şovinist*").
7. Nu o luaţi înaintea vorbitorului încercând să înţelegeţi lucrurile mai repede decât e cazul.
8. Din timp în timp, încercaţi să parafrazaţi cele spuse de vorbitori. Daţi-le ocazia să afle ce aţi auzit dvs.
9. Atunci când vă este greu să determinaţi la ce concluzie vrea să ajungă vorbitorul, spuneţi: „*De ce-mi spui asta?*"
10. Dacă descoperiţi că aţi pierdut şirul conversaţiei, căutaţi cuvinte-cheie. Asta se întâmplă mai ales în cazul unui interlocutor vorbă-lungă sau incoerent.
11. Nu-l întrerupeţi pe vorbitor, cerându-i să vă lămurească detalii nesemnificative sau irelevante.

Calităţile unui bun ascultător

Iată ce fac oamenii care îşi exersează capacităţile de bun ascultător:

1. Îi lasă pe ceilalţi să termine ce au de spus, fără să-i întrerupă.
2. Pun întrebări atunci când nu înţeleg.
3. Sunt atenţi la ceea ce spun ceilalţi şi îşi manifestă interesul privindu-l în ochi pe vorbitor. Nu-şi lasă privirea să rătăcească prin încăpere.
4. Rămân deschişi şi pregătiţi să-şi revizuiască opiniile.
5. Folosesc feedbackul şi parafrazarea.
6. Sunt atenţi la semnalele nonverbale, ca limbajul trupului.
7. Nu „*ies din emisie*" atunci când vorbeşte altcineva.

Vorbirea

O altă aptitudine de comunicare este capacitatea de a spune ceea ce ai de spus. Fluenţa verbală vă permite să vă exprimaţi gândurile cu claritate, astfel încât cei lalţi să înţeleagă exact ceea ce vreţi să spuneţi. Iată un test pe care-l puteţi face. Cum de multe ori ne este greu să ne autoevaluăm corect, poate că e bine să vă ajute şi un prieten.

Sunteţi Un Bun Vorbitor?

Evaluaţi-vă folosind următoarea scală:

Întotdeauna = 5
Aproape întotdeauna = 4
Uneori = 3
Rareori = 2
Niciodată = 1

1. Dacă aş fi un ascultător, m-aş asculta pe mine însumi/însămi?
2. Dacă sunt înţeles greşit, îmi amintesc că este responsabilitatea mea să-l ajut pe celălalt să mă înţeleagă.
3. Dau instrucţiuni scurte, la obiect şi pe un ton binevoitor.
4. Îmi dau seama când publicul meu nu mă mai ascultă.
5. Mă asigur că ascultătorii mei ştiu ce vreau de la ei.
6. Atunci când dau instrucţiuni, le cer ascultătorilor să folosească feedbackul şi parafrazarea, ca să fiu sigur că m-au înţeles.
7. Am. grijă ca semnalele nonverbale (limbajul trupului, tonul vocii etc.) să fie în acord cu cele verbale.
8. Am grijă să nu-mi intimidez ascultătorii printr-un ton ridicat, o înfăţişare ameninţătoare, priviri intense sau prelungite, atacuri verbale etc.
9. Pronunţ clar cuvintele.
10. Încerc să folosesc un limbaj pe care ascultă torul îl poate înţelege.

Punctaj:
40 sau mai mult: Sunteţi un excelent vorbitor!
32-39: Sunteţi mai bun decât media.
25-31: Se poate şi mai bine!
24 sau mai puţin: Nu sunteţi un vorbi-tor.eficient. Aveţi nevoie de exerciţiu, exerciţiu şi iar exerciţiu!

V-a venit să chicotiţi atunci când aţi răspuns la prima întrebare? Aţi descoperit că avea un sâmbure de adevăr? S-ar putea să fiţi unul dintre oamenii care consideră că nu merită să fie ascultaţi. Iată trei motive principale pentru care s-ar putea să nu vă consideraţi un bun vorbitor.

1. *Vă găsiţi greu cuvintele.* Unele persoane ştiu ce vor să spună, dar nu prea reuşesc să facă acest lucru. (Le lipseşte fluenţa verbală.) Dacă faceţi parte din acest grup, puteţi merge la un curs de oratorie. Deoarece o să fiţi nevoit să vorbiţi tot restul

vieţii dvs., merită cu siguranţă să vă îmbunătăţiţi această aptitudine de comunicare esenţială.

2. *Nu sunteţi la curent cu ceea ce se petrece în jur.* De multe ori, oamenii se izolează de lumea din jur şi rămân în cochilia lor. Apoi, atunci când se află în societate, descoperă că nu sunt la curent cu eveni mentele şi n-au cu ce să contribuie la conversaţie. Soluţia este să fim la curent cu ceea ce se întâmplă.

3. *Vă turuie gura întruna.* Unora le este greu să vorbească scurt, la obiect şi pe un ton binevoitor. Organizaţi-vă gândurile înainte de a vorbi. Exersaţi aşternându-vă gândurile pe hârtie sau folosind un casetofon. Apoi reformulaţi-vă spusele într-un limbaj mai precis.

Sugestiile de la punctul (3) vă vor fi utile şi în cazul în care vă este greu să daţi instrucţiuni clare. Folosiţi principiul FSD - Fii Simplu, Dragă (sau Fii Simplu, Dobitocule - depinde cum vă simţiţi la momentul respectiv).

Ca să vă asiguraţi că ascultătorii dvs. ştiu ce vreţi de la ei, cereţi-le ajutorul înainte de a le da informaţii. De exemplu:

Un bărbat voia să discute cu soţia lui - care avusese şi ea o zi obositoare - despre o problemă de serviciu. A început să-i dea tot felul de detalii despre ce se întâmplase. Când a întrebat-o: *„ Ce crezi că ar trebui să fac?"*, ea s-a simţit jenată, fiindcă îl ascultase numai pe jumătate. El a fost nevoit să-i relateze din nou toate detaliile ca să obţină un răspuns. N-ar fi fost mult mai bine dacă ar fi început conversaţia astfel: *„ Victoria, am nevoie de părerea ta în legătură cu ceva ce s-a întâmplat la birou. Ai timp să discutăm acum?"* Astfel, el s-ar fi asigurat că ea are timp să-1 asculte, iar ea ar fi ştiut că el are nevoie de întreaga sa atenţie.

Înţelegerea semnalelor nonverbale

Observaţi că prietenei cu care luaţi masa i-au rămas nişte urme de mâncare în colţul gurii. Vreţi să-i atrageţi atenţia cu delicateţe. Vă luaţi şerveţelul şi vă ştergeţi 1a gură, privind în acelaşi timp locul cu pricina de pe faţa prietenei dvs. În multe cazuri, se va şterge şi ea la gura, deşi nu va cunoaşte motivul.

Noi *„ascultăm"* ceea ce ne spun ceilalţi inclusiv prin limbajul trupului, tonul vocii etc. Capacitatea de a interpreta semnalele nonverbale este probabil unul dintre cele mai prețioase daruri. Dacă vreți să comunicați bine cu cei din jur, este esențial să fiți conștient de aceste semnale și să încercați să le înțelegeți. Singurii oameni care pot să mintă tot timpul fără a fi trădați de limbajul trupului sunt maeștrii înșelătoriilor și mincinoșii patologici. Iar motivul este acela că ei chiar cred minciunile pe care le spun. Iată câteva exemple despre ceea ce ne poate dezvălui limbajul trupului:

Bătutul cu degetele în masă. Persoana este plictisită, nerăbdătoare sau neliniștită.

Mutarea greutății de pe un picior pe altul. Persoana a stat prea mult în picioare sau este nerăbdătoare.

Încruntarea. Persoana nu înțelege ce se spune sau nu este de acord cu vorbitorul.

Înroșirea feței. Persoana se simte jenată, supărată, îi este cald sau are hipertensiune arterială. Pentru a descoperi varianta potrivită, trebuie să examinați și alte semnale.

Încleștarea maxilarului. Persoana este supărată sau neliniștită. Acest semnal se întâlnește mai frecvent la bărbați decât la femei.

Așezarea mâinii pâlnie la ureche. Persoana nu aude ce spuneți.

O postură neglijentă. Persoana este obosită, relaxată sau deprimată.

Evitarea contactului vizual direct. Persoana este timidă sau plictisită ori provine dintr-o cultură în care a privi în ochi pe cineva mai în vârstă sau aflat într-o poziție de autoritate denotă lipsă de respect. Deseori, acest lucru este interpretat greșit, drept un semn de viclenie sau de lipsă de încredere în sine, dar cauza poate fi cu totul alta.

Vorbirea grăbită sau nepoliticoasă. Persoana este supărată, îngrijorată sau furioasă.

Vorbirea pe un ton ridicat. Persoana este nervoasă sau supărată.

Vocea ascuțită. în cazul unei femei, indică faptul că este nervoasă sau supărată.

Vocea de intensitate scăzută. În cazul unui bărbat, indică faptul că este nervos sau supărat.

Mișcările bruște. Persoana este nervoasă, neliniștită sau supărată.

Scărpinarea nasului. Persoana este uimită ori îi dis place ceva. Sau pur şi simplu o mănâncă nasul.

Datul din umeri. Persoana este indiferentă sau nu cunoaşte răspunsul.

Plesnirea frunţii cu palma. Persoana are impresia că este uitucă sau proastă.

Încrucişarea braţelor. Persoana se apără, îi este frig sau se simte stângace. Acest semnal poate fi obser vat frecvent la bărbaţii care stau pe scaune fără braţe.

Bătutul uşor pe spatele interlocutorului. Este un semn de felicitare sau încurajare.

Degetul mare şi degetul arătător reunite într-un cerc. Persoana spune „E în regulă!" în unele culturi, este considerat un gest obscen.

Ridicarea unei mâini, cu palma spre exterior. Înseamnă „Gata, stai!"

Bătutul din palme cu braţele ridicate deasupra capului. Persoana se simte triumfătoare, satisfăcută.

Înghiontirea în coaste. Persoana vă spune o glum sau vă tachinează.

De multe ori, ne aşezăm mâna pe braţul sau pe umărul unei persoane supărate. In cazul prietenilor apropiaţi, al rudelor, al copiilor ori al persoanelor în vârstă, îi luăm pe după umeri sau îi îmbrăţişăm ca să-i încurajăm.

A da mâna cu cineva este un semnal nonverbal important. La origine, acest gest însemna să întinzi către celălalt mâna lipsită de arme, arătând astfel că vrei să-i fii prieten. Acum poate însemna că ne dăm cuvântul că vom fi cinstiţi sau demni de încredere în comunicarea ce va urma. Femeile implicate în afaceri trebuie să exerseze acest gest până când nu mai au nicio problemă în a oferi o strângere de mână fermă. Când se prezintă la un interviu, candidaţii trebuie să-i întindă mâna celui cu care dau interviul. Asta indică un nivel înalt de încredere în sine şi este un gest greu de copiat.

Atunci când vă interesează ce spun ceilalţi, puteţi să vă aplecaţi puţin în faţă. Acest gest poate însemna şi câ doriţi să luaţi cuvântul.

Când oamenii simt că se află într-o poziție dominantă, de multe ori îi întrerup pe ceilalți în mod intenționat. Stau cu picioarele depărtate și cu mâinile în șold (o poziție părintească). Au tendința să-și privească interlocutorul până când acesta începe să se simtă inconfortabil sau să se aplece peste ceilalți, privindu-i cum lucrează. (Dacă vi se întâmplă așa ceva, opriți-vă din lucru și folosiți tehnica feedbackului pentru a-i explica acelei persoane cum vă afectează acest comportament.)

Bărbații care vor să-și arate puterea au obiceiul să pună piciorul pe un scaun. Alții își pun picioarele pe birou și în mod intenționat nu le dau jos atunci când cineva intră în încăpere.

Cei avizi de putere ocupă mai mult loc pe bănci decât s-ar cuveni. Nu-i încurajați pe oameni să facă aceasta în dezavantajul celorlalți. Luați atitudine!

Îmi amintesc o situație în care călătorisem ziua întreagă și eram frântă de oboseală. La un aeroport, aveam de așteptat o oră între două zboruri. Era foarte aglomerat. Am observat un bărbat care ședea la capătul unei bănci. Restul băncii era ocupat de servieta, valiza și pardesiul lui.

M-am apropiat de el și l-am întrebat: *„Este servieta dvs.?"* A încuviințat din cap. Am luat servieta de pe bancă și am așezat-o în fața lui.

„Este valiza dvs.?" A încuviințat din cap. Am luat valiza de pe bancă și am așezat-o în fața lui.

Înainte să întreb: *„Este pardesiul dvs.?",* l-a luat și l-a pus în poală. Am zâmbit și m-am așezat lângă el.

Curând după aceea, ni s-au alăturat alți doi călători obosiți. Prin limbajul trupului și zâmbetele lor, mi-au mulțumit pentru efortul pe care-1 făcusem.

Oamenii cărora le lipsește încrederea în sine arată acest lucru și prin limbajul trupului. Atitudinea lor corporală sugerează înfrângere, evită contactul vizual trupului. Atitudinea lor corporală sugerează înfrângere, evită contactul vizual și vorbesc pe un ton moale. Ocupă cât mai puțin loc posibil sau poartă pe buze tot timpul un zâmbet timid.

Şi oamenii care mint se pot trăda prin semnale non-verbale. Atunci când cineva se poartă deschis cu dvs., de obicei, limbajul trupului său indică deschidere – de exemplu, îşi ţine mâinile la vedere. Dacă o persoană are ceva de ascuns, limbajul trupului său se schimbă – de exemplu, îşi pune mâinile în buzunare sau la spate. Dacă îi aduceţi o acuzaţie, acea persoană vă aruncă o privire neîncrezătoare şi întreabă: „Cine, eu?" E posibil să-şi pună mâna pe piept (în semn de sinceritate), însă celelalte semnale nonverbale vor contrazice acest gest. (Observaţie: Atunci când este folosit de femei, gestul cu mâna aşezată pe piept poate fi şi unul de protecţie, care indică surpriză sau şoc.) Căutaţi semnale cum ar fi:

> vă evită privirea (de obicei, se uită în jos)
> clipeşte repede
> îşi înghite saliva
> îşi drege glasul şi îşi umezeşte des buzele
> îşi acoperă gura atunci când vorbeşte
> dă din umeri
> îşi freacă nasul
> se scarpină în cap în timp ce vorbeşte
> îşi pune o mână pe gât
> îşi freacă partea din spate a gâtului

Spaţiul personal

Cu toţii suntem înconjuraţi de un „balon de aer", care ne separă de ceilalţi şi ne dă un sentiment de siguranţă. Pentru majoritatea oamenilor, această „bulă" se întinde până la 40-60 de centimetri în jurul corpului.

În relaţiile cu ceilalţi, păstrăm de obicei anumite distanţe, care pot fi clasificate astfel:

> Distanţa intimă. În „balonul nostru de aer" sunt bine primiţi doar oamenii în care avem încredere, îi acceptăm pe oamenii dragi şi apropiaţi, dar deseori trebuie să-i suportăm şi pe alţii. Asta se poate întâmpla la teatru, în autobuz, la un seminar sau în lift. Probabil vă puteţi aminti sute de ocazii în care aţi fost nevoit să toleraţi acest grad de apro piere.
> Observaţi cum vă comportaţi atunci când sunteţi într-un lift. în mod firesc, vă restrângeţi şi încercaţi să ocupaţi cât mai

puțin spațiu posibil. Dacă, din greșeală, îl atingeți pe străinul de lângă dvs., spuneți automat: *„Oh, mă scuzați"* și vă retrageți. La fel se întâmplă dacă atingeți pe cineva când stați la coadă la bancă sau la magazin.

Distanța personală este distanța pe care o păstrați de obicei față de ceilalți pentru a vă simți bine. Ea este cuprinsă între 90 de centimetri și 1,20 metri, în funcție de zona dvs. de confort și de cât de bine o cunoașteți pe persoana respectivă. În lifturi și în locurile aglomerate, oamenii măresc în mod auto mat distanța dintre ei și ceilalți.

Distanța socială este cuprinsă între 1,20 m și 2,10 m. Persoanele care nu se cunosc sau cunoștințele care stau pe scaune ori canapele la o petrecere vor încerca să mențină între ele această distanță.

Distanța socială extinsă se întâlnește la o petrecere mare sau reprezintă distanța dintre un vorbitor și publicul său.

Supremația teritorială. Pe lângă faptul că încercăm să păstrăm o anume distanță față de ceilalți, încercăm să menținem controlul fizic asupra a ceea ce considerăm că ne aparține. Poate fi vorba despre biroul de lucru, dormitorul, bucătăria sau atelierul nostru, de peria sau de pieptenele nostru. Ceilalți pot folosi aceste lucruri numai dacă le dăm noi voie. Iată de ce s-ar putea să reacționăm violent atunci când cineva ia un lucru care ne aparține fără permisiunea noastră.

Recepționerele sunt de multe ori victimele *„invaziei teritoriale"*. Colegii pot considera că nu-i nicio problemă dacă se servesc de biroul lor. S-ar putea chiar să le deschidă sertarele și să le ia foarfecă sau rigla. Stră-duiți-vă să țineți minte că este biroul *lor*. Nu luați nici un obiect pentru care n-ați cerut voie. Dacă dvs.sunteți recepționeră, propuneți o zonă comună, în care vor fi păstrate instrumentele de acest gen. De exemplu, puneți o cutie cu agrafe de hârtie și o foarfecă pe un dulâpior cu dosare. Atrageți-le atenția celorlalți că instrumentele din această zonă sunt de uz comun, iar cele de pe biroul dvs. sunt *ale dvs.*

Atunci când se află pe teritoriul propriu, oamenii au un avantaj psihologic. Vânzătorii sunt foarte conștienți de acest lucru. Dacă un client vine la firma vânzătorului, cel din urmă este în avantaj. Dacă vânzătorul se duce la potențialul client, acesta este în avantaj. Iată de ce vânzătorii încearcă de multe ori să găsească un teren neutru pe care să-şi vândă produsele.

Acest adevăr psihologic rămâne valabil şi atunci când şeful trebuie să facă observaţii unui angajat. Dacă situaţia nu e prea gravă, şeful se va duce pe teritoriul angajatului, pentru ca acesta să se simtă mai puţin ameninţat sau va aranja ca discuţia să aibă loc pe un teritoriu neutru, cum ar fi un birou gol sau o cafenea. În toate cazurile, discuţia trebuie să rămână confidenţială.

În cazul unor probleme mai serioase, şeful îl va chema pe angajat în biroul lui, unde are mai multă putere, şi angajatul se va simţi mai puţin sigur. Şi în biroul şefului există diverse grade de intimidare. Pentru angajat, situaţia cea mai puţin ameninţătoare este dacă discuţia are loc la o masă rotundă. Stadiul următor este dacă discuţia se poartă în biroul şefului. În situaţia cea mai ameninţătoare, şeful se află la biroul său, iar angajatul este aşezat în faţa lui. Pentru a spori efectul, şeful poate aranja ca subordonatul să stea pe un scaun mai jos decât el. Un şef mai mic de statură poate sta în picioare pentru a crea o impresie mai puternică.

Contactul vizual

Diversele tipuri de contact vizual pot spune foarte multe. În mod normal, contactul vizual direct este confortabil dacă durează maximum trei secunde. Dacă vă priviţi interlocutorul în ochi mai mult de trei secunde, înseamnă că îi invadaţi spaţiul, ca şi cum l-aţi atinge. Mulţi oameni agresivi se folosesc de privirea fixă pentru a-i intimida pe ceilalţi. Pot să fie departe de dvs., dar tot simţiţi că vă invadează spaţiul personal.

Poate aţi apelat chiar dvs. la un contact vizual prelungit atunci când aţi fost foarte supărat pe cineva. În timpce-i vorbeaţi, l-aţi privit drept în ochi. Dacă cineva spune: „M-a săgetat cu privirea", probabil că persoana respectivă l-a privit în ochi cu o expresie furioasă pe chip.

Clipitul frecvent poate indica lipsă de sinceritate sau nervozitate. Însă şi când cineva se uită îndelung la dvs. fără să clipească, poate însemna fie că minte şi că vă urmăreşte reacţia, fie că este foarte interesat de ceea ce spuneţi.

A face cuiva cu ochiul indică intimitate sau faptul că persoana nu vorbeşte serios. De exemplu, puteţi folosi acest gest faţă de un părinte atunci când îi spuneţi copilului său o „minciună nevinovată".

Disputele

Dacă sunteţi în situaţia de a arbitra o dispută, vă sugerez să vă testaţi cunoştinţele privind limbajul trupului. Semnalele nonverbale ale celor care asistă la discuţie vă pot spune ce anume cred observatorii şi de partea cui sunt. Dacă au avut ocazia să afle care sunt faptele, în mod automat vor adopta o poziţie sau alta. În acest caz, vor copia limbajul nonverbal al persoanei căreia îi dau dreptate. Cu cât sunt mai mulţi observatori, cu atât mai bine, fiindcă, în mod inconştient, ei se vor situa de o parte sau de alta. Acest lucru vă va oferi un bun punct de pornire în arbitrarea disputei.

Capitolul 4

Cum să ne purtăm cu clienții dificili

Principii și tehnici generale Pentru unii dintre noi, oamenii cei mai dificili și mai exasperanți pe care-i întâlnim sunt clienții. De obicei, firmele le interzic angajaților să reacționeze față de comportamentul negativ al clienților. Drept urmare, mulți angajați ajung să se simtă frustrați și stresați.

Cei „*din linia întâi*", care își reprezintă firma, sunt cei mai predispuși să-și piardă cumpătul. Acest lucru se întâmplă mai ales dacă trebuie să vorbească la telefon sau personal cu clienți furioși sau nemulțumiți. Clienții care se plâng de ceva pot să fie iritabili, nepoliticoși, nerăbdători, încăpățânați, încărcați de emoții negative sau agresivi. Deseori, aleg un reprezentant al firmei (poate chiar pe dvs.) asupra căruia să-și descarce furia. Modul în care abordați problema vă poate influența sentimentele amândurora. Haideți să ne punem pentru câteva clipe în locul clientului.

Servirea clienților

La fel ca mine și ca dvs., clienții apreciază amabilitatea celor care îi servesc. Iată un lucru pe care angajații s-ar putea să-1 uite: „*Clientul este întotdeauna pe primul plan.*" Unii angajați dau impresia că, ocupându-se de un client, se înterup de fapt din muncă. Este ca și cum angajatul i-ar face clientului o favoare anjutându-l. În retalitate nevoile clientulu trebuie să aibă prioritate în raport cu orice face angajatul în momentul respectiv.

Din nefericire, multe persoane s-au angajat în sectorul serviciilor din simplul motiv că „*acel post era disangajații cu clienții este mult mai important decât toți ponibil*". Aceste persoane ar trebui să se angajeze în altă parte. Dacă lucrați în sectorul serviciilor, întrebați-vă: „*Îmi face plăcere să-i servesc pe oameni? Vreau să-i fac să se simtă mai bine decăt înainte de a vorbi cu mint?*" Dacă răspunsul este negativ, părăsiți acest domeniu!

Unul dintre scopurile societății noastre trebuie să fie acela de a crea un stil de viață care să le permită oamenilor să-i servească pe ceilalți fără să se simtă inferiori.

Unii bărbați au impresia că a-i servi pe ceilalți (acasă sau la lucru) este un lucru înjositor sau „o treabă de femeie". Au convingerea că dacă-i servisc pe alții pierd ceva din masculinitatea lor.

Tonul vocii și limbajul trupului vă trădează. Există o diferență uriașă între a începe o conversație cu un simplu „Da?" și a spune zâmbind: „Bună dimineața, cu ce vă pot ajuta?" Într-un anumit fel; într-un studiu pe care l-am făcut la un magazin, am observat că șase funcționari din zece nu zâmbeau niciodată. Le dădeau clienților impresia că le fac o favoare fiindcă se ocupă de ei.

A-i servi bine pe clienți nu este important doar la magazine și restaurante. Orice tip de companie existentă în societate are nevoie de o deservire corespunzătoare a clienților. Impolitețea, lipsa de răbdare și de sensibilitate nu sunt compatible cu vânzările bune, profesioniste. Cu toate acestea, văanzărule au multe asemea manifestăre negative, din cele mai diverse motive. Lipsa de respect și de amabilitate, indiferența, încetineala, proasta cunoaștere a serviciilor oferite de firma, greșelile și purtarea negativă îi resping pe clienți și le lasă sentimente neplăcute. De multe ori, reacția clienților este să șe țină la distanță.

Clienți sunt atrași de locurile care le stimulează sentimentele cele mai positive. Felul în care se comportă angajații cu clienții este mult mai important decât toți banii pe care-i cheltuiește firma pe publicate și pentru a-și construi o imagine bună.

Cum puteți îmbunătăti moful de servire a clienților? Dacă vă gândiți cum puteți oferi servicii mai bune și cum îi puteți face pe clienți mai fericiți vă veți bucura de succes oriunde ați lucra.

Membrii cei mai valoroși ai organizațiilor din sectorul serviciilor au o serie de trăsături comune. Ei află căt mai multe posibil despre firma la care lucrează și despre cum își pot servi mai bine clienții. *Angajații eficienți știu:*

Cu ce se ocupă compania lor;
Cine sunt membrii-cheie ai personalului;
De ce organizația funcționează într-un anumit fel;
Ce serviciu sau produs oferă organizația;

Ce întrebări sau probleme comunt pot apărea;
Cum își pot ajuta clienții într-un mod căt mai efficient.

De asemenea, angajații de valoare reușesc să descopere care sunt dorințele, așteptările și nevoile clienților. Ei se străduiesc pentru asta, punând întrebări și ascultând cu atenție răspunsurile. Anticipează întrebările despre produsul sau serviciul oferit de firmă.

Îl ascultați pe clienții dvs.? Încercați cu sinceritate să-i ajutați? Îi țineți la curent cu ceea ce faceți pentru a le satisface nevoile? Le spuneți exact la ce ar trebui să se aștepte? Oamenii acceptă aproape întotdeauna estimările corecte sau adevăratele motive ale întârzierilor.

Poate considerați că munca dvs. este plictisitoare și monotonă; însă făcându-i pe clienți să se simtă neimportanți sau arătându-vă plictisit de slujba dvs., le adresați o insultă directă. Dacă vânzătorii nu se străduiesc ca procesul de cumpărare să fie o experiență plăcută, clienții nu vor mai cumpăra sau se vor duce în altă parte.

Încercând în continuare să vă puneți în pielea clientului, gândiți-vă dacă v-ați aflat vreodată într-una din următoarele situații:

Aveți 5 ani și așteptați la toneta cu înghețată, văzând cum oamenii mult mai înalți (care au venit după dvs.) sunt serviți înainte.

Vă duceți la un restaurant, vă așezați și priviți cum sunt serviți ceilalți. Unele persoane care au venit după dvs. au deja farfuriile pe jumătate goale când în sfârșit vi se ia și dvs. comanda.

Intrați într-un magazin și așteptați în liniște, în timp ce angajații stau la taclale, fără să vă acorde vreo atenție.

Cumpărați benzină și rugați să vi se verifice uleiul. Mai târziu, descoperiți că omul de la benzinărie a lăsat amprente uleioase pe toată suprafața mașinii dvs. proaspăt spălate.

Ați rezervat o cameră la hotel, dar recepționerul nu găsește rezervarea și vă aruncă priviri sceptice.

Plouă cu găleata și dvs. vă luptați cu o mașină închiriată, fără ștergătoare de parbriz.

Comandați prin *room* service micul dejun la ora 7, dar sunteți nevoit să plecați nemâncat la ședința de la ora 8:30.

Ați rămas fără bani și completați un cec. Îl prezentați unui funcționar de la banca al cărei client sunteți. Funcționarul vă aruncă niște priviri neîncrezătoare și vă cere un act de identitate.

Sunt sigură că multe dintre aceste exemple v-au impresionat negativ. Firmele ar trebui să fie mai conștiente că un client prost servit s-ar putea să nu mai recurgă niciodată la serviciile lor. Mă amuză să văd cum companiile cheltuiesc sume uriașe pentru a-și recăpăta clienții care poate că n-ar fi plecat niciodată dacă ar fi fost serviți mai bine și cu mai multă amabilitate. Și clienții dvs. se așteaptă la același lucru.

Probleme cu adevărat serioase apar atunci când clienții ies în trombă din magazin. Nu numai că mulți dintre ei nu mai revin niciodată, dar le povestesc tuturor prietenilor despre cât de prost au fost serviți. Dacă un client furios vă cere ajutorul, aveți ocazia ideală de a preveni problemele de acest gen. Dezastrul încă n-a avut loc. Dacă abordați situația corect, nici nu va avea loc. Rețineți, odată ce ați pierdut un client, este de două ori mai greu să-l recâștigați.

Ați plecat vreodată dintr-un magazin (chiar dacă voiați să cumpărați ceva) din simplul motiv că n-ați fost servit corespunzător? Dacă clienții știu că vor fi bine serviți, pot fi dispuși să plătească mai mult sau să ia un alt produs în locul celui pe care nu l-au găsit.

Atunci când nu sunt mulțumită de serviciul primit sau nu obțin ceea ce vreau de la o firmă, am două opțiuni: (a) pot decide să nu mai revin niciodată sau (b) pot să le mai dau o șansă.

Am învățat să le dau firmelor o a doua șansă, plângându-mă unei persoane capabile să rezolve situația.

La un moment dat, am fost prost servită de o firmă de transport aerian. în loc să-mi aranjez plecarea cu o altă firmă (o alternativă definitivă), am ales să vorbesc cu șeful angajatului care mă jignise. I-am explicat dilema mea, iar el a făcut următorul comentariu: *„Dacă sunteți mulțumită de serviciile noastre, vă rog*

să spuneți la toată lumea. Dacă sunteți nemulțumită, vă rog să-mi
spuneți acest lucru mie, pentru că sunt în poziția de a face ceva!"
Mi-a promis că va vorbi cu subordonatul lui despre problema
mea.

Iată câteva situații prin care poate că ați trecut și dvs. Gândiți-vă
ce ați putea face:

1. Lucrați pentru o firmă care vinde piese auto. Discutați cu
   clienții la biroul dvs. și un bărbat dă buzna înăuntru. Vede că
   vă ocupați de un alt client. Vă dă impresia că este grăbit,
   trecându-și greutatea de pe un picior pe altul, uitându-se la
   ceas și oftând. Cum îi puteți ușura așteptarea? Rețineți că nu
   este nimic mai frustrant decât să aștepți cu nerăbdare ajutorul
   unei persoane care parcă nici n-ar ști că te afli acolo. Primul
   pas este să-i comunicați clientului că i-ați observat prezența.
   Puteți face aceasta spunând: *„Mă ocup de dvs. imediat."*
2. Terminați cu primul client. Îi faceți semn bărbatului respectiv
   să se apropie. Ce ar trebui să-i spuneți ca să-1 faceți să se simtă
   mai bine după ce a avut de așteptat?
   Puteți spune: *„Vă mulțumesc că ați avut răbdare. Ce pot face*
   pentru dvs.?"
3. Clientul vă arată un formular de comandă primit prin poștă, pe
   care 1-a completat. Dar cineva i-a trimis formularul greșit. Îi
   explicați situația, iar el se supără foarte tare. Cum ar trebui să
   răspundeți? Primul impuls poate fi acela de a spune: *„Nu sunt*
   eu cel responsabil de trimiterea formularului" (vă apărați) sau:
   „Probabil că George 1-a trimis din greșeală" (dați vina pe
   altcineva)? Asta îl va face pe client fericit? Nici vorbă! Lui nu-
   i pasă cine i-a trimis formularul greșit, el vrea piesele de care
   are nevoie!
   Ar trebui să-i spuneți: *„Îmi pare rău că ați primit un formular*
   greșit. Nu e de mirare că sunteți supărat; și eu aș fi dacă mi s-
   ar fi întâmplat așa ceva. Permiteți-mi să vă ajut să completați
   formularul care trebuie."
   În această tranzacție, nu trebuie să aruncați pisica moartă în
   curtea vecinului. Nu numai că ar fi bine să vă cereți scuze
   pentru greșeală și să vă manifestați empatia, însă trebuie să
   faceți și cele necesare pentru a rezolva problema.

4. Să presupunem că dvs. i-ați trimis formularul greșit. Veți spune: *„Tocmai ne-am schimbat sistemul și nu mai folosim acest formular"* (vă declinați responsabilitatea)? Sau recunoașteți că ați greșit? *„îmi pare rău, am greșit. Acesta este formularul pe care ar fi trebuit să vi-l trimit. Permiteți-mi să vă ajut să-l completați, ca să câștigăm timp."*

Cum să vă purtați cu clienții frustrați

Iată câteva tipuri de frustrări (care pot provoca furie) identificate de clienți:

1. Nevoie
2. Blocaj
   Nimeni nu mă ascultă.
   Ceva n-a mers bine.
   Nu îmi sunteți de niciun ajutor.
   Produsul nu funcționează.
3. Satisfacerea nevoii

În primul rând, trebuie să determinați care este blocajul clientului. Apoi vă puteți concentra asupra problemei.

Atunci când clientul are convingerea că *„nimeni nu-l ascultă"* și își revarsă frustrarea asupra dvs., cum îi puteți demonstra că îl ascultați? Folosind limbajul trupului și parafrazând ceea ce ați înțeles de la el. Apoi, puneți întrebări pentru a afla mai multe despreproblema lui. Asta vă va ajuta să abordați problemele *„cevan-a mers bine"*, *„nu îmi sunteți de niciun ajutor"* și *„produsul nu funcționează"*.

Cum să vă purtați cu clienții furioși

Amintiți-vă că un client furios probabil are o nevoie care n-a fost satisfăcută și consideră că dvs. Sunteți capabil măcar să-l îndrumați pe drumul cel bun. Însă ar putea fi mai eficient să nu vă concentrați imediat asupra rezolvării problemei.

Ocupați-vă mai întâi de sentimentele clientului.

Folosiți empatia - puneți-vă în locul lui. Spuneți lucruri cum ar fi: *„Nu e de mirare că sunteți supărat. Și eu m-aș fi simțit la fel dacă mi s-ar fi întâmplat așa ceva."* Ascultați cu atenție, priviți-l în ochi, aprobați-l din cap și dați alte semnale care indică faptul că sunteți atent. Puneți întrebări ca să vă lămuriți mai bine asupra problemei: *„Și ce s-a întâmplat pe urmă?"* sau *„Obiectul nu s-a potrivit?"* Apoi dați-i de știre clientului cum ați înțeles dvs. problema (sau cauza supărării sale).

Apoi, ocupați-vă de problema lui.

După ce v-ați ocupat de sentimentele clientului, sunteți pregătit să abordați problema. Descoperiți ce vrea de la dvs. Spuneți ceva de genul: *„Înțeleg că avem o problemă. Ce ațivrea să fac ca să vă ajut?"* Mulți angajați uită să pună această întrebare, dar ea este un instrument extrem de bun pentru rezolvarea problemelor. Deseori, clienții nu știu de fapt ce vor de la dvs. Trebuie să aflați ce vi se cere și să luați măsuri pentru a rezolva problema.

Ce puteți spune în cazul în care nu puteți face ce vrea persoana respectivă? Dacă-i spuneți cuiva că nu-i puteți satisface nevoile, firește că nu va fi prea fericit. Dar dacă-i puteți oferi niște alternative, se va simți mai bine. Ori de câte ori nu puteți satisface nevoile unui client, spuneți-i ce puteți face pentru a vă apropia cât mai mult de satisfacerea nevoii sale. Dați-i cel puțin două alternative, dar nu mai mult de trei (ca să evitați confuzia). În acest fel, îi permiteți clientului să controleze din nou situația. În mintea lui, acum se află din nou *„pe scaunul șoferului".* Rezultatul este o situație în care ambele părți au de câștigat.

Dacă nu există alternative, explicați-i regulile și/sau politicile firmei care nu permit satisfacerea cererilor sale. Explicați-i numai regulile aplicabile la situația sa. Apoi lucrați cu clientul pentru a elabora un mod de acțiune (sau o alternativă sugerată de dvs.) care să fie clar pentru amândoi. Aveți grijă să vă țineți de cuvânt și să faceți ce ați promis. Conferiți discuției o notă personală (arătați-i clientului că vă pasă de el), îndemnându-l pe client să vă contacteze dacă mai are probleme pe viitor

Notă: Rețineți că nu toate problemele se pot rezolv atât de simplu. Poate că nu sunteți capabil să-l mulțumiți pe deplin, dar puteți încerca să negociați cu el astfel încât să nu existe un învins și un învingător.

Corectaţi-vă propriile greşeli

Ce puteţi face atunci când dvs. sunteţi cel care a greşit? În primul rând, nu vă fie ruşine să recunoaşteţi. Apoi afirmaţi: *„Îmi pare rău că s-a întâmplat aşa. Haideţi să vedem ce pot face pentru a îndrepta greşeala."* Apoi corectaţi-vă eroarea. Nu încercaţi să vă apăraţi cu afirmaţii de genul: *„Am fost îngrozitor de ocupaţi. Din acest motiv am făcut o greşeală."* Indiferent ce faceţi, nu ignoraţi problema: acest lucru nu va face decât să sporească furia clientului faţă de dvs. şi faţă de firma la care lucraţi.

Vă este greu să recunoaşteţi că aţi greşit? Cu toţii facem greşeli şi celor mai mulţi ne este greu să recunoaştem. Dar atunci când cineva face o greşeală şi o recunoaşte, nu-i aşa că acea persoană creşte în ochii dvs.? Majoritatea oamenilor fac presupunerea eronată că ceilalţi îi vor respecta mai puţin dacă recunosc că au greşit. În realitate, este exact pe dos. Aţi dat-o în bară, aţi recunoscut şi vreţi să rezolvaţi problema. În acest fel, este mult mai bine pentru ambele părţi. În cazul în care clientul continuă să fie arţăgos, spuneţi: *„Ce aţi vrea să fac ca să rezolv problema?"*

Folosirea tehnicii „discului stricat"

Trebuie să le impun clienţilor mei anumite reguli. Multe dintre ele le displac şi mă simt tensionat atunci când insistă să fac o excepţie pentru ei.

Aceasta este doar una dintre numeroasele probleme care se rezolvă cel mai bine folosind tehnica *„discului stricat".*

De exemplu, aţi putea spune: *„Vă înţeleg frustrarea, dar nu pot face excepţii pentru nimeni."* Sau: *„Aş vrea să fac o excepţie în acest caz, dar nu pot."* Dacă persoana continuă să se plângă, repetaţi cu calm exact ceea ce aţi spus mai înainte. Dacă vă necăjeşte în continuare, repetaţi din nou. Nu ridicaţi tonul şi nu vă apăraţi. Veţi vedea că la a treia repetiţie clientul vă va auzi. Dar ţineţi minte: atunci când nu puteţi face ce vrea cineva, încercaţi să-i daţi cel puţin două soluţii alternative, dacă este posibil.

Folosirea telefonului

Dacă sunteţi la fel ca mine, atunci când daţi peste cineva care nu vă răspunde la telefon aşa cum ar trebui, vă faceţi o părere proastă despre întreaga firmă. Nu uitați, dacă răspundeți la telefon în mod necorespunzător, sunt șanse să-i îndepărtați pe clienții potențiali și chiar pe cei obișnuiți.

Este absolut necesar să creați o impresie favorabilă asupra firmei dvs. S-ar putea să fiți principala și, în unele cazuri, singura persoană de contact între client și firmă. Iată câteva sugestii:

Reguli de conduită la telefon

1. Răspundeți prompt la apeluri - dacă se poate, la primul târâit.
2. Faceți legăturile telefonice în mod eficient. (Vezi *„Răspunsuri la telefon".*)
3. Spuneți-le cum stau lucrurile, în cazul în care e necesar să aștepte.
4. Nu vă așezați niciodată mâna peste receptor. (Clientul va crede că vorbiți despre el.)
5. Indiferent care este starea dvs. la momentul respectiv, nu vă revărsați proasta dispoziție asupr clientului.
6. Păstrați-vă calmul când vorbiți cu clienții dificili.
7. Cereți-vă scuze dacă ați greșit.
8. Încercați să le oferiți clienților acea mică atenție suplimentară pe care și-o vor aminti pe viitor.
9. Învățați modul corect de a efectua apeluri telefonice de lungă distanță.
10. Învățați tehnica feedbackului și a para-frazării, pentru ca mesajele să nu fie înțelese greșit.
11. Atunci când îi cereți clientului să vă spună un nume, rugați-l să îl pronunțe pe litere. Apoi notați în paranteză cum se pronunță exact numele acestuia, ca să nu îl stâlciți mai târziu.
12. Dacă plecați de la postul de lucru, aveți grijă să-i dați de știre recepționerei sau rugați pe altcineva să răspundă la telefon.
13. Țineți la îndemână hârtie și creion (lângă fiecare telefon).
14. Dacă trebuie să plecați de la telefon ca să cereți informații, întrebați-l pe cel care a sunat dacă vrea să aștepte sau preferă să-l sunați mai târziu.
15. Dacă cei care au sunat vă cer informații pe care nu sunteți în măsură să li le oferiți, spuneți-le că le veți da răspunsul mai târziu. Fie sunați dvs., fie rugați să facă acest lucru pe cineva mai familiarizat cu subiectul respectiv. Dar aveți grijă ca o persoană din cadrul firmei să reia legătura cu persoana în

cauză. A doua sugestie este de preferat dacă persoana poate avea în cursul conversaţiei întrebări suplimentare, la care nu veţi fi în măsură să răspundeţi.

16. Folosiţi numele celui ce a sunat ori de câte ori vi se pare potrivit (dar nu exageraţi). Exersaţi pronunţia corectă a numelui său.

17. Efectuaţi dvs. înşivă convorbiri de lungă distanţă. Dacă apelaţi la secretară, veţi risipi timpul valoros al clientului şi le veţi sugera şi altor clienţi că timpul dvs. este mai preţios decât al lor.

18. Ţineţi la îndemână notiţe legate de convorbirea respectivă ca să nu uitaţi detalii importante. Dacă trebuie să sunaţi dvs. mai târziu, aceste notiţe vă vor ajuta să vă amintiţi tot ce aţi vrut să discutaţi.

19. Prezentaţi-vă atunci când răspundeţi la telefon: de exemplu, *„Bill Baker, departamentul de livrare"*.

Reţineţi, vreţi să fiţi deopotrivă politicos şi binevoitor, vreţi ca persoana care a sunat să se simtă importantă; nu vreţi să risipiţi timpul clientului şi al firmei dvs. Şi mai presus de toate, vreţi să-l ajutaţi pe client să-şi atingă scopul convorbirii.

Cu ajutorul câtorva răspunsuri standard, vă puteţi atinge toate aceste scopuri în majoritatea situaţiilor. În continuare, sunt schiţate o serie de răspunsuri de acest gen.

Răspunsuri la telefon

Situaţie: Răspundeţi la apel.
Răspuns: Departamentul de contabilitate, Gina Gregor la telefon.

Situaţie: Persoana căutată vorbeşte la un alt telefon.
Răspuns: Benjamin Tan vorbeşte la un. telefon. Vreţi să aşteptaţi sau să-i spun să vă sune?

Situaţie: Persoana căutată lipseşte din birou pentru câteva minute.
Răspuns: Gina Gregor nu este în birou pentru moment. Pot să-i las un mesaj?

Situaţie: Apelantul a nimerit la un interior greşit.
Răspuns: De această problemă se ocupă departamentul de contabilitate. Să vă fac legătura?

Situaţie: Persoana căutată este într-o şedinţă până la ora 3.

Răspuns: Benjamin Tan se află la o şedinţă până la ora 3. Să-i spun să vă sune?

Situaţie: Persoana căutată stă de vorbă cu un client.
Răspuns: Gina Gregor vorbeşte cu un client. Să o rog să vă sune?

Situaţie: Persoana căutată e plecată în acea după-amiază.
Răspuns: Benjamin Tan nu se mai întoarce la birou astăzi. Vreţi să vă sune mâine?

Situaţie: Trebuie să ştiţi cine sună.
Răspuns: Pot să-i spun Gina Gregor cine o caută?

Situaţie: Persoana căutată nu a sosit încă.
Răspuns: Gina Gregor nu este la birou în est moment. Pot s-o rog să vă sune? (Evitaţi să spuneţi: *„Încă nu a venit"*, fapt care dă impresia că nu s-a trezit la timp.)

Situaţie: Persoana căutată este bolnavă.
Răspuns: Benjamin Tan nu vine astăzi. Să-l rog să vă sune sau vă poate ajuta altcineva?

Situaţie: Trebuie să-i spuneţi apelantului cum stau lucrurile.
Răspuns: Gina Gregor încă mai vorbeşte la telefon. Vreţi să-i lăsaţi un mesaj sau s-o rog să vă sune?

Situaţie: Reveniţi la clientul care aşteaptă la telefon.
Răspuns: Vă mulţumesc că aţi aşteptat.

Situaţie: Persoana căutată lipseşte din oras.
Răspuns: Gina Gregor lipseşte de la birou până pe patru iunie. Pot să-i las un mesaj sau vă poate ajuta altcineva?
(Evitaţi să spuneţi *„E plecată din oraş"*, lucru care le-ar putea da mână liberă spărgătorilor de case.)

Situaţie: Răspundeţi după ce vi s-a făcut legătura.
Răspuns: Departamentul de contabilitate, Benjamin Tan la telefon. Cu ce vă pot ajuta?

Situaţie: Persoana căutată lipseşte de la birou, dar se va întoarce.
Răspuns: Gina Gregor lipseşte de la birou până la ora 2. Să-i spun să vă sune când se întoarce?
(Evitaţi să spuneţi: *„N-am idee unde este!"* (Sună foarte neprofesionist. Ar trebui să ştiţi unde este!)

Situație: Persoana căutată s-a dus după cafea.
Răspuns: Benjamin Tan revine cam în 20 de minute. Să-l rog să vă sune?

Situație: Persoana căutată s-a dus la masă.
Răspuns: Gina Gregor revine în jur de ora 1. Să-i spun să vă sune?
(Nu spuneți: *„Este la masă",* ceea ce unora le-ar putea da impresia că n-are putere să lucreze.)

Situație: Persoana căutată este ocupată și nu vrea să fie deranjată.
Răspuns: Benjamin Tan nu este disponibil până la ora 3. Ar putea să vă ajute altcineva sau să-i las un mesaj și vă sună el mai târziu?
(Dacă spuneți *„E prins acum"* lăsați impresia că ar fi legat cu frânghii.)

Situație: Terminați o convorbire telefonică.
Răspuns: Vă mulțumesc pentru telefon. La revedere.

Situație: Dați un telefon.
Răspuns: Bună dimineața. Sunt Gina Gregor de la firma XYZ. Pot să vorbesc cu Gordon Smith, vă rog?

Nu dați niciodată răspunsuri de genul: *„A plecat la masa acum o jumătate de oră. Sunați din nou peste vreo două ore, probabil că până atunci se întoarce."* Sau: *„Azi e joi și de obicei joia nu vine până la ora 10:30."* Asemenea răspunsuri o pun într-o lumină proastă pe persoana respectivăși, în ultimă instanță, firma la care lucrează.

Un răspuns potrivit într-o mulțime de situații este: *„Îmi pare rău, dar Benjamin Tan nu este disponibil pentru moment."* S-ar putea ca Benjamin Tan să fie chiar lângă dvs., dar pentru apelant *„nu este disponibil".* Această variantă le scutește pe secretare și recepționere de a spune minciuni pentru șefii lor. Folosiți-o atunci când șeful dvs. vrea să spună că nu e la birou.

Folosirea bunului-simț și a bunelor maniere

Iată câteva situații în care trebuie să vă lăsați condusde bun-simț:

1. Șeful dvs. are o grămadă de treburi de făcut și v-a lăsat vorbă să nu-l deranjați decât dacă ia foc clădirea. Președintele firmei sună și cere să vorbească cu șeful dvs.

Orice regulă are excepțiile ei. Evident, aceasta este una dintre ele.

2. Primiți foarte des apeluri greșite, destinate unei firme ce are un număr de telefon foarte asemănător.
Nu vă pierdeți vremea supărându-vă. Căutați numărul corect al firmei respective și dați-l celui care a sunat.

3. Departamentul de stat la nivel local în cadrul căruia lucrați este similar cu un alt departament de stat la nivel central. Oamenii au impresia că dvs. le puteți răspunde la întrebări.
Explicați-le apelanților diferențele dintre funcțiile celor două departamente și dați-le numărul corect. Nu vă pierdeți calmul - apelanții nu vor să vă supere.

4. Trebuie să însoțiți un vizitator de la recepție până în biroul șefului. Care credeți că este varianta corectă?
   a. Mergeți în fața vizitatorului, spunând: *„Vă rog să mă urmați"*?
   b. Îl lăsați pe vizitator s-o ia înainte, spunând: *„Este pe acest coridor, prima ușă la dreapta"*?
   Răspunsul corect este (a).

5. Conduceți un vizitator în biroul șefului. Nu s-au mai întâlnit niciodată până acum. Cum procedați?
   a. Îl lăsați pe vizitator să intre?
   b. Îl anunțați pe vizitator, spunând: *„(Numele șefului), acesta este Bill Jones de la firma XYZ"*?
   c. Îi prezentați unul altuia?
   Răspunsul corect este (b).

6. Șeful vă cheamă la el în birou, unde se află un vizitator bărbat. Atunci când intrați, acesta stă în picioare. Ce trebuie să faceți?
   a. Să îl salutați din cap și să vă așezați?
   b. Să îl salutați din cap și să spuneți: *„Vreți să luați loc, vă rog"*?
   c. Să spuneți *„Bună ziua"* și să vă așezați?
   Atât (a) cât și (c) sunt corecte.

7. Soțul sau soția șefei/șefului dvs. sosește la birou chiar înainte de ora închiderii. Ce trebuie să faceți?
   a. Să-l sunați pe șef și să urmați instrucțiunile primite?
   b. Să-i oferiți vizitatorului un scaun în camera de primire?
   c. Să zâmbiți și să faceți conversație până când sosește șeful?

Răspunsul corect este (a), în afară de cazul în care șeful nu este disponibil pentru moment și atunci trebuie să mergeți pe varianta (b).

Situații speciale

Birouri guvernamentale Lucrătorii de la guvern au probleme speciale cu clienții. Cum guvernul nu este în concurență cu alte firme, clientul nu are opțiunea de a merge în altă parte. Prin urmare, deseori oamenii intră într-un asemenea birou gata puși pe harță.

O altă problemă cu care se confruntă angajații guvernamentali este atitudinea *„Lucrezi pentru mine. Servește-mă, că dacă nu..."* Ei trebuie să accepte că această atitudine este un lucru obișnuit și ușor de înțeles.

Aceste două probleme înseamnă că angajații guvernamentali trebuie să manifeste mai multă empatie și mai multe aptitudini interpersonale decât alte tipuri de angajați. Șefii lor trebuie să țină cont de acest lucru atunci când angajează personal pentru birourile de relații cu publicul.

Cabinete medicale

„Lucrez la cabinetul unui medic și de multe ori oamenii sună ca să facă o programare pentru aceeași zi. Dacă este deja aglomerat, iar eu le sugerez să vină a doua zi la ora 10 dimineața, ajungem la dispute. Cum pot să țin piept acestor oameni fără să mă simt vinovată că nu pot să-i ajut mai bine?"

Un răspuns ar putea fi: *„Îmi pare rău, dr. Poh nu vă poate primi astăzi. însă pentru mâine dimineață există două intervale libere. Preferați o programare la ora 10 sau la 11:30?"*

Dați la o parte orice sentiment de vinovăție pe care vi-l produce această problemă. Dacă vă faceți treaba așa cum știți mai bine, nu este cazul să vă simțiți vinovată, în situația inițială, în care nu vă puteați conforma dorințelor pacienților, probabil că aceștia aveau sentimentul că lucrurile le scapă de sub control. Oferindu-le alternative, îi veți ajuta să simtă că au recăpătat controlul.

„Sunt recepționeră la cabinetul unui medic. Săptămâna trecută, a venit o femeie cu un băiețel neastâmpărat, de vreo 2 ani. A reușit

să se lovească de toate lucrurile din jur. În celedin urmă, l-am luat pe sus şi l-am aşezat pe genunchii mamei sale, spunând: «Copilul acesta e al dvs.? Se loveşte de diverse lucruri, ar trebui să-l supravegheaţi!» Peste cinci minute, doamnei i-a venit rândul să intre în cabinet şi a avut tupeul să-mi spună: «Aveţi grijă de Robani.» l-am comunicat că nu e treaba mea să mă ocup de copilul ei. Ar fi trebuit să ia cu ea pe cineva care să-i poarte de grijă. Eu eram prea ocupată. În cele din urmă, l-a luat înăuntru cu ea, dar nu părea prea fericită. Cum m-aş fi putut descurca mai bine în această situaţie?"

Este o problemă serioasă, care apare în cabinetele medicilor, ale dentiştilor şi în birourile avocaţilor. Nu luaţi niciodată copiii în braţe şi nu-i opriţi să se desfăşoare, doar dacă sunt în pericol să se rănească sau să rănească pe altcineva. Altfel, s-ar putea ca mama să vă atace!

Atrageţi-i mamei atenţia că fiul sau fiica ei nu este cuminte. Dacă se poartă la fel în continuare, cereţi-le amândurora să plece. Nu trebuie să-i purtaţi dvs. de grijă copilului, decât în cazuri de urgenţă. Nu uitaţi că,dacă acceptaţi să aveţi grijă de copil şi acesta păţeşte ceva în acest timp, puteţi fi făcută răspunzătoare din punct de vedere legal. Verificaţi care sunt legile locale şi informaţi-1 pe şef cu privire la obligaţiile şi răspunderile dvs., dacă vă cere să faceţi aşa ceva.

La unele birouri există inscripţii de genul: *„sunteţi responsabil de felul în care se poartă copiii dvs. Dacă ne creează probleme, vor fi rugaţi să plece."*

La multe cabinete medicale există jucării pentru copii, dar în unele cazuri apar şi inscripţii care afirmă: *„Aceste jucării sunt doar pentru uzul pacienţilor."* Aceasta îi descurajează pe părinţi să folosească personalul cabinetului pe post de *babysitter* pentru copiii care n-au fost aduşi la medic. Şi în acest caz, vorbiţi cu şeful dvs. referitor la regulile ce trebuie aplicate.

„Lucrez la cabinetul unui medic şi de multe ori apelanţii refuză să-mi spună motivul pentru care vor să se programeze. Eu le explic că am nevoie de această informaţie ca să ştiu cât timp să le rezerv. Răspunsul lor standard este: «Vreau să vorbesc cu el doar cinci minute.» Eu le fac o programare de zece minute, apoi

descopăr că au nevoie de 15-20 de minute, fiind vorba de o problemă mai complexă. Dacă mi-arfi explicat ce anume îi supără, aş fi ştiut de la pacienţii mai vechi că este nevoie de mai mult timp. De ce procedează astfel? Li se pare că-mi bag nasul unde nu-mi fierbe oala?"

Ei consideră că trebuie să discute despre problema lor între patru ochi cu medicul. Poate li se pare că nu aveţi dreptul să le cunoaşteţi aceste secrete intime Încercaţi să folosiţi empatia: *„Ştiu că este o chestiune personală, dar nu mi-aţi dat informaţiile necesare pentru a vă face o programare."* Comunicaţi-le că nu faceţi decât să respectaţi instrucţiunile medicului. Dacă e nevoie, folosiţi metoda *„discului stricat".* Sau sugeraţi-le o alternativă, cum ar fi: *„Aţi prefera să vă sune dr. Ong ca să vorbiţi despre această problemă?"*

Restaurante şi hoteluri

„Sunt chelneriţă la un restaurant. Ieri am avut de-a face cu o situaţie în care nu m-am descurcat bine. Îmi mai rămăsese o singură masă de două persoane. Primele persoane care urmau la rând erau o femeie cu fiul ei. Mi-a spus că era ziua lui de naştere, o ocazie deosebită pentru amândoi. Nu aveau rezervare.

După ce le-am spus că mai aveam o singură masă liberă, tocmai mă pregăteam să-i conduc înăuntru, când bărbatul din spatele lor spuse: «Noi avem rezervare pentru ora 7. Acum este ora 7 şi înţeleg că mai aveţi doar o masă liberă. Soţia mea şi cu mine trebuie să mergem la un film la ora 8:15, aşa că nu putem aştepta până se eliberează o altă masă. O vrem pe aceea!» Şi arată ultima masă de două persoane.

Femeia care fusese în faţă şi cei doi avură un schimb de cuvinte privind cine avea dreptul la masă, iar în cele din urmă i-am dat-o cuplului care avea rezervare. Femeia şi băiatul ei s-au supărat şi au plecat înainte să se elibereze o altă masă."

Există situaţii în care, indiferent cum ai proceda, tot rău iese. Aceasta este una dintre ele. Deoarece erau puţine mese disponibile, ar fi trebuit să-i întrebaţi pe toţi cei care stăteau la rând dacă aveau rezervare. Femeia şi băiatul ei ar fi trebuit să aştepte să se elibereze o altă masă. Aţi ales soluţia corectă.

„Sunt recepţioner la un hotel. La ora 5 după-amiaza, a venit o femeie să se cazeze. Hotelul era încă plin, fiindcă avusese loc o întrunire. Oamenii întârziau cu plecarea şi camera ei încă nu era gata. A început să se plimbe de colo-colo, văitându-se că avusese o zi mizerabilă. Singurul lucru pe care am putut să-lfac a fost să-i propun o cameră de oaspeţi până când avea să se elibereze camera ei. Nu a fost prea încântată, dar a acceptat. Ce altceva i-aş fi putut sugera?"

Aflaţi ce fel de recompense oferă hotelul în asemenea situaţii. Aţi fi putut încerca să-i oferiţi mai multe alternative, de exemplu: *„Vreţi să staţi în camera de oaspeţi până când se eliberează camera dvs.? Sau preferaţi să vă lăsaţi aici bagajele şi să luaţi ceva de mâncare şi de băut la restaurant, pe cheltuiala noastră?"* (Amintiţi-vă că la ora 5 după-amiaza probabil că i-ar fi prins bine o băutură răcoritoare sau ceva de mâncare.) Din punct de vedere psihologic, această abordare îi permite să recapete controlul, fiindcă poate alege ceea ce vrea.

Ori de câte ori firma dvs. sau unul dintre reprezentanţii ei 1-a făcut pe un client să se simtă prost, clientul are nevoie de o atenţie deosebită. Această atenţie poate consta în ceva foarte simplu - rezolvarea problemei - sau ceva mai complex, cum ar fi o sumă de bani sau o altă recompensă materială. Hotelurile oferă deseori coşuri cu fructe sau o cameră mai bună dacă i-au cauzat dificultăţi unui client.

Ce poate oferi compania dvs. pentru a-i păstra pe clienţii care au o plângere legitimă?

„Lucrez la o sală de banchete. De curând, a avut loc o întrunire la care responsabilitatea mea era să le ofer clienţilor confortul şi serviciile necesare. Aerul condiţionat nu funcţiona bine, aşa că am pus în toată sala inscripţii cu «Fumatul interzis». Întrunirea era pe cale să înceapă, când am observat un bărbat care tocmai îşi aprindea o ţigară, l-am explicat care e problema cu aerul condiţionat şi l-am rugat să stingă ţigara. El a început să facă scandal, strigând: «Ce-i discriminarea asta?» În cele din urmă a trebuit să-l chem pe director ca să-l dăm afară. Cum ar fi trebuit să procedez?"

Acest bărbat are toate caracteristicile aşa-zisului *"bufon al clasei"*. Cu siguranţă că a văzut inscripţiile, aşa că atunci când şi-a aprins ţigara ştia că încalcă regulile. Ar fi trebuit să fiţi pregătită pentru probleme. Eu i-aş fi spus respectivului că vreau să-i vorbesc pe hol (ca să-l scot afară din sală). Apoi i-aş fi explicat care era rostul inscripţiilor cu *"Fumatul interzis"*.

Dacă protesta, aş fi încercat tehnica discului stricat sau i-aş fi oferit alternative. Dacă voia să fumeze, putea să facă acest lucru în hol sau la restaurant, dar nu în sala de banchet. Dacă ar fi insistat în continuare, atunci l-aş fi chemat pe director sau pe ofiţerul de serviciu.

Centre de divertisment

"Lucrez la un centru de divertisment. îmi petrec mai toată ziua dând informaţii despre orele între care e deschis bazinul de înot şi alte lucruri de genul acesta. Mi se pare tare plictisitor. În plus, am şi alte treburi, mult mai presante."

Cu siguranţă, nu e prea interesant să dai iar şi iar aceleaşi informaţii, dar la angajare aţi cerut o fişă a postului? Pun pariu că aceasta e principala sarcină. E inevitabil să primiţi apeluri similare, fiindcă programele centrelor de divertisment se schimbă foarte des. Ca să mai reduceţi din numărul apelurilor, întrebaţi-i pe clienţi dacă ar dori să vină să ia un program tipărit sau oferiţi-vă să le trimiteţi programul prin e-mail. Dacă tot nu vă puteţi împăca cu această parte a îndatoririle dvs., poate e cazul să vă puneţi întrebarea dacă nu cumva v-aţi ales un loc de muncă nepotrivit sau dacă aveţi o calificare mult prea înaltă pentru postul dvs.

Servicii pentru vârstnici

"Am de-a face cu oameni în vârstă. De ce lucruri ar trebui să ţin cont atunci când vorbesc cu ei?"

Uneori, vârstnicii sunt clienţi dificili. Li se întâmplă o mulţime de lucruri. în multe cazuri, stau prost cu sănătatea. S-ar putea să nu audă bine sau să nu mai gândească aşa de rapid.

Dar imaginaţi-vă cât de neplăcut este pentru un om de 80 de ani să ţipe cineva la el, fiindcă vorbitorul presupune că toţi bătrânii sunt surzi. În mod normal, cei care au probleme cu auzul poartă un aparat auditiv. Nu ridicați vocea în mod automat când interlocutorul dvs. are părul alb.

Vârstnicilor nu le place să fie tratați ca niște persoane mai sărace cu duhul. Nu-i înjosiți. Dacă nu sunteți sigur că v-au înțeles, încurajați-i să repete ceea ce le-ați spus, pentru a vă convinge că v-ați exprimat clar.

Clienți cu handicapuri

„Uneori am de-a face cu clienți care se bâlbâie. Cum să abordez această problemă?"

Ce greșeli credeți că faceți atunci când vorbiți cu cineva care se bâlbâie? Terminați fraza în locul lui? Dacă o terminați greșit, asta îl obligă să o ia de la început. Vă puteți imagina ce neplăcut este pentru el? Bâlbâiților le este deseori teamă că vor fi înțeleși greșit. Atunci când interpretați greșit ceea ce vor să spună, terminând frazele în locul lor, îi faceți de două ori mai nervoși. Aveți milă!

Iată câteva lucruri de reținut atunci când discutați cu cineva care se bâlbâie. Majoritatea celor bâlbâiți au o inteligență medie sau peste medie. Creierul lor funcționează destul de repede, însă gura nu reușește să țină pasul și să exprime ceea ce vor să spună. Deseori, în copilărie, părinții și profesorii i-au făcut să Ie fie rușine de felul lor de a vorbi, fapt care a înrăutățit problema.

Pentru început, acea persoană trebuie să știe că sunteți dispus să o ascultați. Pentru aceasta, folosiți tehnici de ascultare potrivite. Priviți-l în ochi, dați din cap, puneți întrebări și lăsați-l neapărat să termine ce are de spus. Încercați să-i dați impresia că aveți timp să-l ascultați până la capăt. Dacă se grăbește să termine, o să-i ia și mai mult timp, din cauza nervozității.

„Mi se pare greu să vorbesc cu clienții handicapați. Îmi dau seama că este problema mea, dar ce pot face ca s-o depășesc?"

Lucrul de care se plâng cel mai mult oamenii handicapați este că ceilalți îi tratează ca și cum nici n-ar exista. Vorbiți cumva cu însoțitorul unui om în scaunul cu rotile și nu cu omul respectiv? Pe mulți dintre cei aflați în scaunul cu rotile nici măcar nu-i privim în ochi - de fapt, majoritatea oamenilor ar face orice, numai să evite contactul vizual cu ei. Asta îi face să se simtă ignorați și reacționează cu ostilitate.

Data viitoare când vedeți pe cineva într-un scaun cu rotile, dați din cap sau zâmbiți și priviți-l în ochi. E mai bine pentru toată lumea dacă-i tratați pe handicapați la fel ca pe toți ceilalți și manifestați respect. Chiar și persoanele cu handicapuri mentale severe vor aprecia acest lucru.

Oferiți-vă ajutorul dacă persoana pare să aibă nevoie de el. Dacă sunteți refuzat cu o remarcă scurtă: *„Mă descurc și singur"*, nu vă simțiți vinovat. Oferiți-vă să-l ajutați, fiindcă s-ar putea să aibă nevoie de asta, dar respectați-i dorința de a-și afirma independența și autonomia.

Alte tipuri de probleme

Clientul este deja supărat

Răspundeți la telefon în numele firmei. Persoana de la celălalt capăt al firului este foarte supărată. Spune: *„sunteți a patra persoană cu care vorbesc și nu mi se dă niciun răspuns. Chiar nu mă poate ajuta nimeni?"*

Această persoană a fost victima sindromului *„arunc âpisica moartă în curtea vecinului"* și dvs. trebuie să-i puneți capăt. Dacă îi răspundeți: *„Îmi pare rău, nu ați sunat la departamentul care trebuie"* nu i-ați oferit o soluție. Clientul vrea să i se rezolve problema și consideră că dvs. puteți să îl ajutați. Nu-i pasă dacă este sau nu *„departamentul dvs."* La început se simțea frustrat, dar acum este pe cale să-și iasă din minți de-a binelea. Dacă și dvs. vă pierdeți cumpătul și vă înfuriați, o să fie și mai rău.

Furia necontrolată poate fi comparată cu o *„nebunie temporară"*. Dacă e posibil, încercați să vă ajutați clientul să nu ajungă în acest stadiu sau aduceți-l la normal, dacă deja *„și-a pierdut mințile"*. Pentru aceasta, încercați să rezolvați problema. Dacă puteți face ceva - orice – ca să sugerați o soluție, clientul vă va aprecia ajutorul.

Obținerea informațiilor necesare pentru a ajuta persoana respectivă ar putea rezolva problema. Apoi cereți- inumărul de telefon și rugați-l pe angajatul în măsură să rezolve problema să îl sune *într-un interval de timp rezonabil!* Dacă angajatul nu-1 poate ajuta imediat, informați-1 pe client în legătură cu acest lucru. Dați-i numele dvs. și numărul de telefon ca să vă sune din nou dacă persoana menționată nu i-a oferit o soluție satisfăcătoare. Abia după aceasta se poate spune că nu mai aveți nicio răspundere.

Clientul face pe „bufonul clasei"

„*Bufonii clasei*" sunt persoane dificile. La școală, erau cei care făceau tot timpul tărăboi. Scopul acestui comportament este să atragă atenția. Copiii care joacă acest rol tânjesc după atenție și preferă să accepte o atenție negativă decât să nu fie băgați în seamă.

Cum se poartă un profesor cu experiență cu un ase menea copil? Îi acordă atenția pe care o dorește – dar numai atunci când se poartă frumos. Atunci când copilul nu e cuminte, este izolat de restul clasei (exact opusul a ceea ce-și dorește). De obicei, profesorul îl va îndepărta de restul grupului și îi va vorbi între patru ochi.

Când acești copii devin adulți, deseori continuă să facă pe „*bufonii clasei*". Ei sunt persoanele care au grijă ca toată lumea din cameră să știe cât sunt de nemulțumiți de ceea ce le-a făcut firma dvs. Ei sunt cei care își doresc atenție imediată. Dacă nu o capătă, recurg la abuzuri verbale și îi deranjează pe toți cei din jur.

Cum îi abordați pe acești oameni? La fel cum îi abordați pe copiii care afișează acest comportament negativ. Îi luați deoparte, de preferință într-un birou gol. (Nu încercați asta dacă sunt violenți fizic.) Le explicați că vă veți ocupa cu plăcere de problema lor de îndată ce le vine rândul și că veți fi obligat să nu-i luați în seamă dacă vor continua să se poarte la fel. Apoi îi duceți înapoi și vă ocupați de clientul următor.

Evident, înainte de a încerca metoda de mai sus, trebuie să aveți aprobarea șefului dvs. În caz contrar, dacă persoana turbulentă decide să meargă cu problema la nivelul superior, s-ar putea să fiți prins la mijloc. Dacă vă confruntați în mod regulat cu persoane având probleme de comportament, stabiliți o strategie împreună cu șeful dvs. Treceți în revistă variantele posibile și cereți-i şefului sugestii cu privire la abordarea problemei. Astfel veţi şti amândoi că situaţiile dificile vor fi tratate într-o manieră serioasă.

Clientul refuză să discute cu o femeie

Li Lian Soh, manager de credite pentru o importantă firmă de construcţii, a rezolvat într-o manieră amuzantă o problemă cu care se confrunta. Avea de-a face cu mulţi clienţi care insistau *„să vorbească cu un bărbat"*. Pentru a rezolva problema, le făcea legătura cu Sam, portarul clădirii. Sam fusese pus la curent şi ştia cum să se descurce cu asemenea apeluri. Răspunsul lui standard era: *„Nu ştiu de ce vorbiţi cu mine. Managerul nostru de credite este Li Lian Soh. Vă fac din nou legătura şi ea se va ocupa de dvs."*

O altă soluţie ar fi fost ca Sally să se prezinte astfel: *„ Li Lian Soh, manager de credite, cum vă pot ajuta?"* Majoritatea oamenilor presupun că dacă îţi spui doar numele mic eşti pe o poziţie inferioară. Cei mai mulţi bărbaţi îşi spun numele întreg şi titlul. Pentru a se bucura de respectul pe care îl merită, şi femeile ar trebui să procedeze la fel.

Clientul vă învinovăţeşte pentru greşeala altcuiva

„Săptămâna trecută am avut o problemă care m-a făcut să plâng. Lucrez la depozitul de piese al unei firme. Tocmai mă angajasem de puţin timp la acest serviciu şi gestionarul depozitului mi l-a lăsat în grijă în timp ce el s-a dus să ia nişte echipamente. Un client furios a telefonat ca să se plângă că i s-a livrat o piesă greşită şi firma lui a cheltuit degeaba o sumă foarte mare. M-a făcut prost şi s-a purtat de parcă eu aş fi fost de vină!

Comandase piesa cu două luni în urmă, înainte ca eu să încep să lucrez la firma respectivă! Am insistat să sune peste 15 minute, când se întorcea şeful depozitului. Am folosit tehnica «discului stricat», dar nu părea să meargă. Cum ar fi trebuit să mă port cu clientul acesta nervos?"

Înţeleg de ce, în acest caz, tehnica *„discului stricat"* n-a funcţionat. Aţi uitat să vă *„dezactivaţi"* mecanismul de apărare atunci când clientul a început să ţipe la dvs. O soluţie ar fi fost să cereţi informaţii de îndată ce clientul a început să vorbească. Aţi fi putut să folosiți parafrazarea și să puneți întrebări care l-ar fi ajutat să-și rezolve problema.

Dar așa cum au decurs lucrurile, când gestionarul depozitului s-a întors peste 15 minute, nimeni nu se ocupase încă de problema clientului. Probabil că șeful a avut de-a face cu un client și mai furios! Dacă ați fi obținut informațiile necesare, șeful dvs. ar fi putut să-i dea mai târziu niște răspunsuri. Aduceți-vă aminte de acest lucru ori de câte ori primiți sau efectuați o plângere.

Clientul vine neanunțat

„Ce să fac cu clienții obișnuiți care vin pe neanunțate și doresc să stea de vorbă cu cineva?"

Folosind tehnica *„discului stricat"*, spuneți-le: *„Îmi pare rău, nu puteți vorbi cu Benjamin Tan dacă nu aveți stabilită o întâlnire. Ați vrea să vă programez pentru altă dată?"* în cazul în care clientul are obiecții, spuneți:

„Am primit instrucțiuni să nu primesc pe nimeni dacă nu are programare. Doriți să vă fac o programare pentru altă dată?"

Clientul este vorbă-lungă

„Sunt telefonistă și primesc foarte multe apeluri. Ce pot să fac atunci când apelanții vor să-mi spună povestea vieții lor?"

Uneori este necesar să-i întrerupeți (oricum, din când în când trebuie să-și tragă răsuflarea). Întrebați-i dacă vă pot explica pe scurt problema lor, urmând ca apoi să le faceți legătura cu cine trebuie.

„Am un client care mereu se abate de la subiect."

Atunci când aveți de-a face cu un mare vorbăreț, folosiți orice pauză pentru a dirija conversația către obiectivul apelului telefonic. Nu vă arătați frustrat sau plictisit; clientul se va simți jignit. Dacă îi oferiți alternative, va trebui să ia o decizie. Rezumați convorbirea, spunând pe scurt ce veți face dvs. pentru el sau ce va face el pentru dvs. Apoi folosiți următorul clișeu de încheiere: *„Cred că asta este totul. N-o să vă mai răpesc din timpul dvs. prețios."*

Clientul are nevoie de un răspuns pe loc

„Lucrez la un birou în administrația publică și oamenii sună vrând să afle răspunsurile pe loc. Nu pot să dau de jandarmul de serviciu pentru că nu e în birou."

O soluție ar fi un pager prin care să îl puteți contacta. Alta ar fi să îl sunați la intervale regulate de timp pentru a primi mesaje. Utilizați metoda feedback cu jandarmul ca să îi explicați problemele pe care le aveți cu clienții și să îi cereți ajutorul în a găsi soluții.

Clientul este un „știe-tot"

„Am probleme cu indivizii «știe-tot» care cer informații, deși nu vor decât să spună cum cred ei că este corect."

În primul rând, ascultați ideile clientului și întrebați-1 pe ce fapte se sprijină acestea. Apoi, folosind informațiile pe care le aveți, spuneți-i clientului cum stau lucrurile în realitate. Dacă e nevoie, recurgeți la reguli, strategii și manuale de proceduri sau alte date scrise.

Clientul este nepoliticos

„Cum să mă port cu oamenii lipsiți de respect, care mă tratează ca pe un gunoi? Impresia lor este că un funcționar ca mine este total pe dinafară. De obicei, vor să ceară informații despre cursurile de colegiu."

Acestor oameni probabil că le lipsește încrederea în sine și încearcă să vă înjosească pentru a se simți mai importanți. În unele cazuri, recurg la sarcasm. *„Dezactivați-vă"* mecanismul de apărare. Trebuie să înțelegeți că aveți situația sub control. La urma urmei, ei sunt cei care vă cer informații. Pur și simplu dați-le informațiile solicitate. Nu-i lăsați să vă facă să vă pierdeți cumpătul. Puteți să le puneți întrebarea: *„Ce vreți să fac ca să rezolv problema?"* În multe cazuri, aceasta pune capăt spectacolului și vă puteți lămuri ce vor de fapt de la dvs.

„Am un client care se poartă foarte urât cu mine de ficare dată când sună, dar cu șeful meu este «dulce ca mierea.» Ce pot să fac ca să-mi vorbească mai frumos?"

Folosind tehnica feedbackului și expresia: *„Am o problemă și am nevoie de ajutorul dvs. ca s-o rezolv...",* explicați-i șefului dvs. cât de nepoliticos este clientul respectiv. Rugați-l pe șef să discute cu el despre această chestiune. Clientul ar trebui să știe că este un compotament inacceptabil față de orice angajat al firmei. Dacă șeful nu vă ajută, când mai sună clientul, faceți-i legătura direct la el, fără să mai schimbați nicio vorbă cu individul respectiv.

Sun în alt oraș și clientul mă face să aștept

„Atunci când dau un telefon interurban, mă supăr dacă recepționera mă pune să aștept, fără să mă întrebe dacă am ceva împotrivă. Cum pot face să nu mai fiu «ignorat» peviitor?"

Dacă vi se întâmplă acest lucru în mod repetat, vobiți cu șeful recepționerei ca să-i explicați inconvenientele unor astfel de situații, precum și costurile acestei întârzieri. Eu spun de la bun început că e vorba de o convorbire interurbană, chiar înainte să mă prezint. Spun: *„Convorbire interurbană pentru Yvonne Ng."* Persoana care răspunde presupune că sunt telefonista și îmi face legătura imediat. O soluție mai drastică este să-l puneți pe client să plătească timpul cât v-a făcut să așteptați.

Aveți de-a face cu doi clienți în același timp

„Nu știu niciodată dacă trebuie să mă ocup de persoana de la telefon sau de persoana care a așteptat 15 minute ca sa stea de vorbă cu mine. Cine are prioritate?"

Răspundeți la telefon și spuneți-i apelantului că sunteți cu un client și va dura câteva minute. Oferiți-i alternative. Intrebați-l dacă preferă să sune mai târziu, să-l sunați dvs. sau să aștepte. Apoi ocupați-vă alternativ de cei care au venit personal și de cei care vă sună.

„Lucrez la departamentul de piese de schimb al unei firme de automobile. încerc să-i conving să punem în practică un sistem de numerotare, astfel încât să ne ocupăm cu schimbul de clienți. în prezent, cum e greu să-mi dau seama cine urmează (fiindcă trebuie să mă duc des la depozit ca să iau piesele), de multe ori nu știu în ce ordine să-i ajut pe oameni. A trebuit să arbitrez mai multe dispute privind cine e la rând și asta mă face să-mi pierd cumpătul."

După ce aţi decis pe cine trebuie să serviţi mai întâi şi v-aţi ocupat de cei doi clienţi nervoşi, ar fi trebuit să vă spuneţi: „A fost o întâlnire neplăcută, dar am făcut tot ce-am putut ca să fie bine." Reţineţi, în situaţii de acest gen, oricare dintre clienţi ar fi servit mai întâi, e rău indiferent cum procedaţi. Nu aveţi niciun motiv să vă simţiţi vinovat, fiindcă n-aveaţi cum să-i mulţumiţi pe amândoi în acelaşi timp. Folosiţi tehnica feedbackului cu şeful dvs. pentru a-i explica ce dificultăţi vă creează lipsa unui sistem de numerotare - dvs. şi celorlalţi membri ai personalului. (O soluţie ar fi ca, până se hotărăşte firma să facă ceva, să încercaţi să realizaţi singur un sistem de numerotare.)

Clientul nu vrea să aştepte până îi vine rândul

„Şeful meu, un avocat, este foarte ocupat. Săptămâna trecută, un prieten de-al lui avea nevoie de o consultaţie de specialitate şi se aştepta să fie servit imediat. I-am explicat care e situaţia şi i-am propus să stabilim o întâlnire. Însă el s-a năpustit direct în biroul şefului, care avea o discuţie cu un client. Cum aş fi putut proceda mai bine?"

Vorbiţi cu şeful dvs. şi întrebaţi-1 ce ar trebui să faceţi dacă mai apare o situaţie de acest gen. Oricum, dacă n-aţi fi făcut rapid nişte figuri de judo sau de karate, prietenul şefului tot ar fi intrat în biroul lui. Nu vă simţiţi vinovat. La momentul respectiv, aţi procedat aşa cum aţi ştiut mai bine.

Clientul vorbeşte urâtsau are un comportament ameninţător

„Ce ar trebui să fac atunci când clienţii vorbesc urât la telefon? Trebuie să le suport înjurăturile?"

Cred că nimeni n-ar trebui să suporte un comportament injurios. Trebuie să ştiţi să-1 puneţi la punct pe client. Vorbiţi cu şeful dvs., ca să ştiţi ce se aşteaptă de la dvs. Din cauza postului pe care îl aveţi, puteţi fi nevoit să toleraţi un asemenea limbaj - de exemplu, dacă lucraţi la camera de gardă a unui spital. Pentru unii oameni e un lucru obişnuit să înceapă să înjure atunci când îi supără ceva. Nu puteţi refuza să vă ocupaţi de problema clientului supărat. Dacă lucraţi la o linie telefonică de urgenţă sau ceva de acest gen, trebuie să ştiţi că acest limbaj poate fi inevitabil. Cu toate acestea, puteţi să le cereţi clienţilor să vorbească mai frumos, ca să vă puteți ocupa mai bine de problema lor. Dar, în primul rând, aflați ce vrea șeful dvs. să faceți.

„Cum rămâne cu oamenii beți sau cei care mă amenință?"

Acesta este alt lucru pe care trebuie să-l discutați cu șeful dvs. înainte să se întâmple. Trebuie să știți când e nevoie să chemați paza sau poliția. Dacă știți ce măsuri trebuie să luați și aveți propriul dvs. plan pentru situații de urgență, veți aborda cu mai multă încredere aceste probleme tulburătoare și neașteptate.

Capitolul 5

Cum să ne purtăm cu superiorii dificili

Dacă nu vă simţiţi bine la serviciu, pot fi implicate o serie de motive. O posibilă cauză a insatisfacţiei la lucru este lipsa unui şef bun. Unii indivizi sunt aleşi într-o poziţie de conducere fiindcă ştiu foarte multe despre munca subordonaţilor lor. Cu toate acestea, s-ar putea să nu ştie nimic despre ce înseamnă a-i motiva pe oameni.

Dacă aveţi impresia că „*stilul*" de conducere al şefului este cauza nemulţumirilor dvs., acest capitol vă este destinat.

Lipsa de motivaţie

Mulţi angajaţi sunt mânaţi de o motivaţie interioară şi lucrează bine, chiar dacă au un şef prost. Însă orice angajat poate fi influenţat pozitiv de un superior care înţelege ce anume îi motivează pe oameni să dea tot ce e mai bun în ei. Cum nu toţi angajaţii sunt la fel, un şef bun trebuie să îşi dezvolte abilitatea de a discerne care dintre angajaţi reacţionează la aprecieri, care dintre ei la stimulente materiale şi care dintre ei la ocazii de a învăţa lucruri noi sau de a se pregăti pentru o promovare.

Dacă sunteţi lipsit de motivaţie, poate că şeful dvs. nu înţelege că unele dintre următoarele condiţii de lucru (sau chiar toate) au un puternic efect *anti*motiva-tor:

1. **Controlul strict.** Probabil că veţi fi mai puţin satisfăcut de munca dvs. dacă şeful nu vă oferă ocazia să decideţi asupra modului în care vă îndepliniţi îndatoririle. Cu cât angajaţii vor participa în mai mare măsură la procesul de decizie, cu atât vor colabora mai bine.

   Superiorii care recurg la un stil de conducere autoritar sunt condamnaţi la eşec. Dacă aveţi un asemenea şef, încercaţi să folosiţi tehnica feedbackului pentru a rezolva problema. Dacă şeful dvs. nu este rezonabil şi nu-i puteţi schimba comportamentul, poate că veţi fi nevoit să suferiţi o vreme, până când apare o ocazie de a fi promovat. O altă soluţie este să aranjaţi să fiți mutat la un alt departament - sau, în ultimă instanță, să vă căutați de lucru la altă firmă.

2. **Lipsa de apreciere.** Superiorii care punctea-ză doar greșelile angajaților lor își demotivează personalul. În schimb, ei ar trebui să se concentreze asupra reușitelor angajaților, încurajându-i să obțină performanțe mai bune.

Potrivit ideilor promovate de vechea școală de management, superiorii credeau că era dreptul lor să primească aprecieri pentru ideile avansate de subordonați. După cum este de așteptat, aceasta îi demotivează pe angajați, descurajează inițiativele și perpetuează o performanță mediocră și o productivitate scăzută. Șefii progresiști învață că, apreciindu-i pe angajați atunci când aceștia o merită, personalul va fi motivat să lucreze mai bine. Angajații ai căror șefi sunt zgârciți cu aprecierile ar trebui să încerce tehnica feedbackului pentru a rezolva problema. E posibil ca șeful să nu conștientizeze faptul că acțiunile sale slăbesc motivația. Spuneți: *„Am o problemă și am nevoie de ajutorul dvs. s-o rezolv. Săptămâna trecută m-am străduit în mod deosebit ca să fac o treabă foarte bună la proiectul Miller și am lucrat peste program ca să respect termenul de predare. Sunt descurajat pentru că tot ceea ce am auzit despre proiect se referă la acel procent de 2% pe care l-am greșit. Cum rămâne cu restul de 98% pe care l-am făcut bine? Nu e prea încurajator să auzi doar comentarii negative. Înțelegeți ce vreau să spun?"*

Asta îl va ajuta pe șef ca pe viitor să procedeze mai bine și să vă aprecieze atunci când meritați.

3. **Monotonia muncii.** La unele firme se practică așa-zisa rotație a posturilor, pentru a face munca angajaților mai interesantă. Rotația posturilor este posibilă dacă există mai mulți angajați pe posturi aflate, în esență, la același nivel de calificare și de plată. De acest concept beneficiază atât patronii, cât și angajații, deoarece membrii personalului pot să facă mai multe lucruri și alții pot să preia munca angajaților absenți. Dacă la firma dvs. se practică acest obicei, conducerea încearcă să păstreze treaz interesul față de muncă. Dacă încă n-au încercat rotația posturilor, propuneți-le să o facă, în avantajul tuturor!

4. **Ocaziile reduse de a testa idei noi.** Motivația angajaților are de suferit și atunci când superiorii le ignoră sugestiile referitoare

la modalități mai bune de a-și face treaba. Deoarece angajații sunt cei care fac munca propriu-zisă, deseori ei sunt în poziția de a găsi metode de lucru mai bune și mai rapide.

Dacă șeful dvs. are probleme în această privință, sădiți semințele schimbării, încet și cu răbdare. Permiteți-i să se obișnuiască treptat cu ideea. Bazați-vă sugestiile pe fapte și determinați reducerile de cost pe care le pot implica noile metode. Cu toate acestea, fiți deschis la motivele legitime pentru care ideea dvs. n-ar funcționa. Dacă șeful dvs. nu răspunde la nicio sugestie, folosiți tehnica feedbackului pentru a vă exprima frustrarea.

5. ***Lipsa ocaziilor de a dobândi aptitudini noi.*** A fost o vreme când firmele cheltuiau foarte mult cu instruirea angajaților și totuși nu puteau ține pasul cu cererea de personal calificat. De curând, firmele au fost nevoite să-și restrângă bugetul alocat instruirii. S-ar putea ca firmele să nu ofere instruire dacă sunt de părere că angajații nu pot folosi imediat aptitudinile dobândite. Pentru angajații care urmează să fie promovați în circa șase luni sau un an poate fi dificil să obțină acces la instruire.

Ca să fie siguri că sunt pregătiți să urce la nivelul următor, angajații aflați în această situație ar trebui să se ocupe ei înșiși de instruirea necesară. Astfel, vor avea un avantaj în raport cu cei care n-au dobândit aptitudinile necesare. Sumele cheltuite pe instruire reprezintă o investiție bună pen tru un angajat.

6. ***Lipsa fișelor de post și a evaluării perform-anțelor.*** Firmele care posedă sisteme de conducere bune știu că existența unor fișe de post precise și la zi, ca și evaluarea performanțelor, sunt esențiale pentru o productivitate înaltă și pentru motivarea personalului. Atunci când angajații știu ce se așteaptă de la ei, se obțin performanțe superioare.

Dacă mai bine de 10% din îndatoririle dvs. se încadrează în categoria *„diverse alte sarcini"*, fișa dvs. de post nu este corectă. Cum să faceți să obțineți una mai realistă? În cazul în care firma dvs. folosește un sistem oficial de clasificare, conducerea știe că această categorie nu poate cuprinde mai mult de 10% din îndatoriri. În acest caz, puteți să faceți o listă cu sarcinile dvs. și cu timpul acordat fiecăreia. Astfel, cererea dvs. de reclasificare se va baza pe informații concrete.

Dacă fişa postului este mai veche de doi ani, înseamnă că este depăşită. Şi în acest caz trebuie să faceţi o listă cu îndatoririle dvs. şi cu procentul de timp necesar îndeplinirii fiecăreia, ca să semnalaţi discrepanţele dintre vechea fişă a postului şi ceea ce faceţi în realitate, şi să solicitaţi o reclasificare. Un moment potrivit pentru a solicita actualizarea fişei postului este atunci când vi se acordă recunoşterea pentru realizările dvs. anuale.

Dar dacă la lista îndatoririlor dvs. se adaugă tot timpul sarcini noi, fără ca postul să fie reclasificat? Dacă vi se dau în mod frecvent mai multe sarcini de acelaşi gen, nu puteţi cere o reclasificare. Dar dacă noile dvs. sarcini au un alt nivel de responsabilitate, probabil că postul dvs. trebuie reclasificat. Va trebui să dovediţi, pe baza faptelor, că nivelul dvs. de responsabilitate s-a schimbat.

La firmele mari, există de obicei sisteme de clasificare oficiale. Dacă lucraţi pentru o firmă mică, poate fi mai dificil. Clasificarea posturilor se bazează pe nivelul de responsabilitate al sarcinilor îndeplinite de persoana ce ocupă postul respectiv. Dacă nivelul de responsabilitate se schimbă (creşte sau scade), de obice postul este reclasificat. De exemplu, o secretară al cărei şef preia responsabilităţi noi va avea nevoie de reclasificare, deoarece nivelul ei de responsabilitate creşte odată cu acela al şefului. Pe de altă parte, dacă postul şefu lui este desfiinţat şi secretara începe să lucreze pentru patru persoane de nivel inferior, de exemplu, nivelul de responsabilitate al postului va scădea şi poate fi necesară reclasificarea la un nivel inferior.

Ce faceţi dacă şeful dvs. spune: *„Nu avem fişe ale postului în această firmă"?* În acest caz, trebuie să scrieţi chiar dvs. una (pe baza unor exemple de la bibliotecă sau folosind descrierile exacte referitoare la postul unui prieten). Apoi mergeţi cu ea la şef şi cereţi-i să o aprobe. Dacă refuză, întrebaţi: *„Cum pot face treabă bună pentru dvs. dacă niciunul dintre noi nu ştie ce am de făcut?"*

7. ***Discrepanţa dintre salariu şi nivelul de responsabilitate.*** Dacă sunteţi convins că salariul dvs. este prea mic pentru munca pe care o prestaţi, va trebui să examinaţi fişa postului, să faceţi schimbările necesare şi să solicitaţi o întâlnire cu superiorul dvs. La întâlnire, explicaţi-i că îndatoririle dvs. sunt prezentate

incorect şi că aveţi mult mai multe responsabilităţi decât cele prezentate în fişa postului. Sau poate că fişa postului este corectă, dar salariul primit nu reflectă importanţa postului pentru firma respectivă. Descoperiţi cât câştigă persoanele aflate pe posturi similare la alte com panii. Expresii cum ar fi *„Cred că sunt plătit prea puţin"* nu vă vor ajuta; trebuie să fiţi înarmat cu *fapte*. Trebuie să fiţi în măsură să oferiţi motive pentru care cereţi mai mulţi bani. Dacă nu reuşiţi, puteţi să vă daţi demisia şi să vă căutaţi de lucru în altă parte.

8. **Orele suplimentare neplătite.** În unele locuri, un patron are de ales între a plăti orele suplimentare ale angajaţilor la jumătate din preţ sau a le da zile libere în loc de bani. Pentru ca a doua variantă să fie validă, angajaţii trebuie să semneze o înţele gere, în unele zone, legea afirmă că plata orelor suplimentare se cuvine pentru orice interval de timp lucrat peste cele opt ore zilnice sau 40 de ore pe săptămână.

Dacă nu cunoaşteţi legislaţia din zona dvs., trebuie să vă documentaţi.

Superiorul agresiv

Într-o lume ideală, toţi şefii ar trebui să fie pozitivi (nu pasivi sau agresivi), plăcuţi, eficienţi, răbdători gata să vă vină în ajutor şi binecuvântaţi cu o înţelegere superioară a naturii umane. însă în lumea reală şefii afişează toată gama în uz de defecte şi greşeli umane. Superiorii care folosesc un comportament agresiv pentru a-şi domina şi controla personalul sunt unii dintre cei mai dificili pentru un angajat.

Şefii agresivi n-au deprins un concept fundamental al conducerii. Angajaţii nu pot fi obligaţi să facă treabă bună, ci trebuie conduşi către acest obiectiv. Şefii se vor confrunta cu o productivitate scăzută dacă:

le fac angajaţilor observaţii în public;
îi pun să lucreze peste măsură;
sunt foarte critici şi imposibil de mulţumit;
critică oamenii, şi nu faptele acestora.

Înainte de a lua hotărârea să discutaţi cu un şef agresiv, întrebaţi-vă dacă nu cumva veţi înrăutăţi lucrurile. Dacă această persoană tratează pe toată lumea ca pe un duşman, poate că nu merită să riscați. Poate fi nevoie să răbdați până când reușiți să scăpați de „huligan".

Dacă decideți că poate fi util să discutați problema, folosiți tehnica feedbackului pentru a-i explica șefului cum vă afectează purtarea lui. Pentru asta e nevoie de curaj, dar cel puțin veți ști că ați făcut un efort pentru a îmbunătăți lucrurile. Vorbiți cu șeful între patru ochi despre comportamentul său agresiv. Dacă puteți să identificați exact problema, spuneți ceva de genul: *„Am o problemă și am nevoie de ajutorul dvs. ca s-o rezolv. Mi-e greu să mă împac cu înjosirile la care m-ați supus în ultima vreme. Nu mă pot apăra atunci când mă faceți în toate felurile. În situația actuală, nu știu cum pot să-mi îmbunătățesc performanțele și nici ceea ce vreți, de fapt, de la mine. Ați putea să-mi spuneți, cu exemple, de ce mă considerați ignorant?"*

Dacă situația rămâne neschimbată, nu mergeți să vă plângeți la superiorul șefului dvs. direct, ci:

> răbdați atât cât se poate, apoi cereți să fiți mutat pe un alt post din firmă;
> vorbiți cu cineva de la departamentul de personal;
> plecați în căutarea unor pășuni mai verzi în altă firmă.

Mergeți la nivelurile superioare numai dacă purtarea șefului îi afectează și pe ceilalți angajați. Numai plângerea unui grup poate înlătura un șef rău – și numai dacă este făcută corespunzător. Aveți grijă să faceți apel la fapte pentru a vă explica nemulțumirile: detalii privind ceea ce s-a întâmplat, costuri, cum au fost afectate relațiile cu clienții, întârzieri, nerespectarea termenelor, ore suplimentare inutile, blocarea producției etc.

Atunci când considerați că șeful dvs. vă răpește toată mândria și bucuria de a lucra, este momentul să plecați.

După cum am văzut, comportamentul agresiv poate îmbrăca o diversitate de forme. Merită să examinăm în detaliu câteva metode de abordare a unora dintre acestea.

1. **Sarcasmul.** În unele cazuri, sarcasmul ia forma unor glume inofensive. Nu este amenințător și poate fi chiar amuzant. Dar sarcasmul poate fi și jignitor, menit să-i umilească pe alții. Oamenii care îl folosesc se simt mai puternici atunci când îi

văd pe ceilalţi cum intră în pământ de ruşine. Sarcasmul umilitor este o formă de agresiune indirectă - una dintre cele mai perfide şi manipulatoare metode de a-ţi atinge scopurile. Deseori, oamenii care folosesc sarcasmul umilitor nu au o părere prea bună despre sine şi încearcă să-i înjosească pe ceilalţi pentru a se simţi mai importanţi. Jocul continuă atunci când ceilalţi se apără sau se arată jigniţi. Oamenii sarcastici vor ca alţii să se supere şi să se apere. Ţineţi minte să nu răspundeţi negativ la remarcile lor. încercaţi sărămâneţi fidel faptelor.

Gândiţi-vă puţin: cine controlează situaţia atuncicând sunteţi tratat cu sarcasm? Dvs. (destinatarulsarcasmului), dar numai până în momentul încare răspundeţi. Apare întrebarea: trebuie să răspundem la sarcasm cu sarcasm? Nu. Dacă faceţiacest lucru, deseori îl încurajaţi pe celălalt să continue, încercaţi mai bine să analizaţi de ce simtenevoia de a vă umili. Odată ce bănuiţi care estecauza reală a sarcasmului său, veţi fi capabil săînfruntaţi problema reală.

Nu reacţionaţi la sarcasm; ignora ţi-1. Persoanasarcastică nu va şti ce să facă, fiindcă dvs. nu văconformaţi regulilor. Atunci când n-o s-o maiamuze să arunce cu săgeţi în dvs., îşi va aţintiremarcile sarcastice asupra altcuiva.

Dacă nu puteţi rămâne calm şi vi se pare că trebuie să răspundeţi într-un fel, puteţi spune: *„Ultimul tău comentariu a fost foarte sarcastic şi umilitor.Umilirile sunt dureroase. Poţi să-mi explici de ce-aispus ceea ce-ai spus?"* Sau *„De ce crezi că trebuie sămă înjoseşti în felul ăsta?"* Sau: „Ai fost cam sarcastic.Ce vrei să-mi spui de fapt?" Oamenii sarcastici trebuie făcuţi răspunzători de faptele lor. De multeori, nu sunt conştienţi ce efect distructiv are comportamentul lor asupra celorlalţi.

Pe când făceam cercetări pentru prima mea carte,Escaping the Pink-Collar Ghetto (Evadarea din ghetoul„gulerelor roz", acum numită Biblia Femeii de Afaceri,disponibilă şi informat de carte electronică), am intervievat peste 700 de manageri (dintre care 695 eraubărbaţi) ca să văd de ce nu promovau mai multefemei. Iniţial, cei mai mulţi dintre ei m-au întâmpinat cu braţele încrucişate. Când au început să-şi reverse valurile de sarcasm, am ştiut că erau în defensivă. M-am detaşat de situație și am încercat s-o analizez. Am ajuns la concluzia că, atunci când îi întrebam pe acești manageri: *„De ce nu promovați mai multe femei?"*, ei se simțeau acuzați de discriminare.

I-am liniștit, explicându-le pe larg care era scopul meu: aveam cu adevărat nevoie de părerea lor ca să aflu ce greșeli le împiedică pe femei să fie promovate. Le-am dat mai multe exemple de la diverse firme și i-am întrebat dacă și la firma lor se întâmpla la fel. Curând, și-au dat seama că nu voiam decât să capăt informații și ajutorul lor, nu să-i oblig să-mi explice de ce erau atât de puține femei în posturile de conducere. Majoritatea au fost foarte cooperanți.

Dar n-ar fi fost la fel dacă aș fi intrat și eu în defen sivă când m-au tratat cu sarcasm.

2. ***Ignorarea sau tăcerea.*** O altă formă de agresiune indirectă este să-i ignori pe ceilalți sau să taci, refuzând să discuți cu ei despre chestiuni importante. Unii șefi chiar refuză să vorbească zile întregi cu un membru al personalului, chiar dacă lucrează în același departament! E un joc murdar și aproape la fel de distructiv ca și sarcasmul răzbunător.

În cazul acestui comportament negativ, niciuna dintre părți nu câștigă. Deseori, persoana care tace câștigă bătălia, dar prelungește războiul. Dacă problemele nu sunt rezolvate printr-o discuție, mai târziu vor ieși la suprafață în mod inevitabil.

Brian s-a simțit mândru când șeful departamentului l-a lăudat în fața colegilor și a superiorului său pentru treaba excelentă pe care o făcuse la un proiect. Acesta muncise din greu ca să termine proiectul și considera că merită laudele. Ceva mai târziu în acea zi, i-a cerut superiorului său, Harry, niște sfaturi tehnice legate de noul proiect. Acesta a fost foarte dur și i-a spus să se descurce singur. Săptămâna următoare, Harry s-a purtat foarte rece cu Brian, deși de obicei îl ajuta. Brian s-a hotărât să-i vorbească. I-a spus: *„Am o problemă și am nevoie de ajutorul tău ca s-o rezolv."* A folosit tehnica feedbackului pentru a-i descrie cum s-a simțit atunci când Harry i-a refuzat ajutorul și l-a rugat să-i explice motivele acestui comportament. Harry a recunoscut că a fost supărat când Brian a fost lăudat de șeful departamentului și s-a simțit gelos deoarece lui nu i se întâmplase niciodată aşa ceva. A promis ca pe viitor să fie mai disponibil.

3. *Accesele de furie* „*Ce să mă fac cu şeful meu? Are accese de furie în mod repetat. Trânteşte receptorul, dă cu piciorul în sertare, aruncă lucruri şi trânteşte uşa de la birou. Purtarea lui mă scoate din minţi; ajung să tremur de nervi. Ce ar trebui să fac atunci când se mai întâmplă aşa?"*

Cei care au accese de furie şi la vârsta adultă nu s-au maturizat pe deplin. Un prieten a sfătuit-o pe angajata ce a semnat rândurile de mai sus să şi-l imagineze pe şef în scutece şi cu boneţică pe cap, aşezat pe un scaun înalt, dând cu lingura în tavă. Data următoare când şeful a avut un acces de furie, ea a folosit această metodă pentru a se elibera de stres; a descoperit că această imagine mentală amuzantă a ajutat-o să nu-şi mai piardă cumpătul, într-o zi (după ce el se liniştise), a avut chiar cu rajul să-l întrebe: „*Ai terminat?"*

„*Ce să termin?"* a tunat el.

„*Mă întrebam dacă ai terminat cu accesul de furie."*

El a tăcut câteva momente, a zâmbit docil şi a răs puns: „*Aşa îi spui tu, nu? Da, am terminat cu accesul de furie."*

Data viitoare când s-a înfuriat, ea a procedat la fel. În final a obţinut aceeaşi reacţie, iar în cele din urmă n-a mai fost nevoie să spună nimic. El apărea în uşa biroului şi spunea: „*E în regulă, am terminat."* Partea frumoasă a fost aceea că în curând accesele de furie au dispărut cu totul.

Umorul vă poate ajuta s-o scoateţi la capăt în multe situaţii dificile. Exemplul de mai sus demonstrează că umorul poate risipi mânia. Într-un fel sau altul, atunci când reuşim să râdem de ceva, tensiunea scade. Folosiţi imagini mentale amuzante sau amplasaţi lângă biroul dvs. benzile desenate preferate ca să vă amintiţi să vedeţi partea amuzantă a situaţiei.

4. *Hărţuirea sexuală*. De obicei, hărţuirea sexuală este privită ca o problemă cu care se confruntă femeile la locul de muncă, dar şi bărbaţii se pot confrunta cu avansuri sexuale nedorite. Această problemă îi afectează pe angajaţi de secole întregi. Legile referitoare la hărţuire se schimbă rapid. Indiferent dacă sunteţi bărbat sau femeie, nu ezitaţi să studiaţi legislaţia locală. Aflaţi cum stau lucrurile cu hărţuirea sexuală şi cum puteţi s-o

restricţionaţi sau s-o înfruntaţi. Cercetările arată că 70-80% dintre femei au suferit una sau mai multe forme de hărţuire sexuală din partea şefilor sau a colegilor. 5 2 % dintre ele şi-au pierdut slujba sau au demisionat din cauza asta.

Următoarele manifestări pot fi considerate forme de hărţuire sexuală:

remarci sexuale nedorite - glume, apropouri, tachinări şi abuzuri verbale;

remarci referitoare la trupul, atractivitatea, vârsta sau starea civilă a unei persoane;

afişarea de imagini pornografice sau ofensatoare;

glume care trezesc sentimente de jenă şi ruşine;

invitaţii sau cereri nedorite, indirecte sau ex plicite;

intimidare;

trasul cu ochiul sau alte gesturi de acest gen;

atitudine paternă sau condescendentă, care submineaza respectul de sine al persoanei;

contacte fizice care nu sunt necesare, cum ar fi atingerile, ciupiturile, împunsăturile, strânsul de umeri sau asaltarea fizică.

Problema corelată cu aceasta este un gen de discriminare inversă, care se manifestă atunci când un angajat este propus pentru promovare şi bonusuri în schimbul unor favoruri sexuale, iar alţi angajaţi, care şi-au câştigat dreptul prin muncă, sunt trecuţi cu vederea.

Dacă sunteţi victima hărţuirii sexuale, trebuie:

1. Să-i spuneţi persoanei respective că sunteţi împotriva a ceea ce face sau spune. Trebuie să-şi dea seama că vorbiţi serios! Dacă e nevoie, explicaţi-i că purtarea sa poate fi considerată hărţuire sexuală şi că vreţi să înceteze imediat. Faceţi o înregistrare scrisă a manifestărilor respective şi a ceea ce vi s-a răspuns când i-aţi făcut observaţii. înregistrarea trebuie să conţină datele, orele, numele martorilor etc.

2. Dacă se întâmplă din nou, repetaţi obiecţiile ante rioare. Insoţiţi-le de o scrisoare sau de o scurtă prezentare a faptelor. Vorbiţi despre plângerea dvs. anterioară. Limitaţi-vă la fapte. Faceţi cel puţin trei copii ale scrisorii. Trimiteţi una persoanei

care vă hărțuiește și una șefului său; pe a treia păs trați-o dvs. (Puteți trimite copii șefului dvs. și directorului executiv al firmei, în cazul în care considerați că este potrivit.)

3. Dacă hărțuirea continuă, sau firma ori sindi-catul nu se ocupă de problemă, înaintați o plângere ofi cială către filiala locală a Comisiei Drepturilor Omului. Dacă nu știți foarte bine cum să procedați, sunați la Comisia Drepturilor Omului și cereți să vorbiți cu un consilier de specialitate. Dacă situația este suficient de serioasă, recurgeți și la ajutorul poliției, făcând o plângere de hărțuire sexuală.

Observație: Dacă primul incident este suficient de serios, faceți o plângere atât oral, cât și în scris (cu copii destinate părților implicate) și înaintați o plângere oficială către Comisia Drepturilor Omului.

În prezent, majoritatea codurilor privind drepturile omului specifică faptul că în plângerea înaintată Comisiei Drepturilor Omului pot fi menționate atât persoana care se face vinovată de hărțuire sexuală, cât și șefii, managerii sau persoanele aflate pe poziții de autoritate, care au fost înștiințate de acest act și nu au luat imediat măsurile corespunzătoare, plus firma în cauză.

Cei aflați pe poziții de conducere nu mai pot privi în altă parte, ignorând actele de hărțuire sexuală. Un șef care nu face nimic pentru a pune capăt hărțuirii sexuale a unui angajat poate fi considerat părtaș la faptă. Dacă angajatul știe că șeful a remarcat sau a fost înștiințat/înștiințată de situație, îl poate menționa și pe el/ea în acuzația de hărțuire sexuală.

Superiori lipsiți de aptitudini de conducere

Din nefericire, multor persoane aflate în poziții de conducere le lipsește educația necesară. Oricine poate beneficia de un asemenea tip de instruire. Chiar dacă un șef trebuie să plătească din buzunarul propriu pentru o asemenea instruire, aceasta este una dintre cele mai bune investiții pe care le poate face pentru a-ș iasigura succesul pe viitor.

Poate fi foarte frustrant să lucrezi pentru un șef lipsit de știința de a conduce. Poate că nu știe cum să delege sarcini, cum să-i disciplineze pe subordonați sau cum să motiveze diferitele tipuri

159

de angajați. Un alt aspect este acela că poate împiedica personalul să lucreze într-un mod eficient. Dacă șeful dvs. se confruntă cu una dintre aceste probleme, poate fi nevoie să luați măsuri și să propuneți firmei să-l trimită la un curs de specialitate.

1. *Nu știe să delege sarcini*

„Șeful meu știe foarte bine cum să se poarte cu oamenii, dar uneori nu-mi explică bine cum trebuie să fac anumite lucruri. îmi dă instrucțiuni neclare, iar a doua zi se răzgândește."

Veți reuși să vă înțelegeți cu un asemenea șef dacă vă ocupați personal de detaliile sarcinilor pe care vi le dă. Folosiți parafrazarea ca să vă asigurați că a spus ceea ce ați înțeles dvs. Dacă sesizați aspecte neclare, întrebați-l ce anume dorește. Dacă are obiceiul să se răzgândească a doua zi, notați instrucțiunile, arătați-i lista și asigurați-vă că într-adevăr este ceea ce vrea.

Dacă ulterior schimbă instrucțiunile, arătați-vă derutat și scoateți lista de instrucțiuni pe care ați alcătuit-o cu o zi înainte. Actualizați instrucțiunile conform cerințelor. în curând, șeful dvs. își va da seama cât de des își schimbă indicațiile. Poate că va învăța să se gândească mai bine atunci când vă cere ceva. O asemenea persoană ar beneficia enorm de pe urma participării la un curs de gestionare a timpului. Ar învăța cum să câștige timp, făcând o planificare atentă înainte de a delega sarcini subordonaților.

În unele cazuri, șefii sunt dezordonați. *Ei* susțin că știu unde se află fiecare lucru de pe biroul lor, dar pe care totul e vraiște. Urăsc detaliile. Acestui tip de șef nu-i plac veștile proaste, așa că insistați asupra soluției, nu asupra problemei.

„Șeful meu îmi cere să fac lucruri care nu intră în atribuțiile mele."

Folosiți parafrazarea pentru a fi sigur că ați înțeles ce așteaptă șeful de la dvs. Cereți actualizarea fișei postului dvs. Apoi vorbiți cu șeful ca să vedeți dacă nu se poate ocupa altcineva de sarcinile care, după părerea dvs., nu se conformează postului respectiv.

2. Are obsesia perfecțiunii

„Șeful meu este un perfecționist, care uneori are așteptăriprea mari de la personalul său. "
Anticipați nevoile șefului. Nu săriți peste detalii. Oferiți alternative. Să aveți la îndemână planurile B și C, pentru cazul în care e nevoie de ele. Transmiteți-i ideile noi în scris, însoțite de argumente pro și contra pentru alternativele posibile.

3. Folosește metode ineficiente de disciplinare

„Șeful meu îmi face observații în public. "
Aceasta este o greșeală majoră din partea șefului dvs. Primul pas este să-1 faceți să vă înțeleagă sentimentele și să manifeste empatie. Folosiți tehnica feedbackului pentru a-i arăta cât de umilitor este să vă facă observații în fața celorlalți. Explicați-i că i-ați accepta mult mai ușor criticile dacă ați discuta în particular. Poate fi nevoie să adăugați că, dacă se mai întâmplă să vă critice în public, pur și simplu veți pleca de la fața locului.

4. Este orientat excesiv spre competiție

„Șeful meu este o persoană extrem de orientată spre competiție. Vrea să concurez cu colegii mei, iar eu nu doresc asta. "
S-ar putea să vă fi ales greșit profesia. Concurența între angajați este cel mai popular sistem folosit de conducere pentru a-și încuraja personalul să facă mai multe vânzări.
Mulți oameni preferă să-și depășească proprii lerecorduri de vânzări decât să intre în concurență cu colegii. Firmele trebuie să asigure standarde de competiție corecte pentru toate persoanele, la toate nivelurile de experiență. Dacă sunteți nouvenit în firmă, nu vi se poate cere să concurați cu cineva care are un teritoriu și o clientelă bine stabilite. Începătorii cu șase luni de experiență trebuie să concureze cu colegii lor ce dețin aceeași experiență. Multor persoane care lucrează în vânzări le place concurența. Altora nu le place, dar sunt încurajați să-și propună obiective realiste.
Poate fi foarte stresant să lucrezi pentru mulți dintre șefii din domeniul vânzărilor. Ei au pretenția ca personalul din subordine să aibă un comportament competitiv sau agresiv. O

asemenea atitudine nu este acceptabilă. Trebuie să vă pregătiți cu mare atenție pentru a discuta o problemă cu un asemenea șef. Aveți grijă să găsiți mai multe alternative viabile înainte de a încerca să negociați anumite schimbări.

5. *Este incapabil să-și susțină personalul*

„Șefa mea nu mă susține atunci când am probleme cu clienții. întotdeauna le ia partea, iar eu trebuie să mă apăr, chiar dacă știu că am dreptate."

Șefii care iau în mod automat partea clienților într-o dispută client-angajat le fac angajaților o mare nedreptate. Șeful trebuie să rămână neutru până când angajatul are ocazia să-și prezinte versiunea.

Șeful trebuie să rețină toate faptele oferite de client și să-l asigure că va cerceta problema.

Dacă șeful nu vă susține, deși dvs. știți că vă îndepliniți corect îndatoririle, folosiți tehnica feedbackului ca să-i explicați cum vă simțiți când sunteți acuzat pe nedrept.

Spuneți: *„Am o problemă și am nevoie de ajutorul dvs. ca s-o rezolv. Săptămâna trecută, un client mi-a cerut să încalc regulile pentru el. I-am explicat că trebuie să urmez niște indicații stricte și că nu pot să fac ceea ce vrea el. Apoi a vorbit cu dvs. și și-a atins scopul. Același lucru s-a întâmplat cu încă patru clienți în ultima lună. M-am simțit foarte prost atunci când a trecut pe la biroul meu ca să-mi spună că a obținut ceea ce-a vrut. Mă întrebam dacă nu cumva s-au schimbat regulile și cum să abordez asemenea probleme peviitor."*

6. *Nu oferă aprecieri pentru merite deosebite*

Am auzit atât femei cât și bărbați spunând (să presupunem că șeful este un bărbat): *„Am lucrat toată săptămâna la acel raport și șeful meu a cules toate laudele. E ultima dată când va mai reuși să facă așa ceva!"*

Atunci când șeful vă „fură" ideile și este apreciat pentru ele, dvs. îi creați o imagine bună. El are nevoie de dvs. pentru asta. Dacă nu-l lăsați să se bucure de aprecieri, o să vă pună bețe-n roate.

De exemplu, dacă scrieți un nou manual de reguli și proceduri pentru departamentul dvs., s-ar putea ca numai șeful să primească laude pentru conținutul său. El are dreptul (conform regulilor existente) să vă folosească ideile și să rămână cu conștiința curată. Conform regulilor din afaceri, rolul dvs. (al subordonatului) estes ă-i faceți o imagine bună șefului dvs. Astfel, ideile dvs. devin ideile lui, iar șeful nu încalcă nicio regulă prin faptul că primește aprecierile. Majoritatea oamenilor urăsc această regulă. Mulți șefi sunt de părere că nu fac nimic rău, deoarece *„toată lumea procedează așa".*

Eu mă opun categoric acestui obicei și îi încurajez pe șefi să-și laude angajații atunci când este cazul. Șefii care fură ideile subordonaților nu fac decât să le răpească motivația. Sunt șanse ca pe viitor să primească sugestii proaste sau niciun fel de sugestii din partea personalului. Dacă un subordonat a venit cu o nouă metodă de a realiza un raport, el trebuie să primească laudele și aprecierile, nu șeful său. Ce e rău în a aprecia un angajat pentru o idee bună? Șeful poate transmite raportul sub numele său, apreciindu-i însă pe subordonații care au lucrat la pregătirea lui.

Dacă șeful dvs. practică vechiul obicei de a vă fura gloria și nu vă puteți împăca cu această situație, transmiteți-i noile dvs. idei sau sugestii sub forma unui raport scris. Cereți-i părerea în legătură cu meritele ideii dvs. Astfel veți avea un document scris. Sau înain-tați-vă propunerile la o întrunire, astfel încât ceilalți să știe că este ideea dvs.

„Trebuie să fac și treaba șefului, fără să fiu plătit în plus. Atunci când e plecat, trebuie să mă ocup atât de treburile lui, cât și de ale mele. Nu mi se pare corect."

Încercați să folosiți tehnica feedbackului pentru a va explica problema. Dacă nu funcționează, considerați că această experiență este doar o etapă de dezvoltare din cariera dvs. întrebați-1 pe șeful dvs. la ce îndatoriri puteți renunța în timpul acestor perioade încărcate.

Într-un CV dă foarte bine o frază de genul *„preiau sarcinile superiorului meu atunci când acesta este plecat".* Aceasta vă poate ajuta să obțineți un post la un nivel superior. Prin urmare, faceți munca suplimentară, în cazul în care considerați că puteți lucra cât doi pe perioade scurte de timp.

7. *Se amestecă în treburile altora*

Dennis avea o problemă cu managerul lui, Jim. Dennis fusese numit de curând supervizor pentru un grup de patru oameni. Sub pretextul că-l *„ajută"*, Jim îi încuraja pe oamenii lui Dennis să treacă peste şeful lor şi să i se adreseze direct lui. Jim încălca una dintre regulile esenţiale în afaceri subminând controlul şi autoritatea de care avea nevoie Dennis pentru a-şi conduce subordonaţii în mod corespunzător, în afaceri, există o regulă strictă referitoare la transmiterea comenzilor: managerii de nivel superior nu trebuie să treacă peste managerii de nivel inferior şi să lucreze direct cu subordonaţii acestora. De asemenea, ei nu trebuie să se implice în chestiuni privind disciplina sau în aprecieri ale performanţelor referitoare la aceşti subordonaţi. Dennis a fost sfătuit să folosească tehnica feedbackului pentru a-i explica şefului că eficacitatea grupului său avea de suferit atunci când nu mai putea controla pe deplin munca subordonaţilor. Jim avea nevoie să i se reamintească faptul că Dennis era responsabil pentru toată activitatea sa şi a personalului său şi că avea nevoie de un control deplin pentru a-şi face treaba în mod eficient.

8. *Nu stă la dispoziţia personalului şi a clienţilor*

Shirley a întrebat cum îşi poate convinge şeful să-i spună unde se află. Exista o listă de sosiri şi plecări, dare el o folosea foarte rar şi de multe ori pleca pe uşa din spate. Nu era disponibil aproape niciodată: era fie la şedinţe, fie plecat de la birou, fie în spatele unei uşi închise.
Shirley a fost sfătuită să noteze situaţiile în care fusese nevoită să rezolve singură problemele şi să-i dea şefului său o listă cu dificultăţile apărute datorită faptului că el nu era disponibil. Apoi urma să-l întrebe dacă există vreun alt membru al conducerii cu care să se sfătuiască atunci când el nu este de faţă.

9. *Nu respectă intimitatea angajaţilor*

„Şeful meu vrea să ştie totul despre viaţa mea personală şi eu nu vreau să vorbesc despre asta."
Spuneţi: *„Prefer să păstrez o distincţie clară între viaţa profesională şi viaţa personală. Cred că aşa e mai bine pentru mine."* Dacă şe ful insistă, întrebaţi: *„De ce atât de*

importantă pentru dvs. viața mea personală?" Acest lucru îl va obliga să-și justifice comportamentul agresiv.

10. *Nu oferă oportunități de dezvoltare*

Kevin se simțea frustrat pentru că șeful lui nu-i dădea sarcini care l-ar fi pregătit pentru următoarea ocazie de promovare. Funcția lui se numea *„achiziționer 1"* (prima treaptă către funcția de manager de achiziții). Șeful lui, Sylvestian, era de cinci ani în funcția de *„achiziționer 2"*. Nu-l lăsa pe Kevin să învețe nimic legat de o viitoare promovare.

În această situație, Sylvestian avea impresia că Kevin vrea să-i fure postul, iar Kevin avea impresia că Sylvestian era *„blocat"* în funcția lui și-i percepea dorința de a fi promovat ca pe o amenințare.

Sylvestian nu înțelegea că refuzul lui de a-l pregăti pe Kevin pentru propriul său post era chiar motivul pentru care nu avansa în cadrul firmei. Deseori, șefii care nu au pe nimeni pregătit să le preia funcția vor fi trecuți cu vederea la acțiunile de promovare. Kevin a fost sfătuit să-i atragă atenția lui Sylvestian asupra acestui fapt. Dacă nu mergea, urma să se mute pe un post similar cu cel existent sau să încerce să promoveze într-un alt departament.

Inițial, a ezitat să se mute la un alt departament, fiindcă această mișcare îl abătea din drumul direct către funcția de manager de achiziții. Când i-am explicat însă că aceasta poate fi singura cale de a avansa, a fost de acord să încerce. Acum este manager de achiziții șișeful lui Sylvestian.

Subtila artă de a te lăsa condus

Un factor important ce influențează relațiile pe care le aveți cu șeful dvs. este propria dvs. atitudine față de conducere. Chiar și cei mai buni angajați au nevoie uneori de îndrumarea și chiar de corecțiile șefului lor. E adevărat că există și șefi dificili, care de obicei dau instrucțiuni într-o manieră negativă, de exemplu, sub formă de critici. Există însă și angajați care au tendința să perceapă drept critici observațiile justificate.

Arta de a fi condus constă în capacitatea de a accepta acele sugestii care te pot ajuta să-ți îmbunătățești performanțele. Indiferent dacă aceste sugestii vă parvin sub formă de critici sau de corecții și instrucțiuni, trebuie să învățați cum să le abordați într-o manieră pozitivă. Etapele următoare vă pot ajuta în eforturile dvs. De a vă însuși delicata artă de a fi condus.

Când șeful vă corectează sau vă critică:

1. Controlați-vă gândurile și comportamentul. Nu uitați că poate exista un sâmbure de adevăr în criticile primite (pe care nu-1 veți percepe dacă vă concentrați numai asupra strategiei de apărare).
2. Nu vă înfuriați. Ascultați comentariile cu atenție.
3. Când criticile primite sunt vagi, cereți detalii precise. De exemplu, dacă șeful spune: *„Nu-mi place atitudinea ta"*, întrebați: *„Ce anume vă deranjează în atitudinea mea?"* Șeful dvs. poate răspunde: *„Ai fost nepoliticos acum câteva minute, când l-ai servit pe acel client. L-ai făcut să aștepte prea mult."* Poate nu vă va fi pe plac ceea ce auziți, dar cel puțin veți avea de rezolvat o problemă precisă.
4. Folosiți tehnica parafrazării pentru a vă asigura că ați înțeles problema.
5. Dacă primiți critici justificate, cereți-vă scuze și spuneți-i șefului dvs. ce măsuri veți lua pentru a vă corecta comportamentul sau pentru a rezolva problema. Nu vă cufundați în sentimente de vinovăție. Nu lăsați criticile să vă copleșească și să vă strice toată ziua; luați hotărârea că nu veți m; face din nou aceeași greșeală.
6. Mai presus de toate, dacă sunteți criticat pentr ceva, nu vă închideți într-o cochilie, nu munciți 1 comandă și nu faceți lucrurile de mântuială. D multe ori, declanșăm acest mecanism de apărare Dacă avem impresia că ceva sau cineva ne deranjează (mai ales un superior), suntem tentați s dăm înapoi și să *„ne lingem rănile"*.

Capitolul 6

Cum să ne purtăm cu colegii dificili

Într-un fel, toți angajații firmei la care lucrați sunt colegii dvs., dar în cadrul acestui capitol ne referim la acei angajați al căror comportament la locul de muncă are o influență asupra dvs., fără să vă fie șefi sau subordonați.

Relațiile cu colegii dificili reprezintă o chestiune delicată, fiindcă în cazul în care încercați să-i determinați să-și schimbe comportamentul, dar nu procedați chiar așa cum trebuie, vor avea impresia că vreți să-i *„comandați"*. Iar acest tip de relație cu un coleg care nu vă este subordonat este un exemplu bine cunoscut de *„război fără învingători"*.

Ca și în cazul altor grupuri de oameni dificili, comportamentul dificil al colegilor poate lua o varietate de forme.

Comportamentul neprofesional

Majoritatea angajaților vor să facă treabă bună și să fie importanți pentru firma la care lucrează. Oamenii care își pun tot sufletul în ceea ce fac își propun standarde profesionale înalte și își câștigă dreptul de a fi foarte mândri de munca lor. Profesionalismul consecvent de care dau dovadă le atrage încrederea și respectul șefilor, al clienților și al colegilor.

In mare măsură, profesionalismul colegilor dvs. Va determina nivelul colaborării de la locul de muncă. La majoritatea firmelor, diversele posturi sunt independente, iar eficiența și productivitatea fiecărui angajat sunt legate de modul în care își îndeplinesc ceilalți activitatea în cadrul companiei. Comportamentul neprofesional al unui angajat poate afecta eficiența multora.Deși cei mai mulți dintre noi se ghidează după principiul *„trăiește și lasă-i și pe alții să trăiască"*, atunci când ineficienta unui coleg vă afectează propriile performanțe, este bine să știți ce puteți face pentru a rezolva problema.

1. Colegi care se eschivează de la îndatoririle lor

Aveți colegi care fac mai puțin decât trebuie, dar primesc mai mult decât merită? Dacă răspunsul este afirmativ, discutați despre aceasta cu șeful dvs. Firmele la care se aplică un „sistem de merite" corect se confruntăra reori cu această problemă.

Oamenii pot folosi o diversitate de tactici pentru a se eschiva de la îndatoriri. A întârzia la lucru în fiecare zi și a te plimba în loc să lucrezi sunt două obiceiuri extrem de răspândite. În funcție de atitudinea lor în ce privește timpul, oamenii pot fi împărțiți în trei categorii. Să presupunem că trei indivizi, câte unul din fiecare categorie, au o întâlnire la ora 10.

Oamenii din prima categorie sosesc la 10 fix.

Oamenii din a doua categorie sosesc la 10:10 și sunt convinși că au ajuns la timp.

Oamenii din cea de-a treia categorie ajung la 9:50 și au sentimentul că „au reușit!"

Oamenii din categoria a doua presupun că pe ceilalți nu-i deranjează să aștepte. Această falsă convingere i-a împiedicat pe mulți să facă o vânzare, să încheie o înțelegere și să obțină un contract. Oamenilor nu le place să aștepte! Ei cred că timpul lor este important - și nu vor să fie tratați ca și cum n-ar fi așa.

„Am o -prietenă cu care iau de multe ori masa sau cu care particip la întruniri, dar ea întârzie întotdeauna! În afară de tehnica feedbackului, ce pot să fac pentru a rezolva această situație?"

Spuneți-i care vor fi consecințele dacă vă mai face să așteptați. Spuneți-i că, dacă nu e gata atunci când veniți s-o luați, veți pleca fără ea. Și procedați chiar așa! Dacă aveți întâlnire pentru a lua masa împreună, așteptați doar 10 minute înainte de a da comanda.

Fion lucrează la secția de relații cu publicul a unui birou guvernamental. Catherine, o colegă de-a lui, întârzie de multe ori la serviciu. Din cauza aceasta, Fion are de făcut de două ori mai multă treabă, fiindcă trebuie să se ocupe singur de toată lumea.

Folosind tehnica feedbackului, i-a spus acesteia: *„Catherine, probabil că nu-ți dai seama câte am pe cap de fiecare dată când* *tu întârzii. Asta aruncă o lumină proastă asupra secţiei noastre. Ce crezi că poţi face pentru ca acest lucru să nu se mai întâmple pe viitor?"* (Observaţi că Fion s-a concentrat asupra consecinţelor pentru secţia lor, nu asupra sentimentelor sale neplă-cute.)

1. Problema — Fion are de două ori mai multă treabă când Catherine întârzie la lucru.
2. Sentimentele sau reacţia lui Catherine - Această situaţie aruncă o lumină proastă asupra secţiei lor.
3. Soluţia - Fion i-a cerut lui Catherine să rezolve problema.

Melly este recepţioneră. Una dintre îndatoririle ei este să răspundă la telefonul secţiei. La firmă, există un afişaj cu sosiri-plecări, pe care trebuie să-l folosească toţi membrii personalului. Din nefericire, o angajată, Vivian, pleacă de la biroul ei şi chiar de la firmă fără să-i spună lui Melly unde se află şi fără să roage pe altcineva să răspundă la telefonul ei atunci când nu e de faţă. Când clienţii vor să vorbească cu Vivian, Melly le face legătura la biroul ei. Dacă Vivian nu răspunde, apelul telefonic revine la ea.

Melly mi-a spus că se simţea foarte prost atunci când era nevoită să explice faptul că nu ştia unde este Vivian sau când se întoarce.

Folosind tehnica feedbackului, a început conversaţia cu fraza: „Am o problemă şi am nevoie de ajutorul tău ca s-o rezolv." Apoi a întrebat-o pe Vivian ce credea ea că ar trebui făcut pentru ca situaţia să nu se mai repete pe viitor. (Astfel îi pasează problema lui Vivian - *„proprietara"* ei de drept.) Vivian a încercat să se eschiveze; atunci Melly a adăugat: *„Am nevoie de cooperarea ta ca să-mi pot face bine treaba. Pentru client e destul de ciudat să îi spun că n-am idee unde eşti. Putem găsi o soluţie acceptabilă pentru amândouă?"*

În cele din urmă, perseverenţa lui Melly a dat naştere unui compromis acceptabil pentru ambele colege. Vivian a acceptat să-i spună lui Melly unde se duce şi a aranjat cu o altă colegă să răspundă la telefonul ei, atunci când nu se află în birou.

2. Colegi care „aruncă pisica moartă în curtea veci nului"

Aceştia sunt colegi care pasează munca lor altora, limitându-şi pe cât posibil câmpul îndatoririlor. Sunt experţi în a motiva de ce anumite sarcini sunt responsabilitatea altcuiva.

Felicia mi-a povestit următoarea problemă: „*Fata dela recepție îmi transferă mie apelurile atunci când nu știe prea bine pe cine să cheme la telefon. Eu sunt prea ocupată cu propriile mele treburi ca să mai fac și munca ei!*"

Felicia ar trebui ca mai întâi să-și verifice fișa postului pentru a vedea dacă această sarcină face parte și din îndatoririle ei. Dacă nu, trebuie să stea de vorbă cu șeful ei. Ar trebui să înceapă discuția în felul următor: „*Am o problemă și am nevoie de ajutorul dvs. ca s-o rezolv. Giselle de la recepție îmi transferă mie apelurile atunci când nu știe prea bine pe cine să cheme la telefon. Trebuie să mă ocup eu de asta sau să-i spun să transfere apelurile altcuiva?*" Aceasta îi va permite șefului să fie la curent cu problema și să decidă ce poate face Felicia pentru a o rezolva.

Sunt și persoane care nu vor să recunoască faptul că au greșit. „*Cine, eu? Eu n-am făcut asta!*" - cu toate că ele sunt de vină.

Pentru a rezolva acest tip de problemă, obțineți cât mai multe informații, ca să dovediți că persoana respectivă este autoarea. Vorbiți cu șeful dvs. despre colegii care nu-și asumă răspunderea pentru greșelile lor. Explicați-i că sunteți conștienți de faptul că a greși este omenește, dar este dureros pentru dvs. și pentru ceilalți atunci când colegii dau vina pe alții pentru greșelile lor.

3. Colegi care amână lucrurile

Există cinci tipuri principale de persoane cara mână lucrurile:

1. *Grăbiții.* Așteaptă până în ultima clipă și pe urmă muncesc non-stop ca să termine proiectul la timp.
2. „*La asta o să mă gândesc mâine.*" Amână luarea deciziilor până când lucrurile se rezolvă de la sine sau până când sunt obligați să ia o hotărâre.
3. *Perfecționiștii.* Trebuie să-și îndeplinească toate sarcinile perfect, indiferent cât ar fi de banale. (Acești oameni trebuie să învețe să facă distincția între treburile importante și cele neimportante.)
4. „*Le arăt eu lor.*" Nu se grăbesc să-și facă treaba, fiindcă asta le dă senzația de putere sau control. În mod normal, aceasta se întâmplă atunci când primesc o sarcină pe care nu vor s-o îndeplinească sau au impresia că este treaba altcuiva.

5. *Dezordonații.* Amână treburile din cauza obiceiurilor proaste, a incapacității de a se organiza sau a lipsei unor proceduri clare. Se învârt în cerc și productivitatea lor scade pe măsură ce timpul trece. Sunt tipul de persoane care se apucă de ceva, dar încep altceva și lasă baltă ce începuseră inițial.

Sandy a descoperit că în fiecare lună trebuia să aștepte după colegul ei Joe ca să-i dea informațiile de care avea nevoie pentru a-și termina propriul raport. La început, îi aducea aminte lui Joe cu o săptămână înainte, apoi cu o zi înainte. În cele din urmă, s-a dus la el în ultima clipă și a insistat să-i dea raportul.

Sandy ar putea încerca să folosească tehnica feedbackului și, în caz că nu merge, ar putea să predea raportul fără datele lui Joe. Dacă trebuie să includă anumite informații, poate să menționeze: *„Lipsescinformațiile de la departamentul... (lui Joe)."*

O altă soluție ar fi să-i ceară șefului să rezolve problema. În acest caz, șeful ei ar vorbi cu șeful lui Joe pentru a găsi o soluție.

Comportamentul agresiv

Sugestiile din capitolele precedente, referitoare la comportamentul agresiv, sunt utile și pentru rezolvarea problemelor cu această categorie de angajați. De obicei, soluția ideală presupune o abordare pozitivă a problemei.

1. *Oameni obsedați de concurență și de performanțe înalte.*

Dacă aveți colegi *„ultraperformanți"*, care încearcă să vă facă să vă simțiți prost, dvs. trebuie să munciți așa cum știți dvs. că este bine. Nu lăsați pe alții să vă impună baremuri. Standardele de performanță ale firmei trebuie să se bazeze pe performanțele medii, nu pe performanțele cele mai înalte. Vorbiți cu șeful dvs. dacă aveți impresia că standardele de performanță sunt nedrepte.
Jill avea probleme cu o colegă, Sue, care veșnic îi făcea concurență, chiar și la treburile cele mai banale. De exemplu, Sue o tot provoca să se ia la întrecere ca să vadă cine bate mai repede la mașină. Jill făcuse deja acest lucru de două ori în pauza de prânz și descoperise că bătea 65 de cuvinte pe minut, cu două greșeli. Sue bătuse 80 de cuvinte pe minut cu opt greșeli și avea impresia că este mai bună. Adevărul este că Sue petrecea multă vreme la serviciu corectându-și greșelile. Jill s-a opus când Sue i-

a zis că nu e o colegă bună fiindcă n-a vrut să se mai ia la întrecere şi a treia oară.

Jill a folosit tehnica feedbackului pentru a-i explica lui Sue ce credea despre abordarea ei. *„Sue, pentru mine nu este important cine bate mai bine la maşină, dar mă supără că insişti să ne luăm la întrecere. De ce ai impresia că trebuie să fii întotdeauna cea mai bună în tot ceea ce faci?"*

„Îmi place să câştig."

„Te-ai gândit vreodată ce simt ceilalţi când încerci să-i obligi să concureze cu tine?"

„Toată lumea concurează."

„Ai vorbit despre asta cu alţii?"

„Nu."

„Atunci poate că ar trebui să o faci. Eu, una, nu vreau să mă iau la întrecere cu-ceilalţi. Atâta vreme cât fac tot ce pot, nu e nevoie să ştiu că sunt mai bună decât alţii."

Sue nu a cedat pe deplin, dar s-a gândit mai mult la felul în care aborda viaţa. A lăsat competiţia pentru situaţiile care o justificau. Deoarece lucra la departamentul de vânzări al firmei, a reuşit să-şi canalizeze spiritul competitiv către relaţiile cu alte firme şi nu cu propriile ei colege.

2. *Cusurgiii.*

Atunci când alţii vă critică pe nedrept (mai ales persoanele de care nu vă pasă câtuşi de puţin), încercaţi următoarele:

Cu calm, recunoaşteţi faţă de acea persoană că spusele sale pot conţine un sâmbure de adevăr. Aceasta vă permite să recepţionaţi criticile fără a deveni anxios şi fără a intra în defensivă; în plus, le răpeşte satisfacţia celor care folosesc criticile în scop manipulator. De exemplu:

Fiţi de acord cu acel aspect al comentariului care este adevărat.

„Ţi-ai pus bluza asta îngrozitoare."

„Da, mi-am pus bluza asta."

Acceptaţi că respectivul comentariu poate conţine un sâmbure de adevăr.

„Nu prea eşti atent."

„Poate că nu sunt prea atent."

Fiţi de acord cu logica observaţiei.

„Dacă am fi cumpărat un camion nou în locul vechiturii ăsteia, ne-am fi simţit mult mai în siguranţă pe drum şi am fi economisit o grămadă de bani daţi pe reparaţii."

„Ai dreptate. Un camion nou ar avea aceste avantaje."

(Mai bine decât: *„Sigur, tot n-avem pe ce cheltui banii.")*

Acceptaţi că lucrurile pot suporta îmbunătăţiri.

„Rochiile tale nu-ţi vin bine."

„Sunt singură că s-ar putea aranja şi mai bine."

Manifestaţi empatie.

„Eşti foarte nedrept."

„Înţeleg că ai impresia că sunt nedrept."

3. *Oameni care vă întrerup.*

Nu toate întreruperile sunt nejustificate. Un anumit număr de întreruperi sunt inevitabile şi nimeni nu se aşteaptă ca oamenii care lucrează la aceeaşi firmă să se abţină de la relaţii sociale. Problema apare atunci când întreruperile vă scapă de sub control.

În primul rând, ţineţi un jurnal ca să ştiţi cine v-a întrerupt, când şi pentru cât timp. S-ar putea să descoperiţi că petreceţi o mare parte din zi ocupându-vă de întreruperi. Dacă vi se pare că asta vă împiedică să vă faceţi treaba propriu-zisă, poate ar fi nevoie să vă schimbaţi atitudinea. Poate că aceste aşa-zise întreruperi sunt de fapt o parte importantă din munca dvs., la fel de importantă ca alcătuirea rapoartelor. În acest caz, soluţia este să vă spune: *„Aceasta este natura muncii mele."*

Dacă însă din jurnalul dvs. reiese că multe dintre întreruperi nu sunt legate de muncă, trebuie să analizaţi lucrurile mai îndeaproape. Unele dintre aceste întreruperi pot fi din vina dvs., în sensul că poate sunteţi dispus să fiţi întrerupt sau ezitaţi să le spuneţi oamenilor că sunteţi prea ocupat ca să vorbiţi cu ei. Înacest caz, trebuie să vă schimbaţi propriul comportament.

Încercaţi următoarele:

> Dacă oamenii vor doar să stea la taclale, propuneţi-le să vorbiţi în pauza de cafea.
>
> Stabiliţi termene-limită ale întâlnirilor şi respectaţi-le.
>
> Ori de câte ori e posibil, întâlniţi-vă cu colegii la ei în birou, ca să puteţi pleca atunci când vreţi.

De multe ori, una dintre colegele lui Grace începea o discuție fără să țină cont de faptul că ea vorbea la telefon. Grace nu putea să se concentreze bine asupra convorbirii pe care o purta din cauza colegei sale, care îi distrăgea atenția.

Grace ar fi putut să-i dea colegei o hârtie și un creion, făcându-i semn să-i lase un mesaj scris. Mai târziu, folosind tehnica feedbackului, Grace ar fi putut să-i explice colegei ce greutăți îi provoca acel comportament al ei.

Conflicte de personalitate

Uneori, relația dintre dvs. și un coleg pur și simplu nu merge. În mod normal, probabil că ați evita persoana respectivă, dar dacă trebuie să lucrați împreună, se pot naște conflicte de personalitate serioase.

„Nu mă înțeleg cu colegul meu și șeful nu face nimic în legătură cu asta. Ne luăm tot timpul la harță."

Primul lucru pe care-l puteți face este să-l convingeți pe colegul dvs. să puneți problema în discuție. Puteți începe în felul următor: *„Jim, mereu ne luăm la ceartă. Acest lucru ne afectează productivitatea și șansele de a avansa în firmă. Ai vreo idee ce putem face ca să rezolvăm problema?"*

Dacă prima încercare dă greș, trebuie să-l abordați direct pe șeful dvs. Spuneți: *„Am o problemă și am nevoie de ajutorul dvs. ca s-o rezolv. Jim și cu mine nu suntem pe aceeași lungime de undă și mereu ne luăm la harță. Am încercat să aplanez neînțelegerile, dar se pare că n-a funcționat. Puteți să-mi propuneți ceva care ne-ar ajuta să ne înțelegem mai bine și să fim mai productivi?"* În cazul în care conflictul chiar vă afectează productivitatea, șeful dvs. trebuie să fie la curent cu acest lucru. Este responsabilitatea lui să rezolve problema.

Prezidarea eficientă a ședințelor

Metodele de a prezida o ședință diferă puțin de metodele de a vă purta cu colegii în general, deoarece această poziție vă conferă autoritate în raport cu ceilalți participanți. Deși cel ce prezidează ședința are niște drepturi în plus față de membrii grupului, este un fapt bine cunoscut că va avea un succes deosebit dacă nu încearcă să se impună în fața celorlalți. Treaba sa este (a) să le permită tuturor participanților să-și pună în valoare experiența și (b) să se asigure că scopul ședinței este atins în intervalul de timp stabilit.

Dacă ați condus vreodată o ședință, știți cât de greu este să atingeți ambele obiective în același timp. Intenția dvs. este să mergeți în direcția dorită fără să ignorați nicio contribuție de valoare. Vreți să-i încurajați pe oameni să-și spună părerea, ținându-i însă sub control pe cei ce amenință să preia conducerea ședinței.

Există o diversitate de tehnici care se pot dovedi utile în abordarea problemelor specifice care apar la ședințe. De exemplu, atunci când cineva vorbește prea mult, îl puteți întrerupe astfel: *„E o observație interesantă. Voi ce credeți despre asta?"* Sau *„Byron a fost nevoit să facă toată treaba. Voi ce credeți despre acest lucru?"*

Dacă în cursul ședinței temperamentele se înfierbântă, este treaba președintelui să accentueze punctele de comun acord și să minimizeze neînțelegerile. Puteți atrage atenția asupra obiectivelor ședinței sau puteți pune întrebări legate direct de subiect. Ori puteți cere părerea unui participant care se pricepe să rezolve disputele: *„Tu ce crezi, Alex?"*

Dacă bănuiți, chiar înainte de începerea ședinței, că vor fi conflicte de personalitate, vorbiți cu cei implicați înainte de a merge la ședință. Cereți-le să renunțe la atitudinea lor negativă unul față de celălalt pe perioada întrunirii.

De exemplu, să presupunem că sunteți lider de echipă pentru un proiect la care trebuie să lucreze mai mulți colegi de-ai dvs.; pentru ca treaba să fie bine făcută, e nevoie de o colaborare armonioasă. Știți că Adrian și Joseph nu se plac unul pe altul, pentru că la ultima ședință au avut o dispută aprinsă și unul dintre ei și-a ieșit complet din fire. înainte de ședința următoare, puteți spune: *„Adrian, am decis să vorbesc cu tine înainte de ședință. O să vorbesc și cu Joseph. Vreau să participați amândoi din plin și acest lucru nu e posibil dacă vă supărați unul pe celălalt. Pot conta pe cooperarea voastră?"*

Dacă întâmpinați ezitări sau rezistență, poate fi nevoie să adăugați: *„Dacă se mai întâmplă ca la ședința de săptămâna* *trecută, voi fi nevoit să vorbesc cu managerul tău ca să putem duce proiectul la bun sfârşit. "*

Iată câteva sugestii care vă pot ajuta să-i ţineţi sub control pe aceia dintre participanţii la o şedinţă care vă pot cauza dificultăţi:

Cum să vă purtaţi la o şedinţă cu participanţiicare vă creează greutăţi

Actune: Participantul: Vorbeşte prea mult şi ceilalţi nu mai au ocazia de a-şi spune părerea;
Motive Possible: Participantul:
    este dornic să se afirme, să-şi spună părerea
    este excepţional de bine informat;
    este un mare vorbăreţ;
Ce de Făcut:
    întrerupeţi-1 cu: *„Este o observaţie interesantă... Haideţi să vedem.ce cred ceilalţi. "*
    întrebaţi-i direct pe ceilalţi.
    propuneţi: *„Haideţi să-i punem şi pe alţii la treabă. "*
    când persoana se opreşte să-şi tragă răsuflarea, mulţu-miţi-i, reformulaţi punctele impor tante şi treceţi mai departe.

Actune: Provoacă dispute - respinge ideile sau părerile celorlalţi sau îi tratează incorect.
Motive Possible:
    este foarte supărat în legătură cu chestiunea în discuţie;
    este supărat din cauza unor probleme personale sau profesionale;
    nu acceptă părerile celorlalţi;
    este lipsit de empatie;
    gândeşte negativ.
Ce de Făcut:
    păstraţi-vă calmul.
    încercaţi să găsiţi aspectele pozitive ale spuselor sale; atrageţi-le atenţia celorlalţi asupra lor, apoi mergeţi mai departe.
    vorbiţi cu persoana între patru ochi şi arătaţi-i cum îi afectează pe ceilalţi purtarea sa.
    încercaţi să câştigaţi coopera rea persoanei.
    încurajaţi persoana să se concentreze asupra lucrurilor pozitive, nu asupra celor negative.

Actune: Vorbeşte în paralel cu alţi membri ai grupului.

Motive Possible:

vorbeşte despre ceva legat de tema discuţiei;

vorbeşte despre o chestiune personală;

nu-1 interesează subiectul discuţiei.

Ce de Făcut:

puneţi-i o întrebare.

reformulaţi ultima idee sau propunere din partea grupului şi cereţi părerea persoanei.

Actune: Nu reuşeşte să se exprime pe înţelesul tuturor.

Motive Possible:

este agitat, timid, nerăbdător;

nu are obiceiul să participe la discuţii.

Ce de Făcut:

Reformulaţi cele spuse de participant şi rugaţi-1 să vă confirme că aţi înţeles bine.

Acordaţi-i răgazul necesar să se exprime.

Ajutaţi-1 fără să fiţi condescendent.

Actune: Caută întotdeauna să fie aprobat.

Motive Possible:

caută sfaturi;

încearcă să-l convingă pe conducătorul şedinţei punctul de vedere;

încearcă să atragă atenţia asupra conducătorului.

Ce de Făcut:

Evitaţi să-i luaţi partea, mai ales dacă grupul va adopta punctul dvs. de vedere.

Actune: Se ceartă cu un alt participant.

Motive Possible:

îi poartă ranchiună de multă vreme;

are sentimente foarte puternice legate de subiectul în discuţie.

Ce de Făcut:

Accentuaţi punctele asupra cărora sunteţi de acord şi reduceţi la minimum numărul neînţelegerilor.

Dirijaţi atenţia participanţilor asupra obiectivelor întrunirii.

Menţionaţi ora de încheiere a şedinţei.

Cereți-le partici panților să lase deoparte subiectul pentru moment.

Actune: Este prea tăcut, nu vrea să participe.
Motive Possible:
    este plictisit, indiferent, timid, nesigur pe el;
    știe mai multe sau are mai multă experiență decât restul grupului.
Ce de Făcut:
    puneți-i întrebări la care sunteți sigur că poate să răspundă.
    profitați de cunoștințele sau experiența sa și folosiți-l ca pe o resursă de valoare.

Actune: Vrea să atragă atenția.
Motive Possible:
    se simte inferior;
    vrea să-și ascundă lipsa de cunoștințe făcând pe clovnul.
Ce de Făcut:
    aduceți-i aminte persoanei care este subiectul discuției.
    vorbiți cu per soana între patru ochi. Arătați-i cum îi afectează pe ceilalți comportamentul său.

Actune: Nu se implică și nu vrea să-și asume noi îndatoriri.
Motive Possible:
    este leneș;
    este deja prea ocupat;
    are impresia că nici n-ar fi trebuit să fie chemat la ședință.
Ce de Făcut:
    cereți-i detalii referitoare la programul său.
    cereți-i să-și asume sarcini în mod voluntar (și ceilalți membri ai grupului trebuie să facă același lucru).
    aveți grijă ca la viitoarele ședințe să invitați pe cine trebuie.

Actune: Este deja supraaglo merat și nu-și poate asuma sarcini noi.
Motive Possible:
    nu este conștient de aptitudinile și de capacitățile sale;
    nu are aptitudini organizatorice.
Ce de Făcut:
    cereți-i detalii referitoare la programul său.
    întrebați-l dacă nu cumva este deja supraaglomerat.

spuneți-i că vă bizuiți pe el.

trimiteți-l la un seminar de organi zare a timpului.

Actune: Dă vina pe ceilalți pentru toate problemele și nu este dispus să accepte noi sarcini.

Motive Possible:

este incapabil să-și recunoască propriile greșeli;

îi este teamă să-și asume riscuri.

Ce de Făcut:

spuneți-i că este răspunzător de faptele sale. Întrebați-l pe ce se bazează afirmațiile sale.

întrebați-l între patru ochi de ce nu acceptă noile sarcini.

Să presupunem că prezidați o ședință și împărțiți sarcini unui grup. Ce faceți atunci când la ședința următoare auziți scuze cusute cu ață albă:

a. *„Nu știam că sunt responsabil cu aceste lucruri!"*

b. *„N-am fost de acord cu asta!"*

c. *„Am crezut că ai nevoie de el abia săptămâna viitoare."*

Următoarele tehnici vă pot ajuta să vă asigurați că participanții își vor respecta angajamentele.

1. Alcătuiți un plan al întrunirii cu limite de timp (înmânati-l participanților înainte de ședință). Apoi țineți ședința conform planului.
2. În cursul ședinței, împărțiți sarcini conform necesităților.
3. Stabiliți termene ferme pentru fiecare sarcină.
4. La sfârșitul ședinței, cereți fiecărui partici-pant să vă confirme că a înțeles ce are de făcut. *„Ce aveți de făcut înainte de ședința de pe 10 decembrie? Seow Kie...? Gemma...? Siew See...?"*
5. Împărțiți informații scrise (note de ședință).

Capitolul 7

Cum să ne purtă m cu subordonaţii dificili

Să înţelegem rolul unui şef

Rolul de şef comportă cinci aspecte esenţiale. O persoană având un statut deplin de şef are următoarele responsabilităţi:

să repartizeze sarcini
să verifice îndeplinirea sarcinilor
să se ocupe de evaluarea performanţelor
să-şi disciplineze subordonaţii
să angajeze personal pentru departamentul respectiv

1. *Repartizarea sarcinilor.*
Aceasta presupune acordarea de sarcini subordonaţilor dumneavoastră.

2. *Verificarea îndeplinirii sarcinilor.*
Vă permite să vă asiguraţi că angajaţii îşi îndeplinesc sarcinile în mod corespunzător. Verificaţi cantitatea şi calitatea muncii depuse, precum şi timpul investit.

3. *Evaluarea performanţelor.*
Sunteţi singurul responsabil cu evaluarea muncii subordonaţilor dvs. Managerul dvs. nu trebuie să facă acest lucru, pentru că nu este direct răspunzător de munca lor. El/ea poate să verifice evaluările făcute de dvs., ca să vadă dacă sunt corecte, dar dvs. trebuie să vă ocupaţi personal de evaluarea fiecărui om din subordine.

4. *Disciplinarea subordonaţilor.*
Deoarece, în esenţă, subordonaţii dvs. vă creează o imagine bună sau proastă, aveţi nevoie de această autoritate pentru a rezolva problemele legate de producţie şi/sau comportament. însă din cauza potenţialelor pericole pe care le prezintă procesele legate de „concedierile incorecte", multe firme însărcinează oameni special instruiţi să se ocupe de concedierea propriu-zisă a angajaţilor.

5. *Angajarea personalului.*

Pe cât posibil, aflați cât mai multe informații despre oamenii care candidează la un post în secția dvs. Dacă sunteți pe lungimi de undă diferite, vă va fi foarte greu să lucrați împreună, ca o echipă.

Din nefericire, majoritatea persoanelor care țin interviurile de angajare se hotărăsc asupra încadrării unei persoane în firma respectivă în primele patru minute ale întâlnirii. Decizia lor se bazează pe ceea ce văd, aud și cred. Ele evaluează limbajul nonverbal al candidatului - cum merge, cum vorbește, cum stă, felul în care dă mâna cu e i - și aptitudinile de comunicare verbale - cât de bine se exprimă, care este nivelul respectului față de sine etc.

În această fază a interviului, persoana care ia interviul nici măcar n-a început să-și pună întrebările esențiale legate de angajarea candidatului.

Dacă sunteți responsabil cu angajarea personalului, trebuie să aveți mintea deschisă până la sfârșitul interviului, În acest fel, decizia dvs. se va baza pe informații mai concrete.

În ce constă exact poziția dvs. de șef? Dacă sunteți responsabil numai de primele două puncte, sunteți doar un fel de îndrumător. În această situație, nu aveți absolut nimic de câștigat. Dacă nu aveți responsabilitatea de a evalua performanțele și de a vă disciplina personalul, subordonații dvs. vă vor arăta un respect formal și nu veți avea prea mult control asupra rezultatelor muncii lor.

Dacă nu vă controlați subordonații și ei nu-și fac bine treaba, cine va fi prost văzut? Dvs.! Dacă firma vă numește în această funcție, vorbiți cu managerul dvs. și cereți-i să vi se acorde primele patru responsabilități (dacă se poate și a cincea). Dacă cererea dvs. este refuzată, cereți-i managerului să se ocupe el de repartizarea sarcinilor și de verificarea îndeplinirii lor, explicându-i motivele.

Foștii colegi ai șefului

Cum trebuie să vă purtați în prima zi a noii dvs. funcții, când dintr-odată vă treziți în poziția de șef al foștilor colegi? Dacă în prima zi sau în prima săptămână nu procedați cum trebuie, probabil că nu veți reuși să fiți un șef bun. Trebuie să îndepărtați sentimentele de invidie și de gelozie pe care le pot nutri noii dvs. subordonați.

De obicei, managerul dvs. va organiza o ședință în cadrul căreia vă va prezenta noului dvs. personal, apoi vă va lăsa pe dvs. să continuați.

Dacă presimțiți că vă veți confrunta cu resentimente, ocupați-vă mai întâi de ele. Începeți prin a spune: *„Știu că o parte dintre voi își doreau să fie promovați în această funcție. Înțeleg că sunteți puțin supărați, fiindcă eu am obținut postul și nu voi. Firma m-a ales pe mine, așa că tot ceea ce vom face de acum înainte depinde de cât de bine vom coopera. Am nevoie de sprijinul vostru ca să-mi pot face bine treaba. La rândul meu, voi face tot ce pot ca să fiu un șef bun. Pot conta pe sprijinul vostru?"*

Cereți-le celor de față să vă confirme, unul câte unul, că vă puteți bizui pe ei: *„Fion - ce zici, pot conta pe sprijinul tău?" „Adrian?"* Vorbiți cu fiecare om din sală. Dacă subordonații își iau față de dvs. un angajament oral, sunt șanse mult mai bune să coopereze cu dvs. în viitor.

Dacă cineva ezită să-și ia angajamentul, nu lăsați lucrurile așa. Vorbiți-i între patru ochi: *„Fion, am remarcat o ezitare în răspunsul tău. Ce pot face ca să-ți ușurez situația?"*

Dacă ea se opune în continuare, va trebui să o supravegheați cu atenție. Ar putea încerca să vă saboteze eforturile. În acest caz, trebuie să țineți situația sub control și să luați imediat măsuri disciplinare. Nu vă fie teamă să faceți acest lucru. Smulgeți răul din rădăcină; nu-l lăsați să crească și să-i contamineze și pe alți oameni din secție.

Repartizarea sarcinilor

Mulți șefi au probleme din cauza incapacității lor de a le repartiza sarcini subordonaților. Ei recurg la scuze cum ar fi:

„Treaba asta trebuie făcută imediat. Dacă muncesc de unul singur, pot să mai termin încă alte trei lucruri pe lângă acesta. Mi-ar lua de două ori mai mult timp să instruiesc pe cineva să facă această treabă și apoi să verific dacă s-a descurcat bine!"

„Este un lucru atât de important, încât numai eu pot să-lfac."
„Mi-e teamă că subordonaţii mei n-or să reuşească."
„Pot face acest lucru mai bine decât oricine altcineva."
„Nu vreau ca oamenii mei să creadă că sunt un tiran. "

În spatele explicaţiilor de mai sus se ascund multe motive. Şefii nu delegă destule sarcini deoarece:

Le este teamă ca lucrurile să nu le scape de sub control. Dacă subordonaţii greşesc, ei vor fi cei afectaţi.

Le este teamă să nu-şi piardă slujba. Unii şefi au impresia că, dacă le repartizează celorlalţi prea multe sarcini, ei nu vor mai avea nimic de făcut. O altă expresie a acestui fapt este: *„Dar dacă vreunul dintre subordonaţii mei devine mai bun decât mine?"*

Mulţi şefi nu sunt conştienţi de un aspect importan lal împărţirii sarcinilor. Dacă nu pregătesc oameni capabili să le ia locul, s-ar putea ca ei înşişi să fie trecuţi cu vederea atunci când se eliberează un post de la un nivel superior. Dacă dovedesc că au pe cineva pregătit să le preia postul, înseamnă că sunt candidaţi buni la promovare. (O metodă de a dovedi acest lucru este să vă asiguraţi că există cel puţin un angajat care poate fi numit în postul de răspundere atunci când dvs. sunteţi plecat.)

Motivarea angajaţilor

Fireşte, faptul de a fi şef presupune mai mult decâ ta împărţi şi a verifica sarcinile, a evalua performanţe leşi a-i disciplina pe angajaţi. A-i conduce pe oameni este o artă care se bazează, în mare măsură, pe capacitatea de a-i motiva pe oameni.

Atunci când încearcă să-şi motiveze personalul, şefii trebuie să se ferească de aşa-zisul *„efect Pigmalion"*. Dacă şeful/şefa crede că angajaţii lui/ei sunt deştepţi, îi va trata ca atare. Dacă îi consideră în stare să gândească independent, îi va trata ca atare. Din nefericire, dacă şeful/şefa îi consideră leneşi, proşti ori nereceptivi la ideile noi (sau având orice alt defect), deseori îi va trata ca atare şi în acest caz. Oamenii reacţionează faţă de ceea ce văd că se aşteaptă de la ei. Dacă şefii se aşteaptă la realizări însemnate, au şanse să le obţină. Dacă se aşteaptă la o productivitate scăzută, probabil că vor obţine tocmai asta.

Sunteţi în situaţia de a fi nevoit să vă schimbaţi atitudinea faţă de aptitudinile angajaţilor dvs.? Modul în care vă conduceţi angajaţii este cumva influenţat de „*efectul Pigmalion*"?
Pe unii oameni îi motivează interesul faţă de munca în sine. Alţi factori motivatori sunt dorinţa sau nevoia de:

bani
a fi acceptat de colegi
concurenţă/provocare
recompense
a avea un statut important
a avea condiţii mai bune de muncă
a avea un loc de muncă sigur
ocazii de a fi promovat
a lucra într-un birou mai bun
avantaje suplimentare
a fi apreciat pentru rezultatele obţinute

S-ar putea ca angajaţii dvs. să primească oarecare atenţie doar atunci când au făcut greşeli. Toţi vrem să fim lăudaţi şi apreciaţi pentru o muncă bine făcută. Aceasta este cea mai puternică motivaţie. Încercaţi!Vedeţi dacă lucrurile nu se schimbă.

Trebuie să ştiţi că nu puteţi motiva pe toată lumea; unii oameni pur şi simplu nu pot fi motivaţi. Dacă aveţi oameni care nu obţin rezultate satisfăcătoare, spu-neţi-le exact ceea ce vreţi de la ei (formulaţi-vă cererile în mod corespunzător). Apoi daţi-le ocazii suficiente pentru a-şi îmbunătăţi performanţele. Dacă refuză să se conformeze, înlocuiţi-i cu oameni mai buni. Există prea multe persoane de calitate care nu au un loc de muncă pentru a-i mai păstra pe leneşi pe statul de plată. Asemenea oameni îi demotivează pe toţi cei din jur.

Puneţi-vă la punct cu câteva proceduri standard pentru gestionarea resurselor umane şi convingeţi conducerea firmei să le aplice, dacă nu le foloseşte deja. Instrumente de bază în gestionarea personalului, cum sunt fişele de post şi evaluarea performanţelor, îi ajută pe angajaţi să ştie ce se aşteaptă de la ei şi faptul că eforturile lor sunt apreciate. Ei vor avea încredere că rolul acestor proceduri este să le permită să-şi dezvolte aptitudinile şi să fie promovaţi. Avantajele unor instrumente de acest gen sunt discutate în exemplele care urmează.

1. *Instrumente standard de gestionare a motivaţiei*

„Subordonaţii mei se aşteaptă să fie apreciaţi pentru contribuţiile lor la rapoartele şi proiectele mele."

După cum am menţionat în capitolul despre relaţiile cu şefii mai dificili, incapacitatea şefului de a-şi aprecia angajaţii este o mare problemă pentru aceştia din urmă. Cred că a recunoaşte contribuţia personalului la realizarea unei părţi dintr-un raport sau a unui proiect nu este un lucru care v-ar putea afecta negativ! Dacă nu o veţi face, probabil că le răpiţi motivaţia pentru următorul raport sau proiect la care vor lucra. Scopul principal al unui şef este să-şi motiveze oamenii să facă tot ce le stă în putinţă. Nu vi se pare firesc să-i apreciaţi atunci când fac treabă bună?

„Oamenii mei vor să le schimb fişele postului în funcţiede propriile lor talente şi aptitudinii"

Acest lucru se întâmplă la multe firme cu vederi progresiste. In loc să-i oblige pe angajaţi să corespundă nevoilor companiei, multe firme adaptează posturile la talentele şi aptitudinile angajaţilor. Până când aceasta va deveni o caracteristică universală, angajaţii trebuie să se conformeze necesităţilor postului pe care au fost angajaţi.

„Eu nu am prea mare încredere în fişele de post, fiindcă nu fac decât să-i încurajeze pe subordonaţi să exclame: «Lucrul acesta nu este trecut în fişa postului!»"

După cum am discutat mai devreme, pentru ca angajaţii să lucreze bine, sunt necesare nişte fişe de post ncorecte şi la zi. Cum ar putea un angajat să facă o treabă bună pentru dvs. şi pentru firmă dacă nu ştie ce se doreşte de la el? Definiţi foarte clar fiecare sarcină şi stabiliţi standarde de performanţă (cantitate, calitate şitermen de realizare). Este un lucru esenţial pentru ca dvs. şi personalul dvs. să ştiţi ce se aşteaptă de la fiecare.

„Bugetul meu de instruire este zero, dar personalul vrea să participe la cursuri."

Nu este o situaţie prea fericită pentru un şef, dar în perioadele de declin economic se întâmplă şi aşa ceva. Firmele nu pot oferi întotdeauna toate fondurile necesare pentru instruire, dar de obicei se pot face compromisuri. La unele firme, angajaţii sunt obligaţi să semneze un document care afirmă că vor trebui să returneze costurile instruirii dacă pleacă din firmă în următorii doi ani după frecventarea cursurilor respective. O variantă este ca firma să suporte jumătate din costul instruirii.

Dacă angajaţii au nevoie de instruire, şeful lor trebuie să demonstreze conducerii că investiţia merită făcută. Descrieţi beneficiile pe care le va aduce firmei procesul de instruire. În particular, încercaţi să identificaţi avantajele de ordin financiar. Dacă firma nu se arată prea generoasă, încurajaţi-i pe angajaţi să plătească ei înşişi ceea ce trebuie. Explicaţi-le care sunt avantajele viitoarelor creşteri de salariu în comparaţie cu costul cursurilor; spuneţi-le că este vorba de o investiţie în viitorul lor.

„Subordonaţii mei doresc să le fie evaluate performanţele în mod regulat, dar firma nu oferă această posibilitate."

La majoritatea firmelor, există obiceiul de a se realiza cel puţin o evaluare anuală a performanţelor în cazul fiecărui angajat. De asemenea, au loc şedinţe de evaluare, în general, la sfârşitul perioadei de probă a angajaţilor. Ele sunt recomandabile în toate cazurile, pentru ca angajaţii să ştie la ce nivel se află. Unele firme fac evaluări ale performanţelor după fiecare proiect special.

Există multe metode de a evalua performanţele. Majoritatea sunt foarte proaste, deoarece evaluează chestiuni subiective, cum sunt atitudinea, judecata şi iniţiativa. Acest tip de evaluare depinde foarte mult de dispoziţia persoanei care o realizează.

Angajaţii trebuie evaluaţi în funcţie de măsura în care şi-au atins obiectivele propuse. Fiecare obiectiv este asociat cu anumite standarde de performanţă. Aceasta este o metodă precisă. Atât angajatul, cât şi şeful său ştiu foarte bine care este situaţia primului, deoarece evaluarea se bazează pe fapte, şi nu pe impresiile personale ale şefului.

Dacă firma dvs. nu organizează şedinţe regulate de evaluare a performanţelor, propuneţi-le să facă acest lucru. Spuneţi că aveţi de gând să organizaţi asemenea şedinţe pentru proprii dvs. subordonaţi, chiar dacă firma nu face aşa ceva. În multe cazuri, când un departament pune la punct un sistem de evaluare, angajaţii de la celelalte departamente văd în curând care sunt avantajele şi propun ca sistemul să fie adoptat la nivelul întregii firme. Încercaţi; n-aveţi nimic de pierdut.

„La firma mea nu există un departament de personal. Cum să stabilesc salarii corespunzătoare pentru angajaţii mei?"

Vorbiţi cu concurenţa şi aflaţi cu cât îi plătesc pe oamenii cu aptitudini similare celor din subordinea dvs. Urmăriţi anunţurile din ziare referitoare la posturi identice cu cele de la firma dvs. Nu vă zgârciţi; este mai bine să le daţi un salariu puţin mai mare decât să-i plătiţi prea puţin şi să pierdeţi nişte angajaţi buni.

„Să mă conformez şi eu tendinţei de a-i înlocui ve angajaţii mai bătrâni şi mai «costisitori» cu oameni mai tineri şi mai «ieftini»?"

Este o întrebare dificilă. De multe ori, aceasta este singura soluţie a problemelor economice cu care se confruntă o firmă. Un angajat care mai are cinci ani până la pensie şi câştigă 40 000 de dolari pe an poate fi înlocuit cu un om mai tânăr, plătit cu 30 000 de dolari pe an.

Multe firme le oferă angajaţilor vârstnici posibilitatea de a se pensiona mai devreme, ca pe un compromis. Însă unele companii pur şi simplu îi dau afară. Pe lângă faptul că este catastrofal pentru angajat, ceilalţi vor începe să se întrebe când le vine şi lor rândul. S-ar putea ca angajaţii pe care firma doreşte să-i păstreze să-şi caute de lucru în altă parte şi să plece într-un moment inoportun. Moralul angajaţilor va avea de suferit şi asta va afecta productivitatea.

Deşi nu se poate răspunde uşor la această întrebare, firmele trebuie să evalueze cu mare atenţie argumentele pro şi contra înainte de a decide să urmeze această tendinţă.

2. Motivarea angajaţilor agresivi

Angajaţii lipsiţi de motivaţie, dar care pot fi foarte valoroşi pentru firmă, reprezintă un bun test de aptitudini pentru şef. Deseori, angajaţii de acest gen au foarte multă energie, care se manifestă într-o manieră negativă, agresivă sau chiar generatoare de conflicte. Acest comportament poate fi cauzat de:

impresia că nu au un loc de muncă sigur;

sentimentul că le lipsesc educaţia, experienţa sau cunoştinţele necesare;

lipsa stimei de sine sau a mândriei pentru propriile aptitudini şi realizări;

o muncă în care nu-şi folosesc toate aptitudinile şi capaci-tăţile;

faptul că nu se simt bine alături de colegi (poate din cauza unor diferenţele rasiale şi/sau culturale).

Cei care consideră că nu sunt potriviţi pentru postul lor, indiferent de motiv, pot avea un comportament agresiv faţă de firmă, conducerea de nivel superior, şefii direcţi, colegi sau clienţi. Şefii care vor să-i „îmbuneze" pe aceşti angajaţi pot face următoarele:

să-i aprecieze sincer pentru munca lor;

să le explice cât de valoroase sunt eforturile lor pentru colegi (care fac parte din aceeaşi echipă);

să le explice cât de importantă este munca lor pen tru firmă;

să le arate că instruirea şi alte calificări le permit să-şi îndeplinească mult mai bine sarcinile;

să găsească o metodă de a le recompensa realizările;

să-i implice în situaţii de grup: să le ceară sfatul;

să le descrie cu mare atenţie responsabilităţile pe care le presupune postul lor şi să stabilească standarde de performanţă *accesibile.*

Mulţi angajaţi agresivi au foarte multe de oferit. Ei pot fi oameni orientaţi spre reuşită, dispuşi să accepte provocări şi să-şi propună standarde înalte pentru a se bucura de recunoaşterea propriilor merite. Deseori, au un nivel de energie ridicat, iar şefilor le este greu să le ofere permanent sarcini constructive. Puterea îi stimulează şi dacă li se conferă autoritate s-ar putea să se comporte foarte bine, de îndată ce se familiarizează cu situaţia. Daţi-le responsabilităţi de care se pot ocupa, dar aveţi grijă să nu abuzeze de colegi sau de clienţi. Aceşti angajaţi nu se pricep să împartă sarcini şi nu sunt dispuşi să ceară ajutor la nevoie. Preferă să lucreze singuri. Dacă este posibil, oferiţi-le această şansă. De asemenea, în general, le place diversitatea, deci încercaţi să le schimbaţi frecvent sarcinile.

3. *Motivarea angajaților care opun rezistență la schimbare*

Când șefii vor să facă schimbări în metodele pe care le folosesc subordonații lor pentru a-și îndeplini îndatoririle, deseori sunt surprinși de rezistența pe care o întâmpină. În prezent, datorită numeroaselor progrese tehnologice, această situație este foarte răspândită.

Vă este greu să vă adaptați la schimbare? Vă confruntați în prezent cu o situație care implică schimbare? Dacă puteți identifica o asemenea situație, puneți-vă întrebarea: *„Ce poate să meargă prost dacă nu vreau să mă schimb?"* Apoi decideți care vor fi avantajele dacă vă schimbați chiar acum și nu mai târziu, când nu veți mai avea de ales.

Șefii și profesorii trebuie să fie conștienți de etapele pe care le parcurg oamenii pentru a se adapta la schimbare, astfel încât să-i poată ajuta să parcurgă etapa de tranziție. Procesul este compus din următoarele faze:

1. *Dezghețarea.* În cursul acestei etape inițiale, le cereți angajaților să renunțe la modul lor obișnuit de a acționa și să identifice metode noi. Aceasta implică renunțarea la vechile obiceiuri.
2. *Schimbarea.* Oamenilor li se explică noul model de comportament sau noul mod de a face un anumit lucru. Pentru aceasta, șeful trebuie să identifice avantajele schimbării și motivele pentru care ar întâmpina rezistență. De asemenea, trebuie să determine metode de a elimina obiecțiile față de schimbare.
3. *Reîngheţarea.* Angajații sunt urmăriți cum folosesc noua metodă până când se familiarizează cu ea. Șefii trebuie să-i descopere pe cei hotărâți să facă lucrurile tot *„așa cum știu ei".* Pot fi necesare până la trei luni de supraveghere continuă.

Eliminarea obiecțiilor fată de schimbare

Noile sisteme, metode și scheme nu vor funcționa decât dacă îi convingeți pe oameni să le accepte. Poate fi necesar să vă „vindeți" ideile, să faceți o adevărată demonstrație pentru ca oamenii să înțeleagă că au nevoie de ele. Iată unde intervine planificarea. De exemplu, să presupunem că ați descoperit o metodă mai rapidă de a prelucra comenzile clienților. Înainte de a le explica și altora noul sistem, pregătiți-vă în felul următor:

a. scrieți un rezumat al metodei existente;
b. determinați avantajele și dezavantajele acestei metode;
c. scrieți un rezumat al noii metode;
d. determinați avantajele și dezavantajele noii metode;
e. anticipați obiecțiile pe care le vor avea ceilalți și gândiți-vă ce veți spune pentru a vă apăra noua idee.

Următoarea listă vă va ajuta să rezolvați în mod mai eficient obiecțiile celorlalți:

Anticipați și pregătiți-vă pentru cât mai multe obiecții posibile. Realizați un plan pentru abordarea fiecăreia dintre ele.

Cereți-le subordonaților să-și prezinte obiecțiile în termeni cât mai preciși, cu exemple.

Nu acceptați motivele de suprafață ale rezistenței la schimbare. Faceți eforturi pentru a descoperi motivele reale.

Puneți la punct o metodă practică de a elimina fiecare obiecție, dacă este posibil.

Dacă nu reușiți să eliminați o obiecție, încercați să găsiți un mod de a o compensa.

Găsiți suficiente avantaje pentru a câștiga sprijinul și cooperarea celorlalți, în pofida obiecțiilor.

Găsiți o metodă de a-i face pe ceilalți să vă accepte ideea mai ușor, în pofida obiecțiilor.

Prezentați-vă ideea treptat persoanelor care au obiceiul să se opună. Nu încercați să-i faceți să o accepte imediat. S-ar putea ca obiecția să fie doar o tactică de amânare – tendința, firească a personei de a se opune schimbării.

Găsiți dvs. înșivă obiecții importante înainte să o facă alții. Apoi explicați cum pot fi depășite aceste

Corectarea sau disciplinarea angajaților

Uneori, șefii trebuie să schimbe comportamentul angajaților. Felul în care fac acest lucru poate avea rezultate pozitive sau negative. Există două tipuri fundamentale de critici: constructive și distructive.

1. *Criticile constructive.* Rolul criticilor constructive este acela de a îndrepta comportamentul persoanei. Cel care face criticile îi împărtăşeşte celuilalt sentimentele sale legate de comportamentul care trebuie schimbat şi îi oferă o şansă de a se îndrepta. De exemplu: *„Joan, faptul că ronţăi tot timpul bomboane mă deranjează în timp ce lucrez. N-ai prefera nişte gumă de mestecat?"*

2. *Criticile distructive.* Criticile distructive sunt îndreptate împotriva persoanei şi nu a comportamentului său. De exemplu: *„Joan, termină odată cu ronţăitul ăsta! Eşti persoana cea mai egoistă pe care am văzut-o vreodată! Nu-ţi pasă deloc de cei din jurul tău!"*

Joan probabil că simte nevoia să se apere (a fost un atac la persoană). Este foarte posibil ca ea să contra-atace şi să nu renunţe la prostul ei obicei.

Următoarele aptitudini de comunicare sunt utile atunci când trebuie să disciplinaţi sau să criticaţi un subordonat.

Întrebări de sprijin

Acestea sunt reacţii care demonstrează că acceptaţi şi înţelegeţi sentimentele persoanei cu care vorbiţi, că recunoaşteţi eforturile ei de a se schimba şi a face progrese.

1. *„Ai impresia că nu poţi să cooperezi cu...?"*
2. *„Cum te pot ajuta să depăşeşti acest obstacol?"*
3. *„Crezi că ai aptitudinile necesare pentru a îndeplini această sarcină?"*

Întrebări de explorare

Acestea sunt reacţii menite a încuraja examinarea problemei, chiar dacă faptele sunt neplăcute.

1. *„Spune-mi mai midte despre acest lucru."*
2. *„Care crezi că este problema?"*
3. *„Când a început această stare a lucrurilor?"*
4. *„Ce influenţă are aceasta asupra perform-anţelor tale?"*

„Atunci când trebuie să îndrept comportamentul cuiva, nu ştiu niciodată cum să încep discuţia. Să-i spun mai întâi toate

calitățile și trăsăturile pozitive, iar apoi să mă concentrez asupra celor pe care vreau să le schimbe?"

Începeți cu o prezentare succintă a felului în care se poartă angajatul (încercând să puneți accent pe aspectele pozitive), apoi discutați despre lucrurile pe care vreți să le îndreptați, iar în final reveniți la trăsăturile pozitive.

Gândiți-vă la conversațiile purtate cu șefii dvs. în trecut. Ați auzit măcar un cuvințel în care să-și exprime părerea despre ceea ce ați făcut bine? Puțin probabil. Cu toții așteptăm cuvântul „dar" și toate vorbele dinainte ne trec pe lângă ureche. Majoritatea oamenilor fac bine ceea ce fac în 9 5 % din cazuri, dar se simt jigniți când aud despre cele cinci procente care necesită îmbunătățiri.

Din acest motiv, trebuie să începeți cu cele cinci procente greșite. Explicați-le că lucrul cel mai important este să învețe din greșelile lor și să nu le repete. Iar în continuare spuneți-le ce au făcut bine. Astfel, discuția se va încheia cu sentimente pozitive și într-o atmosferă mai plăcută pentru amândoi. Angajatul știe ce are de îndreptat, dar nu rămâne cu sentimentul eșecului.

Cum să abordăm comportamentul neproductiv

Termenul *„comportament neproductiv"* presupune o multitudine de aspecte, de la ineficiență la furt. Rezolvarea unora dintre aceste probleme necesită doar îndemânare în relațiile interumane. în cazul altora, trebuie să vă puneți la bătaie toate aptitudinile de conducere de care dispuneți.

1. Angajați care dau vina pe alții

În mediul managerial complex de astăzi, este din ce în ce mai important să evităm chiar și greșelile minore. A da vina pe alții poate fi un simptom al incapacității șefului de a repartiza sarcinile în mod corespunzător sau de a defini clar responsabilitățile. Existența unor manuale oficiale de politici și proceduri în care sunt definite responsabilitățile ar elimina unele dintre aceste situații.

Nu este suficient ca șefii să le spună angajaților cum să-și facă treaba. Ei trebuie să le explice foarte clar care le sunt îndatoririle.

De exemplu: *„Wilma, treaba ta este să compari numerele de pe bonurile de marfă cu cele de pe copia raportului de primire."*

„Şi dacă sunt diferenţe?"

„Este îndatorirea ta să notezi neconcordanţele şi săle rezolvi. Dacă apare vreo greşeală, va fi din vina ta. Aivreo nelămurire?"

Chiar şi un angajat bine calificat cum este Wilma va face greşeli. însă dacă îi reamintiţi în mod constant care îi sunt îndatoririle, va face din ce în ce mai puţine erori şi nu va încerca să dea vina pe alţii.

Încercaţi să nu exageraţi cu pedepsele, indiferent de greşeală. Măsurile disciplinare exagerate nu fac decât să atragă scuze (de exemplu: „Curierul a zis că nu-i nicio problemă să acceptăm facturi de transport, iar eu am crezut că e în regulă." Sau: „Nu da vina pe mine! John a spus că putem să aprobăm proiectul.")

Măsurile disciplinare exagerat de severe au şi alte efecte secundare, cum ar fi minciuna, înşelătoria şi tăinuirea greşelilor. Ascunderea greşelilor poate provoca daune ireparabile. Greşelile legate de servicii pot fi costisitoare. Costul înlocuirii imediate a unui serviciu, plus daunele aduse imaginii firmei determină scăderea volumului de vânzări sau de servicii.

Din când în când, şefii trebuie să dea exemplul cel bun, recunoscându-şi propriile greşeli în faţa subordonaţilor. Acest lucru le va demonstra că a da vina pe alţii este ceva inacceptabil.

2. Angajaţi care blochează bunul mers al lucrurilor

„Treaba nu merge pentru că John nu-i dă drumul!" Angajaţii care produc blocaje reprezintă un motiv frecvent al plângerilor din partea conducerii. Este vorba despre persoane care ţin pe loc fluxul de producţie al unei firme. De multe ori, aceasta are ca rezultat lipsa de activitate a angajaţilor, care aşteaptă rezolvarea blocajului. Cauzele pot fi puse pe seama modului în care este schiţat fluxul de producţie sau a modului de lucru al angajatului. Dacă bănuiţi că problema este de primul tip, faceţi următorul test. Repartizaţi unui alt angajat sarcinile celui din zona cu probleme. Dacă apar în continuare blocaje (după o perioadă de instruire), modificaţi fluxul de producţie.

In general, angajaţii care produc blocaje au următoarele caracteristici:

tendinţa de a se lăsa descurajaţi chiar şi de probleme minore;
instruire insuficientă;
incapacitatea de a lua decizii;
necunoaşterea cerinţelor legate de productivitate;
nu se identifică drept un membru al echipei;
nesiguranţă în ceea ce priveşte postul lor;
o teamă crescută de a nu face greşeli;
incompatibilitate cu colegii, ceea ce determină lipsa de cooperare.

Dacă nu există niciun indiciu că blocajul ar fi provocat în mod deliberat, poate că angajatul cu pricina nu ştie prea bine ce se aşteaptă de la el. Şeful trebuie să-l ajute să-şi consolideze cunoştinţele. În cursul reinstruirii, şeful poate să vadă dacă angajatul înţelege treaba în detaliu, să-i arate cum să realizeze diversele sarcini şi apoi să-l îndrume sub observaţie directă. Accentul trebuie pus pe tehnicile care pot accelera îndeplinirea sarcinilor.

Angajaţii trebuie să ştie ce legătură există între rolul lor şi rolurile pe care le îndeplinesc ceilalţi membri ai firmei. Asta le va permite să înţeleagă ce consecinţe au propriile lor performanţe - bune sau slabe.

Majoritatea angajaţilor „blocaţi" nu doresc de fapt să se întâmple aşa ceva. Cei mai mulţi dintre ei vor să coopereze cu ceilalţi la atingerea scopurilor comune. Secretul este să-i faceţi pe toţi oamenii din firmă să aibă un scop comun. Şefii trebuie să pună accent pe ajutorarea celorlalţi:

„Yeok Men, poţi să-i arăţi lui Lee Juan cum să încheiem mai repede proiectul?"
„Lee Juan, lasă-l pe Yeok Men să-ţi arate câteva tehnici ca s-o scoatem la capăt cu treaba de care avem nevoie acum."

Un aspect important al eliminării blocajului este să-l faceţi pe angajat să dorească să-şi termine treaba mai repede. Cuvintele de apreciere sporesc încrederea angajaţilor mai înceţi. Ele îi fac să fie mai siguri de postul lor şi, fără îndoială, reduc tensiunile. Dacă angajatul se simte mai stăpân pe situaţie, nu se va mai teme atât de mult să nu facă greşeli. Pe scurt, câteva şedinţe de instruire suplimentare, asociate cu reducerea tensiunii îl pot determina pe angajat să se mişte mai repede.

3. *Angajaţi predispuşi la greşeli*

Există două tipuri fundamentale de greşeli. Primul tip este o consecinţă a modului în care sunt proiectate sistemele. Metodele sau tehnicile utilizate determină un anumit număr de greşeli. Îmbunătăţirea continuă a sistemelor reduce rata erorilor. Însă indiferent cât de bine ar fi proiectat sistemul, trebuie să luăm în considerare şi factorul uman. De vină pot fi următoarele situaţii:

> instruire necorespunzătoare;
> prea puţine instrucţiuni scrise;
> un număr prea mare de angajaţi în subordinea aceluiaşi şef;
> prea puţine niveluri ierarhice intermediare;
> un mediu de lucru deprimant;
> angajaţii sunt plictisiţi de slujbele lor;
> lipsa cercetărilor pentru a determina cauzele erorii;
> angajaţii sunt schimbaţi prea des.

Firmele de asigurări auto admit că unii şoferi sunt mai predispuşi la accidente decât majoritatea. Similar, unii angajaţi sunt mai predispuşi la greşeli decât alţii. In cazul greşelilor deliberate, trebuie să se ia măsuridi sciplinare, mergând până la concedierea angajatului. Însă majoritatea greşelilor nu sunt intenţionate. Ele sunt cauzate de o diversitate de factori, inclusiv erori de judecată din partea conducerii sau o instruire necorespunzătoare a angajaţilor. Iată câteva etape propuse pentru reducerea numărului de erori:

a) Determinaţi natura erorilor.
b) Revizuiţi sistemul pentru a uşura detectarea erorilor.
c) Puneţi un angajat cu experienţă să-l supra-vegheze pe angajatul predispus la greşeli.
d) Faceţi apel la mândria profesională a angajatului.
e) Discutaţi cu angajatul predispus la greşeli pentru a descoperi cauzele erorii.

Majoritatea angajaţilor vor să simtă că merită banii câştigaţi. Acest sentiment de mândrie se datorează, înparte, impresiei lor că nu fac greşeli. Prin urmare, atunci când sunt ajutaţi cu bunăvoinţă, vor aprecia gestul şi îşi vor spori încrederea în ceea ce fac. O metodă este să-i oferiţi angajatului cu probleme un coleg pe post de instructor.

Angajaţii mai vechi, care sunt eficienţi în munca lor, pot fi de folos în a descoperi cauzele greşelilor pe care le fac alţi angajaţi. În loc să caute greşelile după ce acestea au fost făcute şi să ia măsuri pentru a îndrepta situaţia, ei pot oferi instrucţiuni pentru a evita greşelile. În unele cazuri, angajatul cu probleme trebuie doar să ştie care aspecte necesită o atenţie suplimentară (de exemplu: *„John, ai putea să faci a doua verificare cu mai multă atenţie?"* *Sau: „Melly, ai putea să fii mai atentă la articolele astea?").*

Pentru a le consolida sentimentul de mândrie profesională, nu-i lăsaţi pe angajaţi să se definească drept *„un simplu portar"* sau *„doar o recepţioneră"*. Fiţi pregătit să le explicaţi cât de importantă este munca lor pentru bunul mers al activităţii firmei.

4. *Angajaţi care visează cu ochii deschişi*

Toţi visăm cu ochii deschişi, dar unii oameni exagerează - iar asta poate avea ca rezultat o productivitate redusă, erori şi accidente. Unele munci predispun mai mult la visare şi, ca urmare, necesită o supraveghere mai atentă.

Nu e întotdeauna corect să daţi vina pe angajaţi. S-ar putea ca munca lor să fie atât de plictisitoare, încât să nu se poată concentra asupra a ceea ce au de făcut. Activităţile de rutină favorizează visarea cu ochii deschişi.

Muncile care necesită creativitate trebuie să se desfăşoare într-un mediu de natură să stimuleze această calitate. Dacă într-o secţie se desfăşoară mai multe tipuri de activităţi, este recomandabil să folosiţi rotaţia posturilor pentru a evita monotonia. Este bine ca modul de îndeplinire a sarcinilor să fie flexibil, pentru ca angajaţii să poată decide singuri cum se vor ocupa de etapele individuale. Această flexibilitate le permite angajaţilor să se gândească cum vor să abordeze diverse treburi. La rândul său, aceasta stimulează atenţia şi reduce monotonia. Rotaţia posturilor le oferă angajaţilor posibilitatea să se instruiască şi în alte domenii decât cele cu care sunt obişnuiţi. Şefii vor dispune astfel de mai multă flexibilitate în utilizarea personalului şi de mai mulţi oameni calificaţi pentru un anumit post.

Funcţiile trebuie gândite astfel încât să menţină trează atenţia angajaţilor. Sarcinile care trebuie îndeplinite stând în picioare defavorizează visarea. Poate fi de ajutor şi o aranjare mai bună a secţiei. Decorul are şi el importanţa lui. Birourile sau pereţii nu trebuie să fie de aceeaşi culoare. Faceţi toate eforturile pentru a îndepărta monotonia din mediul de lucru. Iată câteva etape recomandate:

a) Evaluaţi mediul de lucru. Faceţi toate schimbările posibile.
b) Modificaţi fluxul de lucru pentru a reduce monotonia.
c) Modificaţi metodele şi ordinea etapelor necesare pentru îndeplinirea sarcinilor.
d) Dacă este posibil, lăsaţi-1 pe angajat să decidă ce va face în ziua respectivă.
e) Identificaţi angajaţii care necesită supra-veghere continuă pentru a-şi îmbunătăţi atenţia.

Indiferent câte eforturi faceţi pentru a defavoriza visarea cu ochii deschişi, unii angajaţi rămân pierduţi printre nori. Supravegherea atentă din partea şefului este singura metodă de a rezolva problema şi a-1 ajuta pe angajat să rămână cu picioarele pe pământ. În acest caz, se impune o discuţie între şef şi angajat. S-ar putea să fie necesară înlocuirea angajatului.

5. *Angajaţi care nu ştiu să se organizeze*

Mulţi consideră că o bună organizare este un lucru de faţadă. Ei fac afirmaţii de genul: *„Eu ştiu unde se află fiecare lucru de pe biroul meu!"* Dar atunci când lipsesc pe caz de boală, această dezordine provoacă dificultăţi. Cei care le preiau sarcinile nu ştiu unde să găsească diversele lucruri de care este nevoie. De fapt, oamenii dezordonaţi nu ştiu „unde se află fiecare lucru", iar un loc de muncă dezordonat poate fi un semn de ineficientă. Dezordinea excesivă poate avea ca rezultat:

lipsa unor dosare sau documente;
rătăcirea sau pierderea unor unelte sau echipamente;

costuri înalte privind materiile prime;

neconcordanța dintre piese și inventar;

murdărirea produselor;

rată înaltă a rebuturilor și costuri mari de refabricare;

un bilanț necorespunzător al produselor finite;

rată înaltă de nefuncționare a mașinilor;

un număr mare de accidente;

un moral scăzut al angajaților și lipsa disponibilității de a sta peste program;

probleme de disciplină și muncă asiduă.

Motivați-vă angajații să păstreze ordinea la locul de muncă, dându-le exemplul cel bun. Va fi mai ușor să încurajați personalul să-și formeze obiceiuri bune dacă propriul dvs. birou este curat și ordonat. Încurajați-i să facă ordine la sfârșitul fiecărei zile de muncă. Dacă observați oameni care se pregătesc de plecare și au lăsat totul vraiște în urma lor, opriți-i și cereți-le să facă ordine înainte să plece. Poate fi nevoie să alcătuiți o listă a *„sarcinilor gospodărești"* de care trebuie să se ocupe.

6. *Angajați necinstiți*

A fost o vreme în care lipsurile la inventar afectau doar domeniile cu produse atrăgătoare. Dar în prezent se fură obiecte de toate tipurile. Se fură nu numai produse finite, ci și piese sau chiar materii prime.

Poate că angajații care iau acasă câteva creioane colorate pentru copiii lor nu fac o pagubă prea mare, însă dau un exemplu prost. Iar unii angajați merg mult mai departe. Deseori, furtul este o metodă de *„a se răzbuna pe conducere".* Unii oameni de acest gen fură mult mai multe lucruri decât ar putea folosi vreodată, în general, cei care au obiceiul să fure sunt angajați nesatisfăcători, nu doar din cauza furturilor, ci și din alte motive. Ei nu numai că nu respectă bunurile firmei, dar au și o părere proastă despre compania la care lucrează.

Nu se justifică din punct de vedere economic să puneți totul sub lacăt și nici nu-i puteți prinde pe toți vinovații. însă, dacă firma elimină unele tentații, numărul pierderilor va scădea. O metodă de a descuraja furtișagurile este să numiți unul sau doi oameni responsabili cu paza bunurilor companiei. O altă metodă estes ă-i puneţi pe angajaţi să semneze pentru instrumentele şi echipamentele pe care le folosesc.

7. *Angajaţi care pierd vremea*

a. *Telefoane în interes personal*

Nimic nu este mai supărător pentru un şef decât un angajat care primeşte tot timpul telefoane în interes personal. Pe lângă faptul că ţine linia ocupată, întrerupe şi fluxul de producţie. Dacă angajaţii risipesc timpul companiei, ei risipesc de fapt banii alocaţi de firmă pentru salarii. Angajaţii trebuie să dea un număr minim de telefoane în interes personal. La urma urmei, de viaţa personală trebuie să se ocupe după orele de serviciu.

De multe ori, angajaţii care îşi rezolvă treburile personale la birou sunt trecuţi cu vederea la promovare. Majoritatea nici măcar nu înţeleg că singuri se împiedică să avanseze în cadrul firmei.

Iată câteva strategii pentru a rezolva problema:

Spuneţi-le angajaţilor să reducă numărul apelurilor telefonice în interes personal, limitându-se la cele importante sau urgente, care trebuie să fie concise şi amabile. Cereţi-le să le explice prietenilor şi rudelor care este politica firmei în această privinţă. În mod normal, unul-două telefoane pe zi ar trebui să fie suficiente.

Cereţi-i secretarei să întrebe numele apelanţilor şi să spună: „Ce firmă reprezentaţi?" Această întrebare poate fi suficientă pentru a reduce numărul şi durata apelurilor în interes personal. Secretara poate să ţină evidenţa acestor apeluri timp de o zi sau două şi să alcătuiască un raport pentru şeful fiecărei secţii. Apoi şefii pot avea discuţii cu anga jaţii care nu respectă politica firmei, pentru a-i determina să se îndrepte.

Asiguraţi-vă că angajaţii înţeleg faptul că purtarea lor îi împiedică să fie promovaţi.

b. *Pauze de prânz şi de cafea prea lungi*

Studiile arată că pauzele din programul de lucru sporesc productivitatea. Însă şefii trebuie să fie atenţi la tendinţa angajaţilor de a încetini ritmul de lucru în aşteptarea pauzei de prânz sau de cafea. Mulţi angajaţi vor lua pauze mai lungi dacă nimic nu îi presează să se întoarcă la lucru. Munca trebuie să fie reluată imediat după pauză. Dacă ați identificat o asemenea problemă, aveți grijă să fiți de față înainte și imediat după pauze. Aceasta vă va permite să observați abuzurile și să-i încurajați pe oameni să-și folosească timpul într-un mod mai productiv. După pauză, puteți să împărțiți noi sarcini sau să verificați situația celor în curs.

E nevoie de un efort susținut din partea șefilor pentru a face distincție între cei care abuzează de pauze în mod ocazional și cei care fac aceasta tot timpul. În pofida eforturilor dvs., unii angajați vor continua să abuzeze de pauzele de prânz și de cafea. Aceasta impune măsuri disciplinare oficiale (avertismente scrise, suspendare pentru o zi etc.)

c. *Absenteismul*

Mulți angajați merg la serviciu chiar dacă le curge nasul și au febră. Ei refuză să profite de concediile medicale pe care le oferă compania. Mulți au impresia că n-are rost să-și ia concediu medical în cazul unor suferințe minore, pentru că vor avea nevoie de el în cazul în care se vor confrunta cu o problemă mai serioasă. Alții sunt convinși că nimeni nu poate face treaba la fel de bine ca ei. Se simt responsabili pentru performanțele lor. Pentru ei, a nu lipsi de la serviciu face parte din etica unui bun angajat. Șeful trebuie să aprecieze sacrificiile pe care le fac oamenii de acest gen. Atunci când un asemenea angajat rămâne acasă, de obicei este mult prea bolnav pentru a lucra ceva, oricât de simplu. Aceștia sunt oameni foarte valoroși pentru orice companie. Din nefericire, la multe firme există și angajați care abuzează de privilegiile pe care li le conferă concediile medicale. De fapt, *într-o zi normală de lucru, lipsesc între 4 și 6% dintre angajați.*

Absenteismul întrerupe fluxul de lucru, cauzând întârzieri și probleme de producție. Calitatea muncii are de suferit, fiindcă oamenii care îi înlocuiesc pe cei absenți nu sunt la fel de bine instruiți pentru munca respectivă sau fiindcă trebuie să lucreze peste program pentru a termina toată treaba.

Deoarece costurile pe care le suportă compania în cazul acestor abuzuri sunt ridicate, toți șefii trebuie să ia măsuri pentru a

descuraja absenteismul nejustificat. Aceste etape sunt
următoarele:

Impuneți respectarea regulilor. Altfel, anumiți angajați vor
continua să le încalce și s-ar putea ca și alții să se simtă
încurajați să facă același lucru;

Determinați dacă existe șabloane de absenteism. Cele cinci
tipuri principale de absenteism nejustificat sunt enumerate
mai jos, împreună cu câteva strategii privind abordarea lor.
(Notă: S-ar putea ca unele dintre aceste soluții să nu fie
compatibile cu reglementările sindicale ale firmei dvs. Stu-
diați-le cu atenție înainte de a le aplica.)

(i) *Absenteismul cronic*

Deseori, oamenii care au obiceiul să lipsească de la serviciu au o
gândire negativă. Se lasă copleșiți cu ușurință de frustrările și
tensiunile vieții de zi cu zi. Lipsesc tot timpul în mod nejustificat
și, în general, absențele lor respectă un anumit șablon. Acest tip
de angajat sună la firmă și spune: *„Îmi pare rău, șefu, dar nu pot
să vin astăzi." Puteți fi tentat să răspundeți: „îmi pare rău că ești
bolnav. Stai acasă până când o să te simți mai bine."* Eu vă
sfătuiesc să nu răspundeți așa. Nu vă faceți probleme, acești
angajați vor sta acasă până când se vor simți cu mult mai bine, cu
sau fără binecuvântarea dvs. Ei sunt convinși câ au dreptul să
lipseascâ dacă sunt bolnavi.

De câte ori trebuie sâ procedeze asâ un angajat pentru a-l putea
considera ca *„suferind de absenteism cronic"?* Pentru o firma,
angajații problematici sunt cei care lipsesc de cel puțin opt ori pe
an, câte una sau mai multe zile pe lună.

Dacâ bânuiește câ un angajat abuzeazâ de concediul medical,
șeful trebuie să-l sune la sfârșitul zilei de lucru și să-i spună:
„John, cum te mai simți? Te-am sunat ca să văd dacă vii m   ine
la lucru."

Folosirea acestei tactici are două beneficii suplimentare
interesante. În primul rând, puteți afla dacâ angajatul absent este
într-adevăr acasă. Firește, s-ar putea sâ fie la doctor, dar nu de
fiecare dată când îl sunați. În al doilea rând, îl veți descuraja sâ-și

202

ia concediu medical în cazul unor suferințe minore sau pentru a-și rezolva treburile personale.

Atunci când angajatul se întroarce la lucru, șeful trebuie:

Sâ-i spunâ: „Ne-ai lipsit ieri. *Avem nevoie de tine și ne bazâm pe munca ta. "*
Sâ descrie problemele pe care le-a cauzat în secție absența lui.
Sa-l încurajeze sâ fie prezent la serviciu într-o mai mare mâsurâ.
Sâ-i explice care vor fi consecințele dacâ lipsește prea des.

Absenteismul nevinovat, chiar dacâ este practicat în exces, nu justificâ luarea de mâsuri disciplinare. Pe de altâ parte, incapacitatea unui angajat de a se prezenta la lucru în mod regulat, *indiferent de motive,* oferă temeiuri pentru concediere. în asemenea cazuri:

(1) Șeful trebuie să fie capabil să țină evidența absențelor angajatului. Acea persoană trebuie să se fi abătut în mod substanțial de la nivelul mediu de prezență al celorlalți angajați.

(2) Șeful trebuie să fie în măsură să demonstreze că absenteismul excesiv s-a produs în mod regulat. Trebuie să fi fost un proces de durată, în pofida încercărilor documentate ale șefului de a îndrepta lucrurile. Șeful trebuie să țină o evidență a eforturilor sale de a-1 sfătui pe angajat și de a determina motivele absențelor. De asemenea, trebuie să fie în măsură să demonstreze că a avut toată compasiunea față de angajat și că a ținut cont de circumstanțele atenuante.

(3) Șeful trebuie să fie în măsură să prezinte o serie de motive convingătoare pe care se bazează părerea sa că șansele de îndreptare sunt mici sau inexistente.

Un angajat care falsificâ un certificat medical trebuie să primească un avertisment scris, care va fi amplasat în dosarul său, sau un preaviz de concediere. Măsurile disciplinare depind de situația în cauză.

Dacă un angajat lipsește mai mult de trei zile la rând fără să sune la firmă, se poate presupune că și-a abandonat slujba. Această situație poate duce la concediere.

Când absenteismul excesiv al unui angajat se datorează alcoolismului, el poate fi concediat. Firma trebuie să fie în măsură să demonstreze că relația de colaborare cu angajatul nu mai poate continua. De asemenea, trebuie să fie în măsură să-și apere decizia, să arate ca a considerat problema alcoolismului o boală și trebuie să poată dovedi că a făcut un efort sincer pentru a-1 ajuta pe angajat să se vindece.

(ii) *Absenteism de dragul distracțiilor*

De obicei, acești „chiulangii" decid să se distreze (de exemplu, să joace golf) decât să facă o muncă plicticoasă, fără perspectivă, care le dă impresia că-și risipesc talentele. Ei simt nevoia unei evadări din mediul de lucru monoton. În felul acesta, riscă să intre într-un cerc vicios, deoarece rareori se bucură de promovările atât de necesare și de dorite. Pentru a-i ajuta să se elibereze de nevoia de a evada, șeful trebuie:

(1) Să le atragă atenția asupra numărului mare de absențe.
(2) Să-i întrebe ce se întâmplă.
(3) Să-i încurajeze să-și folosească în mod corespunzător zilele libere pe caz de boală. Trebuie să le explice *că acestea constituie un privilegiu, nu un drept*, și trebuie folosite doar în cazul în care sunt bolnavi, *nu din motive personale sau atunci când li se îmbolnăvesc copiii sau soțul/soția.*
(4) Să se asigure că angajații înțeleg că numărul mare de absențe este un obstacol major în calea promovării lor.
(5) Să identifice recompensele (de exemplu, o promovare) de care se pot bucura în cazul unei prezențe regulate la lucru. Este mult mai bine decât să recurgă la pedepse (cum ar fi avertismentele scrise) pentru a le schimba comportamentul.

(iii) *Absenteismul naiv*

Mulți angajați cred că șefii lor acceptă niște absențe nejustificate și sunt dispuși să le treacă cu vederea. De asemenea, ei cred că, dacă au dreptul să-și ia zi liberă atunci când sunt bolnavi, pot să facă aceasta ori de câte ori au chef. Dacă există angajați care sună la birou ca să spună că sunt bolnavi și sunt plătiți pentru zilele în care lipsesc, deși n-au fost bolnavi deloc, morala se duce de râpă. Deși este greu de determinat cu precizie cine este cu adevărat bolnav și cine nu, șefii trebuie să se asigure că angajații nu abuzează de zilele libere pe caz de boală. în acest scop, ei trebuie:

Să le atragă atenția angajaților asupra numărului mare de absențe.

Să le explice ce sunt, de fapt, zilele libere pe caz de boală (un privilegiu, nu un drept). Trebuie să le spună că munca lor este importantă și că firma are de suferit când ei lipsesc.

Să-i încurajeze pe angajați să lipsească numai atunci când este cazul - când sunt bolnavi cu adevărat.

Să îi ceară angajatului să determine ce efect are absența sa asupra celorlalți angajați.

(iv) *Absenteismul abuziv*

Unii angajați vor sta acasă la cel mai mic semn de indispoziție. Ei nu-și asumă responsabilitatea pentru munca lor. Puțin le pasă dacă absența lor înseamnă un volum mai mare de muncă pentru ceilalți sau probleme economice pentru firmă. în general, sunt oameni nefericiți, care se simt niște victime și consideră că alții se bucură de favoruri. Ei încalcă regulile firmei și au multe conflicte cu superiorii. Provoacă dispute și sunt convinși că au întotdeauna dreptate, iar ceilalți greșesc. Dacă aveți de-a face cu asemenea angajați:

Nu vă jenați să le spuneți care vor fi consecințele dacă vor continua cu abuzurile: *„Dacă nu te conformezi regulilor firmei, vei fi pus pe liber."* Spuneți-le că, dacă nu vor reduce numărul de absențe, va trebui să-i înlocuiți, că, dacă lipsesc trebuie să aducă o adeverință de la medic etc. Faceți afirmații bazate pe fapte; fiți clar și ferm în privința conse cințelor.

Apreciați-i pentru munca pe care o fac atunci când se conformează regulilor.

(v) *Absenteismul legitim*

Cazurile reale de îmbolnăvire, doliul, îndatoririle juridice și treburile personale care nu suferă amânare, cum sunt orele la medic și la dentist, sunt motive legitime pentru a-ți lua zi liberă. însă firma n-ar trebui să plătească zilele libere ale celor care lipsesc când copiii lor sunt bolnavi (acestea ar trebui să fie zile libere fără plată, în afară de cazul în care regulile firmei susțin altceva).

Politici privind absenteismul

Atunci când întregi procese industriale se bazează pe performanțele individuale, orice absență constituie o întrerupere a fluxului de deservire a clienților. Pentru a înlesni reducerea absenteismului, multe firme au implementat proceduri mai drastice de verificare a motivelor absențelor pe caz de boală. Firmele pot:

- să solicite o adeverință de la medic pentru orice absență de trei sau mai multe zile pe săptămână;
- să solicite o adeverință de la medic pentru *orice* absență datorată îmbolnăvirii sau după un week-end liber;
- să solicite un consult medical complet din partea medicului societății, dacă angajatul lipsește mai mult de zece zile pe an.

Abordarea conflictelor de personalitate

Atunci când între doi subordonați ai dvs. apare un conflict de personalitate, cum și când ar trebui să interveniți?

Dacă doi angajați nu se înțeleg, cel care suferă cel mai mult este superiorul lor. Poate că Bob și George sunt foarte buni în munca lor, dar se hărțuiesc unul pe altul și nu reușesc să coopereze. În situația în care cauza conflictului este legată de muncă și afectează productivitatea lor sau a altora, șeful trebuie să-i ajute să pună capăt neînțelegerii. Însă de multe ori cauza este legată de firea celor două persoane implicate. Nici măcar cel mai inteligent șef nu poate schimba personalitatea subordonaților. Tot ce poate spera este să-i ajute pe cei doi să lucreze împreună, în pofida diferențelor de personalitate existente.

O metodă recomandată este să aveți o discuție cu cele două părți. Puneți-i pe fiecare în parte să spună care consideră că sunt problemele și acordați-le ocazia să se răcorească puțin. Apoi procedați asemenea unui mijlocitor imparțial, al cărui unic interes este productivitatea firmei. *Trebuie să le dați de știre celor doi angajați că nu veți accepta situația care s-a creat.*

Încurajați-i pe angajați să pună în discuție metode de a rezolva problema și să cadă de acord asupra soluționării conflictului. Supravegheați-i îndeaproape și, dacă este cazul, organizați și alte discuții. Aveți grijă ca amândoi să știe care vor fi consecințele dacă vor continua să se poarte în același fel.

Abordarea oamenilor sensibili

Dacă am făcut pe cineva să se simtă prost și persoana respectivă a avut o reacție emoțională puternică, în mod normal încercăm s-o liniștim - și pe bună dreptate. Însă la locul de muncă trebuie să păstrați distanța față de subordonații care se lasă copleșiți de emoții. De exemplu, să presupunem că aveți neplăcuta sarcină de a trage la răspundere sau de a concedia un angajat. Poate că persoana respectivă plânge și se simte foarte stingherită. Cum puteți ușura situația amândurora?

Pe când lucram în cadrul unui departament de resurse umane, una dintre îndatoririle mele era să-i concediez pe angajați. Cum sunt o fire foarte impresionabilă, uneori mă lăsam și eu copleșită de emoțiile celui concediat. Din întâmplare, am descoperit o metodă care ne ajuta pe amândoi să ne regăsim echilibrul.

Asta s-a întâmplat când i-am întins persoanei o cutie cu șervețele de hârtie și i-am spus: *„Am o treabă urgentă. Mă întorc în câteva minute."* Apoi am ieșit din încăpere și am respirat adânc de câteva ori. Când m-am simțit în stare să-mi stăpânesc emoțiile, m-am întors în birou.

Deoarece îi oferisem și celuilalt ocazia să se liniștească, acesta își regăsise stăpânirea și respectul de sine. Am reușit să continuăm conversația și să punem la punct toate amănuntele.

Folosiți această tactică numai în situațiile potrivite. Mulți oameni izbucnesc în plâns ca să vă câștige simpatia, încercând astfel să vă manipuleze. Atunci când am de-a face cu asemenea indivizi, le întind o cutie cu șervețele și continui discuția.

Abordarea ofenselor rasiale și etnice

Majoritatea colectivelor de muncă, dacă respectă legile în vigoare, reprezintă o combinație de persoane provenite din diverse medii. A ignora sau a tolera o ofensă rasială ori etnică împotriva unui angajat, șef, client sau a oricui altcuiva indică aptitudini de conducere mediocre. Folosirea unui limbaj depreciativ aruncă o lumină proastă asupra firmei şi cauzează conflicte între angajaţi.

Glumele la adresa cuiva nu sunt deloc amuzante. Managerii nu trebuie să glumească niciodată în legătură cu mediul din care provine cineva sau cu aspectul său fizic şi nici să încurajeze asemenea manifestări în rândul angajaţilor. Nu putem judeca din afară cum îl afectează o asemenea glumă pe cel vizat. Insultele rasiale sau etnice se bazează pe prejudecăţi. Prejudecăţile se bazează pe opinii larg răspândite şi generalizări despre un grup şi arată lipsă de respect faţă de oameni văzuţi ca indivizi.

Superiorii trebuie să demonstreze clar care este atitudinea conducerii faţă de prejudecăţi, arătându-şi deschis dezaprobarea faţă de orice ofensă rasială sau etnică. De asemenea, poate fi necesară o discuţie cu inculpatul între patru ochi. Persoana respectivă s-ar putea să susţină vehement faptul că remarcile sale sunt inofensive. Superiorul său trebuie să răspundă în felul următor: *„Charlie, poate că în intenţia ta erau inofensive, dar au produs foarte mult rău, aşa că ţine-ţi părerile pentru tine!"*

Dacă problema continuă, şeful trebuie să spună: *„Charlie, şedinţele de evaluare a performanţelor arată felul în care se înţeleg angajaţii cu colegii lor şi cu clienţii. N-aş vrea să specific în dosarul tău că tu nu te înţelegi cu ei. Dar dacă vei continua să faci aceste comentarii deplasate, voi fi obligat să-ţi dau un avertisment scris. Mă înţelegi?"*

Abordarea prejudecăţilor legate defemeile aflate în posturi de conducere

Asemenea prejudecăţi se regăsesc atât la bărbaţii, cât şi la femeile care consideră că bărbaţii sunt superiori femeilor şi că lumea ar trebui să fie dominată de bărbaţi. Aceasta este una dintre cele mai grave probleme cu care se confruntă femeile la locul de muncă. Cum ar trebui să reacţioneze ele faţă de aceste prejudecăţi?

Unii îşi exprimă pe faţă atitudinea misogină, deci nu veţi avea nicio îndoială că o anumită persoană este hotărâtă să le ţină pe femei *„la locul lor"*. Însă majoritatea oamenilor nu sunt conştienţi că atitudinea lor ar putea fi considerată părtinitoare. în multe cazuri, este vorba despre bărbaţi mai în vârstă sau de bărbaţi a căror educație sau situație familială i-a învățat că femeile trebuie să ocupe în mod tradițional poziții inferioare. Mulți dintre ei le spun femeilor „*dragă*", pentru că ele chiar lesunt dragi. Bărbații de acest gen le protejează pe femei, considerând că este de datoria lor. Ei nu vor să le facă rău și de obicei nu înțeleg de ce femeile se simt ofensate de anumite comentarii. Acești oameni trebuie abordați cu blândețe. Folosirea tehnicii feedbackului le va da ocazia să-și schimbe comportamentul.

Există și multe femei mai în vârstă care se arată părtinitoare. Ele au fost învățate să creadă că femeile trebuie să fie servile și consideră că femeile aflate în competiție cu alții sau pe poziții de autoritate sunt lipsite de feminitate. Au tendința să le privească de sus, mai ales dacă respectivele nu sunt măritate sau nu au de gând să aibă copii.

Această atitudine antifeminină se întâlnește destul de des și în rândul femeilor mai tinere și de vârstă mijlocie. De exemplu, femeile care nu acceptă ordine de la șefele lor au impresia (inconștientă) că numai bărbații ar trebui să fie șefi. Ele se îndoiesc de capacitățile femeilor aflate la conducere și le fac viața grea.

Angajații aflați în poziții de sprijin (care, în general, sunt femei) fac de obicei tot ce le stă în putință ca să-i ajute pe șefii lor (în general, bărbați) să se organizeze șisă-și termine treburile la timp. Ele au grijă de șefii lor (le aduc cafea, le reamintesc de întâlniri, se ocupă de corespondență). Când o femeie este numită într-o funcție de conducere, s-ar putea să nu se bucure de această atenție, în afară de cazul în care ocupă o poziție cu totul specială. Uneori, trebuie să le reamintească subordonaților că se așteaptă la același tip de sprijin ca și predecesorul ei bărbat.

1. *Subordonați mai vârstnici*

Janet avea o problemă care odinioară putea fi întâlnită destul de rar, dar în ziua de azi e foarte frecventă. La vârsta de 25 de ani, era deja într-o funcție de conducere. Primise o educație corespunzătoare la colegiu și avea patru ani de experiență la un birou. Însă s-a trezit complet nepregătită să conducă niște femei aproape de două ori mai în vârstă decât ea. Aceste femei aveau între 10 şi 15 ani de experienţă. I se împotriveau pe faţă şi nu voiau să coopereze.

Janet s-a hotărât s-o cheme în biroul ei pe Sarah, una dintre femeile cele mai puţin ostile, şi să discute despre problemă. Sarah a fost sinceră. A recunoscut că a fost surprinsă şi dezamăgită când Janet fusese „*luată de pe stradă*" şi numită şefa ei. Îşi imaginase că funcţia va fi preluată de cineva având cel puţin vârsta ei - poate de una dintre colege sau de o persoană a cărei experienţă i-ar fi dat „*dreptul*" să fie şefă. Însă a descoperit că funcţia fusese acordată unei femei de vârsta fiicei ei.

A recunoscut că atunci când Janet o lăuda pentru o treabă bine făcută se simţea luată peste picior, iar atunci când i se făcea observaţie simţea nevoia să se apere. Odată ce sentimentele au fost prezentate deschis, cele două femei au reuşit să o ia de la capăt. Janet a înţeles de ce Sarah îi era ostilă şi a devenit mai capabilă să facă faţă acestei atitudini. Sarah a înţeles care era cauza sentimentelor ei şi a făcut un efort pentru a-şi schimba atitudinea faţă de Janet.

Puţin după aceea, Janet a convocat o şedinţă cu restul personalului pentru a discuta situaţia. Le-a spus că le înţelege sentimentele şi le-a explicat ce aşteaptă de la fiecare dintre ele. Apoi a adăugat că se bizuie pe cooperarea lor şi a întrebat-o pe fiecare: „Pot samă bazez pe tine în viitor?" O angajată, Julie, a ezitat să-şi ia un asemenea angajament, iar Janet şi-a dat seama că va trebui să fie cu ochii pe ea. Nu peste multă vreme, din cauza productivităţii slabe şi a atitudinii negative, Janet a fost nevoită să ia măsuri. I-a explicat din nou lui Julie ce voia de la ea şi care vor fi consecinţele dacă nu-şi face bine treaba.

Janet a mers mai departe alături de celelalte. Când a observat o schimbare clară în atitudinea şi productivitatea lor, le-a mulţumit pentru înţelegere şi cooperare.

Conform tradiţiei, am fost învăţaţi că femeile mai în vârstă (mama sau mătuşa) ştiu mai multe, deci trebuie tratate cu respect. Inversarea rolurilor este deconcertantă atât pentru tânăra şefă (care joacă rolul „*mamei*"), cât şi pentru angajata mai în vârstă (aflată acum în poziţia fiicei care cere încuviinţare). Aceste sentimente sunt legate de putere şi de cine are dreptul la ea. Problema nu are o soluţie clară.

2. Subordonaţi bărbaţi

Barbara era şefa unui grup de trei bărbaţi. Era inginer, iar bărbaţii erau tehnicieni. Subordonaţii ei n-o ascultau şi se încăpăţânau să-şi facă treaba aşa cum ştiau ei. Din fericire, înainte de a prelua funcţia, a avut grijă să participe la nişte cursuri de conducere. Acest lucru i-a dat mai multă încredere în sine.

Barbara a crezut de cuviinţă să aibă o discuţie cu unul dintre subordonaţi, care refuzase să îndeplinească o sarcină. Era un caz de nesupunere (o infracţiune foarte gravă), care se putea solda cu concedierea angajatului. Ea s-a ocupat personal de caz şi i-a dat acelui bărbat un avertisment scris, în care afirma că va fi dat afară dacă se poartă la fel şi în continuare. A avut grijă ca superiorul ei să fie la curent cu aceste măsuri, iar el a lăudat-o pentru modul competent în care abordase situaţia aceea delicată.

3. Subordonaţi care pun etichete

Margaret, aflată într-o funcţie de conducere, fusese etichetată drept „agresivă" de subordonaţii şi de colegii ei. Ea avea impresia că nu-şi face decât treaba, aşa cum observase şi la alţii aflaţi pe poziţii similare.

Margaret copiase purtarea şi limbajul colegilor ei bărbaţi. în cazul ei, n-au fost potrivite şi de aceea fusese numită o „femeie agresivă".

Prin înfăţişare şi limbajul trupului, dădea impresia unei persoane extrem de încrezătoare în propriile forţe, mai curând impulsive. Aceste calităţi sunt uşor de acceptat la bărbaţi, dar nu şi la femei. I-am explicat că problema ar putea fi tonul vocii sau gesturile ei viguroase.

A ieşit la iveală că avea tendinţa să dea indicaţii sub forma unor comenzi şi nu sub forma unor rugăminţi: „Tu vei face asta" în loc de „Aş vrea să faci asta." A fost de acord să-şi adapteze modul de a vorbi şi limbajul trupului. Metoda a funcţionat!

Alte probleme cu care se confruntă șefii

„Angajații mei de la departamentul de relații cu publicul îmi pasează mie clienții dificili, în loc să se ocupe de ei personal."

Ajutați-i să-și însușească aptitudinile necesare pentru a-i aborda pe acești oameni dificili (eventual, dați-le un exemplar din această carte). Explicați-le cum vreți să abordeze un comportament abuziv, jignitor sau amenințător. Puteți să-i instruiți să închidă telefonul sau să vă dea dvs. legătura.

Deseori, clienții furioși își descarcă nervii pe funcționari, iar cu șefii sau managerii sunt numai lapte și miere. Nu presupuneți că subordonații dvs. exagerează în legătură cu purtarea urâtă a clientului. Determinați ce este și ce nu este acceptabil. Sprijiniți-vă subordonații atunci când nu sunt tratați corect. Explicați-i clientului: *„ Nu vom accepta ca personalul nostru să fie hărțuit. Ar fi bine să-i cereți scuze lui Margie în legătură cu felul în care i-ați vorbit."*

„Conducerea de nivel superior susține că putem încălca regulile pentru anumiți clienți. Subordonații mei nu sunt de acord cu acest lucru."

Mi se pare firesc. Nimic nu este mai neplăcut decât să spui „nu" unor clienți care mai apoi trec peste tine și conving pe cineva de la un nivel superior să spună *„da"*. Sprijiniți-vă oamenii, lămurind situația printr-o discuție cu managerul dvs. Solicitați reguli ferme. Explicați ce probleme au apărut. Dați-i exemple concrete și demonstrați-i care sunt dezavantajele: sentimente neplăcute, un moral scăzut etc. Cu cât sunteți mai bine pregătit atunci când vorbiți cu conducerea, cu atât sunt mai puține șanse să fiți refuzat. Dacă totuși cererea dvs. este respinsă, explicați-le subordonaților ce s-a întâmplat.

„Cum îmi pot ajuta oamenii să se simtă bine atunci când trebuie să aplice reguli nepopulare?"

Învățați-i tehnica *„discului stricat"*. Cereți-le să folosească această tehnică fără să ridice vocea și fără să dea vreun semn de nemulțumire. Ajutați-i să găsească răspunsurile necesare, cum ar fi: *„Îmi pare rău. Mi-ar plăcea să fac o excepție în cazul dvs., dar nu pot încălca regulile pentru nimeni."* Instruiți-i să repete aceste vorbe atât de des cât este nevoie. Fiți pregătit să-i susțineți dacă cineva încearcă să treacă peste ei.

„Cum să procedez dacă sunt nevoit să fac reduceri de personal și rămân cu patru oameni care trebuie să lucreze cât cinci?"

Reducerile de personal devin necesare atunci când firmele sunt nevoite *„să strângă cureaua"* din cauza condițiilor economice nefavorabile. Dacă nu ați participat încă la un curs de gestionare a timpului, este momentul să faceți acest lucru. Veți învăța să vă definiți prioritățile și să vă concentrați pe lucrurile cele mai importante. În acest fel, veți da personalului dvs. un exemplu bun. Dacă vă ajutați subordonații să folosească tehnici bune de gestionare a timpului, s-ar putea să descoperiți că patru oameni pot să lucreze cât cinci, și încă într-un mod foarte eficient.

Învățați să găsiți scurtături și încercați noi metode pentru îndeplinirea sarcinilor. Organizați ședințe cu personalul pentru a examina metode mai simple și mai rapide de a face treaba. Ascultați cu atenție ideile oamenilor dvs. Deoarece ei sunt cei care vor munci efectiv, de multe ori vor avea cele mai bune propuneri privind economia de timp.

„Subordonații mei îmi interpretează greșit instrucțiunile."

Folosiți tehnica parafrazării pentru a verifica dacă au înțeles ceea ce vreți. Această tehnică este cea mai eficientă atunci când dați cuiva instrucțiuni sau indicații. Veți avea confirmarea faptului că *„au auzit ce ați spus"*. Atunci când folosiți parafazarea, aveți grijă să nu dați impresia că îi considerați prea proști ca să vă înțeleagă indicațiile. Responsabilitatea dvs. este să vă asigurați că ați dat indicații clare; iar responsabilitatea lor nu este să interpreteze un mesaj confuz.

„Oamenii mei vor să le răspund la tot felul de întrebări lipsite de importanță, ceea ce-mi răpește un timp prețios."

Mulți șefi se supără atunci când sunt întrerupți, dar mulți alții încurajează fără să vrea o atitudine de neajutorare în rândul subordonaților. Când un angajat se prezintă cu o problemă, ei le dau imediat soluția. Ar fi mai bine dacă mai întâi l-ar întreba: *„Ce crezi că ar trebui să faci?"* E surprinzător în câte cazuri angajații știu, de fapt, care e soluția. Această strategie îi încurajează să gândească pe cont propriu. Când își dau seama că de multe ori au deja răspunsul și că dvs. îi sprijiniți, pe viitor vor avea mai multă încredere în judecata proprie.

Dacă subordonații chiar nu știu răspunsul, trebuie neapărat să-i ajutați. Acesta este rolul dvs.

„Nu-mi place să le fac oamenilor observații."

Poate că nu aveți o pregătire corespunzătoare cu funcția dvs. Mergeți la niște cursuri ca să vă simțiți mai sigur pe dvs. când luați măsuri disciplinare. Amintiți-vă că tot ceea ce fac subordonații dvs. vă creează o imagine bună sau proastă. Dacă le permiteți să lucreze neglijent, e posibil ca dvs. înșivă să fiți cel mustrat. Scopul măsurilor disciplinare este acela de a corecta productivitatea slabă sau problemele de comportament, nu de a le trezi dorința de răzbunare. Dacă sunt aplicate corect, povara vinovăției trece de pe umerii șefului pe aceia ai persoanei sancționate. Angajatului i se spune care vor fi consecințele dacă se poartă la fel în continuare. Repet: mergeți la un curs de specialitate și învățați cum trebuie disciplinați angajații!

„Nu mă simt pregătit să ies la pensie. Ce să fac cu aceia care vin din spate și vor să-mi ia funcția?"

E o situație delicată. Dvs. nu vreți să treceți la nivelul următor, dar nu trebuie să-i opriți pe cei mai tineri și dornici să avanseze. Propuneți-le să încerce la un alt departament. Faceți tot ce vă stă în putință ca să-i pregătiți pentru momentul în care veți ieși la pensie. Dacă asta se va întâmpla în decurs de doi ani, nu vă faceți griji în legătură cu cei care vin din urmă. Nu-i împiedicați să se pregătească pentru funcția dvs. - altfel, veți avea niște subordonați nefericiți și răzbunători.

Dacă le dovediți că nu vă interesează doar propriabunăstare, ci și a lor, probabil că vor avea mai multă răbdare. Se vor simți mai bine știind că așteptarea lor va avea un sfârșit. Explicați-le care vă sunt planurile. Spuneți-le că aveți de gând să vă pensionați peste doi ani. Dacă va dura mai mult, probabil că restul perioadei dvs. de angajare vă veți plictisi de moarte. În acest caz, pregătiți-vă dvs. înșivă pentru o funcție de nivel mai înalt.

„Oamenii mei se așteaptă să folosesc toate ideile lor mărețe."

Judecaţi fiecare idee nouă după meritele ei. Dacă există vreun motiv pentru care nu va funcţiona, explicaţi care sunt concluziile dvs. Dacă ideea este valoroasă, explicaţi de ce puteţi sau de ce nu puteţi s-o folosiţi la momentul respectiv. Încurajaţi-vă oamenii să vină cu idei noi. La urma urmei, nu ei fac treaba propriu-zisă? Dacă le refuzaţi ideile, nu faceţi decât să-i demotivaţi - exact contrariul a ceea ce doriţi.

„Am un angajat care mi se opune şi vrea să procedeze aşa cum ştie el."

Ori de câte ori este posibil, permiteţi-le oamenilor să procedeze „aşa cum ştiu ei". Dacă modul de îndeplinire a unei sarcini nu lasă loc liber flexibilităţii, daţi instrucţiuni clare. Explicaţi faptul că instrucţiunile dvs. vor aduce rezultatele dorite. Dacă angajatul se opune în continuare, întrebaţi-l: *„Refuzi să faci acest lucru aşa cum îţi spun eu să-l faci?"* Dacă spune *„Da",* îl puteţi acuza de nesupunere. Încercaţi mai întâi alte metode, dar s-ar putea ca singura soluţie să fie un avertisment scris.

„Angajatul meu are aptitudini de comunicare bune, dar este îngrozitor de dezordonat. Atunci când îl las nesupravegheat, stă la telefon ore întregi."

Folosiţi-l pe acest om pentru prezentări orale şi pentru relaţii directe cu clienţii. Daţi-i instrucţiuni precise, detaliate, privind ceea ce vreţi de la el. Aveţi grijă să aibă o fişă a postului la zi, cu standarde de performanţă şi termene de îndeplinire a sarcinilor. Explicaţi-i că nu ar trebui să dea telefoane în interes personal. Luaţi măsuri disciplinare şi spuneţi-i care vor fi consecinţele dacă mai vorbeşte la telefon.

„Secretara mea este o perfecţionistă în tot ceea ce face, chiar şi atunci când pierde un timp preţios. Dă impresia că este îngropată în munca ei şi nu ştie ce se întâmplă în jur. Din cauza asta, nu înţelege cum îi afectează purtarea ei pe ceilalţi oameni din secţie."

Daţi-i termene clare şi explicaţi-i ce rezultate doriţi să obţineţi. Trimiteţi-o la un curs de gestionare a timpului. Dacă aveţi nevoie de un document într-o formă nedefinitivată, aveţi grijă să înţeleagă că sunt permise greşelile de dactilografiere etc. Daţi-i informații referitoare la relația dintre funcția ei și funcțiile celorlalți oameni din secție - de exemplu, arătați-i o copie a diagramei organizatorice a secției sau departamentului. Explicați-i că, dacă întârzie cu predarea, acest fapt îi afectează direct pe ceilalți. *„Margaret, atunci când întârzii cu raportul de sfârșit de lună, asta ține pe loc raportul întregului departament."*

„E bine să particip la întruniri sociale cu subordonații mei?"

Dacă înainte ați fost colegi, asta poate fi o problemă delicată. Amintiți-vă că acum aveți un nou grup de colegi și că ar trebui să participați la asemenea întâlniri cu ceilalți șefi, nu cu subordonații. Nu vreau să spun că nu puteți sta cu ei la discuții în pauza de cafea, dar nu discutați doar cu unul sau doi dintre ei. Dacă vă afișați cu unul dintre subordonați, ceilalți se vor aștepta să-ia cordați favoruri. Dacă decideți să stați de vorbă cu unii dintre subordonați, nu discutați niciodată despre chestiuni profesionale! N-ar fi corect față de ceilalți membri ai personalului.

Concluzie

Sunteţi pregătit pentru reuşită?

Acum aveţi instrumentele care vă vor permite să comunicaţi cu oamenii nervoşi, nepoliticoşi, lipsiţi de răbdare, sensibili, supăraţi, insistenţi sau agresivi. Aceste aptitudini esenţiale de comunicare vă vor ajuta să faceţi faţă tuturor tipurilor de persoane şi situaţii dificile. Dacă vi le însuşiţi, relaţiile dvs. cu subordonaţii, superiorii, colegii şi clienţii se vor îmbunătăţi simţitor. Fiind aptitudini atât de importante în lumea afacerilor, ele pot conduce la o mai bună repartizare a sarcinilor, mai multă responsabilitate din partea conducerii şi un nivel ridicat al moralului angajaţilor.

Veţi fi o persoană mai pozitivă şi veţi avea mai mult timp să faceţi ceea ce vreţi să faceţi, în loc să bateţi pasul pe loc, încercând să-i puneţi la punct pe ceilalţi.

Veţi fi capabil să comunicaţi mai bine cu clienţii furioşi sau agresivi.

Veţi avea aptitudinile necesare pentru a vă controla furia şi stresul.

Veţi fi capabil să rezistaţi la manipularea sau intimidarea prin metode necinstite la care recurg unii oameni pentru a obţine ceea ce vor. De asemenea, veţi şti să identificaţi şi să rezolvaţi problemele aflate la baza acestor atitudini.

Veţi fi un bun negociator, priceput la rezolvarea conflictelor.

Veţi şti să interpretaţi şi să folosiţi semnalele non-verbale.

Veţi fi capabil să identificaţi comportamentul pasiv, agresiv şi pozitiv al dvs. şi al celorlalţi.

Veţi şti cum să refuzaţi pe cineva fără să vă simţiţi vinovat.

Veţi şti să vă folosiţi aptitudinile de comunicare pentru a fi un client, coleg, angajat sau superior mai eficient.

Veţi şti să abordaţi conflictele dintre personalităţi diferite.

Veţi înţelege cum se foloseşte tehnica feedbackului pentru a vă asigura că ceilalţi cunosc părerea dvs. despre lucrurile pe care le fac - bune sau rele.

Veţi şti să folosiţi parafrazarea pentru a vă asigura că aţi înţeles exact ceea ce s-a spus.

Vă veţi bucura de mai multe laude şi aprecieri din partea asociaţilor dvs., deoarece veţi şti să vă controlaţi sentimentele negative.

Aptitudinile dvs. de comunicare vă vor ajuta să vă ţineţi sub control emoţiile şi să vă păstraţi calmul în situaţii dificile. În loc să intraţi în defensivă atunci când vorbiţi cu un client supărat, veţi căuta să-i rezolvaţi problema. În final, amândoi nu veţi avea decât de câştigat.

Iată de ce avantaje vă veţi bucura:

Învăţaţi tehnicile şi folosiţi-le în fiecare zi. Să ştiţi că funcţionează! Însă la fel ca orice nouă deprindere, trebuie folosite în mod perseverent până când devin un obicei. Odată ce aţi ajuns să le stăpâniţi, veţi fi în măsură să vă controlaţi relaţiile cu ceilalţi.

Nu le veţi mai permite celor din jur să decidă dacă veţi avea o zi bună sau proastă. Veţi fi stăpân pe viaţa dvs. şi veţi avea o părere mult mai bună despre propria persoană. Cu cât veţi avea mai multă încredere, cu atât veţi fi mai puţin stresat şi neliniştit; veţi investi energie şi entuziasm în tot ceea ce faceţi. Dacă folosiţi aceste aptitudini, va trebui să fiţi pregătit pentru reuşită, fiindcă aceasta va veni cu siguranţă!